BITTE TU WAS!

(CYBER)
PORNO SEX GEWALT
DROGEN SUCHT
MOBBING RITZEN
& Co.

Gespräche

mit über 40.000 Kindern

IMPRESSUM
HERAUSGEBERIN: RAPP, 46 RUE NICOLAS MARTHA,
L-2133 LUXEMBURG
REDAKTION & GESTALTUNG: GABRIELA RAPP
INDEPENDENTLY PUBLISHED
DRUCK VIA AMAZON MEDIA EU S.A.R.L, 5 RUE PLAETIS,
L-2338 LUXEMBURG
HERAUSGEGEBEN 2021, ERSTAUFLAGE

Dieses Buch ist den Kindern und Jugendlichen gewidmet.

Inhaltsverzeichnis

Bevor es los geht

Hat Sie schon einmal das strahlende Lächeln eines Kindes gestreift? Haben Kinderaugen Sie verzaubert? Haben Sie zurückgelächelt?

Wenn ich als Kind ein Strahlen meiner Eltern hervorzaubern konnte, war alles gut, ich fühlte mich sicher und geborgen. Meine Eltern waren glücklich. Das konnte ich an ihrem Gesicht ablesen. Und es war so einfach, ein Lächeln von mir reichte. Dieser liebevolle, direkte Kontakt gab mir Motivation und Freude in meinem Entdecken, Machen und Handeln. Dieser Kontakt gab mir Bestätigung und Selbstbewusstsein.

Aufgewachsen bin ich als siebtes von acht Kindern auf einem Bauernhof nahe Ehingen an der Donau in Baden-Württemberg in Deutschland. Mein Vater hat mich von klein an alles ausprobieren lassen, ganz im Gedanken des Tüftlers und Denkers. Hat etwas nicht funktioniert, dann hat dieser ruhige, naturverbundene Mann einfach gesagt: „Macht nichts, versuch es nochmal“.

Meine Eltern ermöglichten mir ein gesundes Heranwachsen. So durfte ich schon früh erfahren, dass sowohl mentale als auch körperliche Gesundheit die wertvollsten Güter sind, die eine Gesellschaft besitzen kann. Dies hat mich bis heute in meinem Handeln geprägt.

'Gesund (aufwachsen) in einer digitalen Welt', sowie 'Cyberweltbewusstsein' waren daher, parallel zur 'technischen Cybersicherheit', meine Kernanliegen während meiner Beratungstätigkeit im Jahr 2001 folgende für das Land Luxemburg zum 'Aufbau einer Wissensgesellschaft'.

Neben viel Erfahrung integrierte ich bereits 2001 die Erkenntnisse der Wissenschaft aus Bereichen wie der Neuroforschung, der angewandten klinischen Neurowissenschaften, der Verhaltensforschung, der Soziologie, der Psychologie ...

Zusammen mit zwei Kollegen bauten wir CASES auf (Cyberworld Awareness and Security Enhancement Structure). Es war eine flexible, risikobasierte, horizontal vernetzende Cybersicherheitsstruktur, die ausdrücklich 'digitales Bewusstsein' und 'technische Sicherheitsstrukturen' in den Mittelpunkt stellte. Die 'Gesundheit' war wichtiger Teil des Cyberweltbewusstseins. Wir wussten um das enorme Potential der Digitalisierung, deren Notwendigkeit, doch auch um deren Risiken.

Ein zentraler Kern unseres Ansatzes, allem vorangesetzt, bildete die 'Risikoanalyse'. Vereinfacht erklärt bemisst sich die Höhe eines Risikos über folgende Formel:

R (Risiko) = S (Schwachstelle) x B (Bedrohung) x A (Auswirkung)

Ein weiterer zentraler Kern bildete das horizontal vernetzte Arbeiten über Ministerien hinweg und mit unterschiedlichsten Akteuren auf folgenden fünf Pfeilern: Sensibilisierung, Prävention, Intervention, Investigation, Legislative.

Eine Handvoll Kollegen und ich gaben viele Kurse in Unternehmen. Dort stellten wir fest, dass viele Erwachsene negative Reflexe und falsche Verhaltensweisen bezüglich der digitalen Welt aufgebaut hatten. Wer schon einmal mit Industriespionage konfrontiert war oder Opfer eines Hacks wurde, weiß um die Schwachstelle Mensch, den Aufbau unseres Gehirns, der Entwicklung von Verhaltensweisen oder Charakteristika, die ausnutzbar sind.

Also gingen wir ab 2007 ganz pragmatisch in die Schulen. Als CybersicherheitsexpertInnen waren wir weltweit die ersten, die anfingen, flächendeckend Unterricht in Schulen zu geben. Parallel erschien das erste iPhone auf dem Markt. Apps gab es in der heutigen Form noch nicht.

Typische *Schwachstellen* von Kindern und Jugendlichen in Bezug auf die digitale Welt damals wie heute sind z.B. Gutgläubigkeit, Suche nach Liebe oder Anerkennung, der Wunsch nach Zugehörigkeit, Wut, Eifersucht, Hass, Empathie, Armut, Mangel an Ausdrucksmöglichkeiten, Entwicklungsstand des Gehirns, fachliches Verständnis und Gesundheit.

Anders sieht es heute bei der *Bedrohungslage* und den *Auswirkungen* aus.

Zwischen 2007-2010 führte ich persönlich, direkt auf dem Feld[1], Gespräche mit über 20.000 SchülerInnen und sehr vielen Eltern, sowie Lehr- und Erziehungspersonen. Wir tauschten uns aus, ich hörte gut zu, gab Kindern und Jugendlichen Raum, baute Vertrauensbrücken.

---

[1] Das 'Feld' bezeichnet hier die Arbeit vor Ort in den Gemeinden und Städten mit Kindern, Gruppen, Schulklassen, Eltern, Familien sowie Lehr- und Erziehungspersonen.

Wir bedienten Grundschulen und höhere Schulen gleichermaßen, daher Kinder, Jugendliche und junge Erwachsene.

Nach einer Pflegepause von fünf Jahren, gab ich ab 2016 erneut Kurse.

Bereits in den ersten zwei Monaten war ich mehr als erstaunt. Meinen Kursansatz, basierend auf den Erfahrungen aus der Cybersicherheit und damit wohl fast einzigartig, hatte ich nicht geändert. Wichtig war mir erneut, Vertrauen aufzubauen und den Kindern und Jugendlichen Raum zu geben. Abermals legte ich sehr viel Wert auf die Erfassung der digitalen Ist-Situation rund um Kinder und Jugendliche, ihre Werte und die Erkennung ihrer Sicherheitsüberlegungen und -reflexe. Ich holte die Kinder erneut dort ab, wo sie standen, um genau von dort aus digitales Bewusstsein und Sicherheitsreflexe auf- und auszubauen.

Kinder und Jugendliche berichteten mir mehr und mehr von sexuellen Belästigungen, von sexuellen Belästigungen unter Kindern selbst und von Pornos bereits in sehr jungen Alterssegmenten, daher im Grundschulalter. Kinder spielten oft täglich stundenlang nicht altersgerechte Spiele, hielten sich auf nicht altersgerechten Apps auf oder schauten nicht altersgerechte Filme. Die Kinder berichteten von Drogen via Internet und Selbstverletzungen (Ritzen). Sie verwiesen mich auf entsprechendes digitales Material. Für mich waren die Inhalte mehr als erschreckend, insbesondere aufgrund der negativen Wirkungen, die durch die Wissenschaft seit längerem belegt waren. Manchmal zeigten mir die Kinder auch ihre Selbstverletzungen, z.B. an Armen oder Beinen, dies oft zitternd, mit Tränen in den Augen und der Bitte etwas zu tun. Sie erzählten von Selbstmorden und Selbstmordversuchen anderer Kinder und Jugendlicher, entsprechenden Hashtags, digitaler und realer Gewalt gegen sie und von den eigenen schwarzen Gedanken. Immer öfters stieß ich auf diese Form von Hilferufen. Kinder und Jugendliche stellten mir zudem bizarre Fragen zu Sexualität und berichteten von Unkonzentriertheit, Aggression, zu wenig Schlaf … Mir fiel der Mangel an Selbstbewusstsein und Motivation vieler Kinder und Jugendlicher auf, die Übermüdung, sowie das stete Bedürfnis, einen Bildschirm vor Augen zu haben.

Ich fing wieder an, mich mit ExpertInnen aus Bereichen wie der Neuroforschung, der Psychologie, der Verhaltenswissenschaften, der Soziologie als auch mit ÄrztInnen auszutauschen.

War ich zufällig jeder Menge Einzelfällen begegnet?

Ich gab mehr Kurse.

Nein, eindeutig, es handelte sich um keine Einzelfälle. Im Verhältnis zu den Jahren 2007 bis 2010 stellte ich erschreckend negative Veränderungen fest und in fast unglaublich hohen Zahlen. Je nach Themenbereich waren 5%, 10%, 20%, 30% bis hin zu über 70% der Kinder und Jugendlichen betroffen. Auch gab es klar spezifische Anfälligkeiten und Opfertendenzen je nach Gender.

Zeitgleich reflektierte und testete ich praktische, effektive Lösungen

- für mehr Cyberweltbewusstsein, Gesundheit und Sicherheit,
- zum Aufzeigen falscher bzw. schädlicher Nutzungen digitaler Geräte und Anwendungen,
- zur Förderung von nötigen Kernkompetenzen in einer digitalen Welt wie Kreativität, Neugier, Teamarbeit, Problemlösung, kritisches Denken, autonomes Lernen, Weltbürgerschaft und Medienkompetenz.

Wohl einzigartig in dieser Form, führte ich persönlich von 2016 bis 2020 erneut, direkt auf dem Feld, Gespräche mit ca. 20.000 SchülerInnen, Lehr- und Erziehungspersonen, sowie Eltern.

Gesundheitlich negative Folgen für Kinder und Jugendliche, kurz- und langfristig, waren klar erkennbar, genauso wie gesellschaftlich negative Entwicklungstendenzen.

Sind Sie Eltern? Sind Sie in einem Lehr- bzw. Erziehungsberuf tätig? Neben meinen Erfahrungen auf diesem Feld, möchte ich Ihnen mit dieser Niederschrift ein paar einfache, doch meines Erachtens sehr effektive Werkzeuge, Tipps und Links empfehlen. Manche davon habe ich selbst entwickelt oder verfeinert. Diese wirken sehr effektiv und können Ihnen bei einem bewussteren sowie gesunden als auch sichereren Umgang mit der digitalen Welt in Bezug auf Kinder und Jugendliche sehr von Nutzen sein. Dies gilt auch für die Förderung der Potentiale.

Politischen EntscheidungsträgerInnen und Führungskräften kann dieses Buch Hilfestellung bei ihren Reflektionen von Strategien und

Programmen zur nachhaltigen Entwicklung einer digitalen Gesellschaft sowie zur Entfaltung deren Potentials dienen. Die Fallzahlen, die Zeiträume und die Expertise in Bezug auf einen Großraum innerhalb der Europäischen Union, zudem mit internationaler Prägung, sind wohl bis zu diesem Zeitpunkt einmalig. Einen auf langjähriger Cybersicherheitsexpertise ruhenden Vorschlag einer risikobasierten ganzheitlichen Cybersicherheitsstrategie, speziell an Kinder und Jugendliche adaptiert, finden Sie im Anhang.

Diese Niederschrift möchte ich auch als spezifische Ergänzung zur weltweit gegebenen Forschung verstehen. Der Inhalt dieses Buches spiegelt meine Erfahrungen des Feldes wider. Meine Hochachtung gilt dabei über 40.000 Kindern und Jugendlichen, sowie sehr, sehr vielen Eltern, Lehr- und Erziehungspersonen, die durch ihr Vertrauen, ihre Unterstützung und ihre Feedbacks diesem Buch mit zu seiner Realisierung verholfen haben. Sie ermöglichten, am Beispiel des Großraums Luxemburg, eine Betrachtung der digitalen Entwicklung und deren Auswirkungen auf Kinder und Jugendliche über die Zeiträume 2007 bis 2010, sowie 2016 bis 2020 hinweg.

Kaum ein Tag vergeht, an dem nicht von Digitalisierung gesprochen wird, von all den Potentialen, welche die digitale Welt bietet, dem besseren Leben, der Notwendigkeit für unsere Gesellschaft und natürlich, um wirtschaftlich am Ball zu bleiben. Vieles davon stimmt auch. Jedoch, aufgrund dieser vorwiegend steten positiven Belegung der Digitalisierung in der Gesellschaft scheuen sich viele Erwachsene, Jugendliche und Kinder, so meine Erfahrung, über ihre negativen Erlebnisse rund um die digitale Welt zu sprechen. Diese Erlebnisse sind leider konträr zu dem, was fast täglich rund um das Thema Digitalisierung an positiven Nachrichten vermarktet wird. Kinder und Jugendliche suchen meist die Schuld bzw. den Fehler bei sich selbst, schämen sich, ziehen sich zurück oder wissen gar nicht, was hier plötzlich mit ihnen passiert. Viele Erwachsene, so meine Erfahrung, gehen leider immer noch davon aus, dass negative Erlebnisse wie z.B. sexuelle Belästigungen, sonstige digitale Gewalt, Streit in den Familien oder Suchtverhalten 'Einzelfälle' wären. Ich möchte auch hier eine Lösung anbieten. Unter dem Hashtag '#DigitalScandal' können Sie Ihre eigenen, persönlichen Erfahrungen anonymisiert schildern, damit die vielen einzelnen Schicksale eine gemeinsame Stimme erhalten. Sie sind nicht allein.

1. Was wir brauchen

1.1. Nötige Kompetenzen in der digitalen Welt

2017 besuchte ich den Vortrag von Prof. Dr. Frank Thissen zum Thema nötiger Kompetenzen in der digitalen Welt. Er beschäftigt sich seit Mitte der 1980er-Jahre mit den Möglichkeiten des computerunterstützten Lernens. Das Bildungsministerium Luxemburg hatte ihn eingeladen.

Welche Kompetenzen benötigen heutige Kinder und Jugendliche in der digitalen Welt? Eine gute Frage, fand ich, die Basis von allem. Was brauchen wir denn in der digitalen Welt, um glücklich zu sein, eine Arbeit zu haben, die Gesellschaft nach unseren demokratischen Werten weiter zu gestalten?

Herr Prof. Thissen gab allen Konferenzteilnehmern folgende Antwort:

"Die heutige Jugend wird in 10 Jahren Probleme lösen müssen, die wir uns heute nicht einmal vorstellen können. Die digitalen Herausforderungen betrachtend, ist auf folgende Kompetenzen zu fokussieren:

- *Kreativität*
- *Neugier*
- *Problemlösung*
- *Kritisches Denken*
- *Zusammenarbeit*
- *Informationskompetenz*
- *Medienkompetenz*
- *Weltbürgerschaft*[2]
- *Autonomes Lernen"*

Prof. Dr. Frank Thissen, 2017, Luxemburg

Lernen Kinder diese Kompetenzen, denen Handy, Tablet, Spielekonsolen, Anwendungen und Internetinhalte frei überlassen werden? Meine Erfahrungen führen zu einem sehr klaren „*nein*".

Meine vielfältigen Arbeitserfahrungen vom Feld zeigen die große Zahl falscher Nutzungen von digitalen Geräten, Apps und Inhalten durch

---

[2] Alle Menschen sind gleichwertige und gleichberechtigte Mitglieder einer die ganze Menschheit umfassenden Gemeinschaft.

Kinder und Jugendliche auf. Ich möchte daher obige Kompetenzliste um folgende zwei wichtige Kompetenzen ergänzen:

- Glück[3], hier beinhaltet ist auch ein positives Selbstwertgefühl
- Entspannung

Mir brannten für Prof. Thissen folgende Fragen auf der Zunge:

„Wenn Kinder und Jugendliche mit digitalen Geräten, Apps und Inhalten allein gelassen werden, also ohne erwachsene Begleitung, was lernen sie dann?“

„Hat der Aufenthalt in der digitalen Welt, der Konsum an digitalen Geräten Auswirkungen auf die reale Welt? Gibt es z.B. negativ neuronale Rückwirkungen auf das Gehirn und gesundheitsschädigende kurz-, mittel- und langfristige Auswirkungen? Ändert sich das Verhalten? In negative Richtungen?“

Leider konnte Prof. Thissen mir keine direkten Antworten auf meine Fragen geben. Im Laufe dieses Buches stoßen Sie jedoch darauf.

1.2. Ansatz der Risikoanalyse

Um die Jahrtausendwende war ich damit beschäftigt, Unternehmen in die Digitalität zu führen. Gleichzeitig gab ich die notwendigen Investitionen in entsprechende Schutzinfrastrukturen frei.

Es war vor gut 20 Jahren nicht immer einfach, die EntscheidungsträgerInnen für schützende Millionenbeträge zu begeistern. Für viele waren Hacking und Social Engineering, daher die Ausnutzung von menschlichen Schwachstellen zur Industriespionage, Worte aus einer fremden Welt. „Damit kenne ich mich nicht aus“, hörte ich manchmal mit einem Seufzer die EntscheidungsträgerInnen beim Betrachten der notwendigen Geldbeträge. Es kam auch öfters folgende Frage auf: „Haben wir für unser Unternehmen dazu Studien?“ Heute, in einer Welt, in der selbst Unternehmer wie Jeff Bezos, der Gründer Amazons, vor Hacks mit all ihren Auswirkungen keinen Schutz finden, sind Cyberweltbewusstsein,

---

[3] Glück ist erlernbar. Im Zeitalter digitaler Medien, mit vielen, auf unser Gehirn negativ wirkenden Inhalten, ist dies eine wertvolle Kompetenz.

Risikoanalyse, sich stets weiterentwickelnde Schutzinfrastrukturen, sowie die entsprechend nötigen Investitionen eine Selbstverständlichkeit.

Jene Unternehmen und Strukturen, die diesen Weg lange ausschlugen und die ich in Folge als Krisenmanagerin besuchte, bezahlten aufgrund mangelnden Verständnisses bzw. mangelnder Verantwortung einen hohen Preis, teils bis hin zum Beinahe-Untergang.

In allen Unternehmen führte ich die '*Risikoanalyse*' als wichtiges Basisinstrument ein.

Krankenkassen, Versicherungen, Finanzinstitute etc. arbeiten bereits seit langem mit dem Ansatz der Risikoanalyse als wichtiges Hilfsinstrument für EntscheidungsträgerInnen.

Was ist ein Risiko? Ganz einfach. Es ist das Ergebnis der Multiplikation von Schwachstellen, Bedrohungen und Auswirkungen, daher:

R (Risiko) = S (Schwachstelle) x (B) Bedrohung x (A) Auswirkung.

Sie finden ein Beispiel einer einfachen Risikoberechnung am Schluss dieses Kapitels.

Die von mir bereits um die Jahrtausendwende in der Industrie und im Finanzwesen erlebten Entscheidungsverfehlungen und -unsicherheiten scheinen sich in den Jahren 2016 bis heute zu wiederholen, dieses Mal im Kinder- und Jugendbereich.

Heute geht es jedoch um weit mehr als die Sicherheit eines Unternehmens und dessen Arbeitsplätze. Heute geht es um die Entfaltung des vielfältigen Potentials, das die digitale Welt uns bietet. Es geht um enorme gesellschaftliche und wirtschaftliche Auswirkungen. Und, es geht um die kurz- und langfristige Gesundheit sowie Sicherheit unserer Kinder und Jugendlichen.

Was brauchen wir, nach meiner Expertise und Erfahrung, um die Herausforderungen der digitalen Welt zu meistern?

1) Wir brauchen das Verständnis darüber, welche Kompetenzen in der digitalen Welt wirklich nötig sind, siehe Kapitel 1.1.
2) Es ist wichtig, dass wir den Ansatz der Risikoanalyse in unsere Überlegungen integrieren.

Mein Tipp für Sie:

Fügen Sie in ihre Reflektionen rund um Handys, Tablets, Spielekonsolen und digitale Inhalte für Kinder und Jugendliche als Fundament die Risikoanalyse ein:

R (Risiko) = S (Schwachstelle) x (B) Bedrohung x (A) Auswirkung

Dieses Instrument wird Ihnen bei vielen Entscheidungen rund um die digitale Welt sehr hilfreich sein, innerhalb der Familie, im schulischen Bereich, in der Betreuung, beim Aufbau von Strukturen als auch der Reflektion von Strategien und Programmen.

Beispiel einer Risikoberechnung:

Sie haben nach ca. 180 Bewerbungen und einem Jahr Arbeitssuche ein wichtiges berufliches Vorstellungsgespräch und sind nun in der Endauswahl. Es sind 600 km zu fahren. Eine Zugverbindung gibt es nicht. Eine Hitzewelle ist angekündigt. Sie verfügen über keine Versicherung die mögliche Abschleppkosten abdeckt. Ihre Autobatterie ist neun Jahre alt. Ihr Auto hat 200.000 km. Das Bordlicht flimmert. Die Werkstatt hat Ihnen empfohlen 120,- Euro zu investieren und eine neue Batterie zu erwerben. Ihr Auto ist ansonsten gut im Schuss. Der TÜV liegt gerade erst hinter ihnen. Keine Mängel. Was tun? 120,- Euro sind eine Menge Geld. Die Batterie hat bereits so lange gehalten. Die Nachbarn wären bereit, falls nötig, das Geld zu borgen.

Wissenschaftliche Studien zur Haltbarkeit von Batterien sind gegeben. Braucht es für ihr Auto und ihre Fahrt eine eigene wissenschaftliche Untersuchung? Sicher nicht. Müssen Sie WissenschaftlerIn im Bereich Autobatterien sein? Sicher auch nicht. Es reicht, wenn Sie kurz ins Internet gehen und sich über die Haltbarkeit von Autobatterien informieren, sowie über Preise.

Das Risiko, dass Ihr Auto auf der Fahrt liegen bleibt, können Sie wie folgt berechnen:

R (Risiko) = S (Schwachstelle) x B (Bedrohung) x A (Auswirkung)

Ihre Autobatterie stellt eine sehr hohe Schwachstelle dar, die sich auf einer Skala von 0 bis 10 sicherlich mit 10 beziffern lässt. Bezüglich Bedrohung ist eine Hitzewelle angekündigt. Hitze ist nicht gut für Autobatterien. Hier lässt sich also ebenfalls sicherlich eine 7 festlegen. Was passiert als Auswirkung, sollten Sie zu spät zum Termin kommen oder ihn gar verpassen? Nach langer Arbeitssuche wäre dies eine gute Arbeitsstelle und eine Chance Ihrer zukünftigen Einkommenssicherung, die Sie aufs Spiel setzen. Die Auswirkung lässt sich daher wohl mit einer 8 beziffern. Ihr Risiko ist damit sehr hoch: R = 10 x 7 x 8 = 560.

Die Entscheidung das Angebot der Nachbarn anzunehmen und die Autobatterie wechseln zu lassen fällt Ihnen leicht, denn das Risiko eines Batterieschadens liegt jetzt bei null: R = 0 x 7 x 8 = 0

2. Was wir wahrnehmen

Vergleich meiner Arbeitszeiträume mit Kindern und Jugendlichen 2007 bis 2010 und 2016 bis 2020

Während meiner Gespräche und Kurse der letzten Jahre haben mich eine größere Anzahl Eltern, Lehrpersonen, ErzieherInnen, ÄrztInnen, Gynäkologen, Polizisten sowie Mitglieder des Psychiatrieverbandes Luxemburgs angesprochen, da sie, so wie ich, ausgeprägte Veränderungen wahrnahmen. Manche ÄrztInnen berichteten mir z.B. anonym von traurigen, sehr schweren Vorfällen der Selbstverletzung von Kindern und Jugendlichen. Sie waren selbstverständlich der Schweigepflicht unterbunden, doch die Art und Häufung der Fälle war auffällig.

Die Veränderungen, die ich wahrnahm, lassen sich am einfachsten anhand zweier meiner Emailauszüge an staatliche Stellen wiedergeben, einmal an die Jugendbehörde Luxemburg (SNJ) mit ihrem Bereich der Sensibilisierung im Cybersicherheitsbereich (BEE SECURE) und einmal an den damaligen Vizepremier- und Wirtschaftsminister, Etienne Schneider.

Auszug E-Mail an die Jugendbehörde SNJ BEE SECURE – Frühjahr 2018:

... Großalarm schlage ich bezüglich:

- *viel zu wenig Schlaf und zu völlig falschen Zeiten durch IKTs* [Informations- und Kommunikationstechnologien]
- *viel zu lange an den Geräten und an einem Stück*
- *Geräte im Bett und im Zimmer*
- *Gewaltspiele und Spieldauer*
- *Gewaltspiele und Alter*
- *Fixierung der Kinder durch IKT-Unternehmen (Snapchat-Streaks als ein Beispiel, gibt jedoch auch die Drachen etc.)*
- *Verhaltensauffälligkeiten von Kindern*
- *Unkonzentriertheit von Kindern*

- *Zuschlagbereitschaft von Kindern als spezifische Verhaltensauffälligkeit*
- *Kinder von 9-10 Jahren zeigen Kindern von 1-7 Jahre Gewaltspiele etc.*
- *Chatten: viel zu lange*
- *Cybermobbing schon bei den Kleinen ... und stark*
- *Übergriffe auf Kinder via IKTs* [von Kriminellen] - *Tricks auf die Erwachsene hereinfallen werden direkt auf Kinder durchgereicht*
- *rassistische / gewaltverherrlichende Inhalte erreichen Kinder*
- *gezielte Übergriffe auf Daten von Kindern durch IKT-Unternehmen.*

...

E-Mailauszug Ende

Auszug E-Mail an den Vizepremierminister Luxemburgs, Etienne Schneider - Herbst 2018:

... Jetzt zu meiner großen Sorge, denn ich habe mir alle Strategien Luxemburgs angeschaut, auch von der Uni, der Handelskammer, der Berufskammer, Herrn Minister Meisch (hab auch sein Buch gelesen und stimme echt mit überein) ... Eigentlich alles echt toll. Sorgen machen mir die Kinder, denn 10 bis 15 Jahre sind schnell vorbei. Ich sehe große gesellschaftliche, wirtschaftliche und gesundheitliche Probleme auf uns zukommen, wenn nicht interministeriell schnell, doch sehr überlegt, gehandelt wird.

In Sachsen kann im Jahr 2018 jedes dritte Kind vor der Einschulung nicht richtig sprechen. Zudem gibt es Defizite in der Motorik. Die Sozialministerin Klepsch appelliert an die Eltern viele Gelegenheiten zu nutzen, um mit ihren Kindern Gespräche zu führen. Der Verband der Kinder- und Jugendärzte verweist darauf, dass es Eltern gäbe, die Kleinkinder mit Handyfilmen ruhigstellten. Viele Kinder säßen oft stundenlang vor dem Fernseher oder dem PC.

Mangelnde Sprachentwicklung geht mit mangelnder Sozialkompetenzentwicklung einher![4]

In Luxemburg sind nach meinen Erfahrungen der letzten 2 Jahre in meinen BEE SECURE Trainings ähnliche Tendenzen sichtbar. Seit ich wieder da bin, staune ich nur so, wie schnell die IKTs [Informations- und Kommunikationstechnologien] *bezüglich des Kindesalters nach unten rutschen.*

Tests von mir in Schulen, Kindergärten und Maison Relais über Luxemburg verteilt ergaben, dass schon Kinder mit 5-6 Jahren Killer Clown Videos (Beispiel: https://www.youtube.com/watch?v=WHZPEkZCqwA), sowie Horrorfilme (IT etc.) schauen. Auch gibt es schon Kinder dieses Alters, die Spiele wie GTA, Call of Duty etc. spielen.

Leider ist nicht eines von 100 Kindern betroffen, sondern wohl über ein Drittel bis fast die Hälfte, nach meinen Tests. Zudem ist der Medienkonsum in diesen Fällen zusätzlich meist zeitlich nicht eingeschränkt. Ebenfalls schauen sehr viele Kinder ab ca. 7 Jahre aufwärts Youtuber wie Katja Krasavice. Gut 80% der Kinder in Luxemburg ist diese Youtuberin bekannt. Ebenfalls ist ein Pornokonsum in immer jüngerem Alterssegment festzustellen. Kinder berichten zudem von Besuchen in Striplokalen im Spiel GTA.

Die Gehirnforschung sowie die Forschungsergebnisse in der Neurobiologie zeigen klar auf, dass sich das Gehirn im Laufe seiner Entwicklung quasi selbst verdrahtet – im Fachbegriff Neuroplastizität genannt, daher die Herausbildung der im Gehirn entstehenden Netzwerke und Verknüpfungen hängen davon ab, wofür man sein Gehirn benutzt. Dies hängt wiederum davon ab,

- *was jemandem in seiner Lebenswelt besonders wichtig erscheint,*
- *worauf sich jemand einlässt,*
- *was jemandem unter die Haut geht,*

[4] 2016 eingeladen von der Erwachsenenbildung Luxemburg, hält Herr Prof. Dr. Braus, Psychiater, Nervenarzt und Leiter einer großen Psychiatrie in Deutschland einen sehr zu empfehlenden Vortrag zur Funktion des Gehirns von Kleinkindern sowie den Einfluss der digitalen Welt darauf. Kleinkinder, Hirnentwicklung und Medienwelt (DE): https://www.youtube.com/watch?v=yjT9NEk0c4g

- *woran jemand Freude hat,*
- *wonach jemand sucht*
- *und was jemand gerne erreichen möchte.*[5]

Der Konsum der IKTs der Kinder fällt heute zusätzlich in die sensiblen Phasen der Gehirnentwicklung.

Des Weiteren ist klar zu erkennen, dass der aktuelle IKT Konsum der Kinder kaum jene Kompetenzen fördert, die in einer Welt des Web 4.0 nötig sind:

...

Auch das für die Zukunft nötige vernetzte Denken wird dadurch kaum gefördert.[6]

CASES (Cyberworld Awareness and Security Enhancement Structure) hat immer allen Aspekten der Digitalisierung eine Risikoanalyse vorangestellt. Dies ist auch hier unabdingbar. Folgende Formel gilt: Risiko = Schwachstelle x Bedrohung x Auswirkung

Luxemburg hat sich bezüglich Web 4.0 strategisch gut aufgestellt, mit entsprechenden Programmen und Projekten in den Bereichen Wirtschaft, universitäre Bildung, Bildung sowie Staat. Investitionen werden freigemacht und getätigt. Schulen, Handelskammer und Berufskammer verfolgen die gegebenen Strategien, Unternehmen investieren.

Die gegebenen, oben beschriebene Entwicklungen in den Bereichen frühkindliche Entwicklung, kindliche Entwicklung und Jugend in Luxemburg sind meines Erachtens jedoch alarmierend, insbesondere die Höhe der Zahlen aus meinen gegebenen Erfahrungen in den BEE SECURE Trainings, und könnten all die gegebenen Strategien, Investitionen und Bemühungen ausbremsen bzw. sogar umkehren sowie zudem enorm hohe zukünftige gesellschaftliche Kosten bedeuten.

Ein Beispiel 'Sexuelle Gewalt unter Kindern und Jugendlichen':

Eine Kinderbetreuungsstätte tut sich hier in Luxemburg 2018 schwer, Bananen an die Kinder zu verteilen, da die Kinder in erhöhter Zahl verhaltensauffällig reagieren – Lutschen wie an einem Penis.

---

[5] Prof. G. Hüther, 'Etwas mehr Hirn, bitte', 2015, Vandenhoeck & Ruprecht

[6] Prof. U. Weinberg, 'Network Thinking', 2015, Murmann

Interessant sind hier Studien aus der USA. Schon 2009 erlebten dort 50% der Mädchen und 25% der Jungs sexuell übergreifendes Verhalten. Die Kinder und Jugendlichen der Studie waren zwischen 12 und 19 Jahre alt (Durchschnitt 14,81). 25% der Mädchen und 2% der Jungs erlebten schwere sexuelle Übergriffe, also versuchte Vergewaltigung oder Vergewaltigung.

Eine Studie mit 1.729 Grundschülern in Hong-Kong ergab, dass bereits 23% der Grundschüler von sexuell übergriffigem Verhalten berichteten.

Das Universitätsklinikum Ulm – Kinder- und Jugendpsychiatrie – befasste sich schon 2010 mit sexueller Gewalt unter Kindern und Jugendlichen. Fazit des Universitätsklinikum Ulm im Jahr 2010

„... Bei den Entstehungsbedingungen von sexuell aggressivem Verhalten spielen vor allem ein selbst erlebter sexueller Missbrauch, die Erfahrung von Misshandlung und Vernachlässigung, ungünstige familiäre Erziehungsbedingungen, Einflüsse von Gleichaltrigen aber auch Temperaments- und Persönlichkeitsfaktoren wie soziale Unsicherheit oder eine gesteigerte Impulsivität eine Rolle ... Auch die Darstellung von sexueller Gewalt und ihre leichte Verfügbarkeit für Kinder und Jugendliche haben nachweisliche Auswirkungen auf das Denken, Verhalten und auf Erwartungen in Zusammenhang mit dem Thema Sexualität.[7] “

Das deutsche Bundesland Sachsen möchte durch die Erkenntnisse im Jahr 2018 die Eltern mehr in die Pflicht nehmen.

In Luxemburg versuchte die Struktur CASES von 2007 bis 2010 und danach die daraus abgeleitete Struktur BEE SECURE bis heute an die Eltern zu kommen.

Die Aufwendungen für OrganisatorInnen eines Elternabends sind hoch und die Anzahl anwesender Eltern für die Organisierenden oft enttäuschend. Hinzu kommt, dass meist die bereits zum Thema sensibilisierten Eltern anwesend sind. Ein Großteil der Eltern wird zum Zeitpunkt über diesen Weg nicht erreicht.

---

[7] Universitätsklinikum Ulm, Kinder- und Jugendpsychiatrie /Psychotherapie, 'Sexuelle Gewalt unter Kindern und Jugendlichen – Ursachen und Folgen', 2011, Universitätsklinikum Ulm

Aufgrund der obigen Ausführungen sowie all der möglichen kurz und langfristigen gesundheitlichen, gesellschaftlichen und ökonomischen Folgen, habe ich für BEE SECURE die Integration zusätzlicher neuer Wege der 'Erreichung von Eltern' 2018 getestet, mit sehr guten Resultaten. Ein mögliches, effektives Konzept zur Diskussion wie 'Eltern erreichen', sowie Budgetaufwendungen liegen damit vor. Wäre eigentlich alles machbar ...

E-Mail Ende

2007 bis 2010 hatte ich natürlich auch Vorfälle, jedoch nicht in diesem Ausmaß, wie es mir ab 2016 bis heute faktisch täglich begegnet und vor allem nicht in so jungen Alterssegmenten der Kinder.

3. Hilfe, was ist hier los? Erklärungen!

Aufgrund der gegebenen wissenschaftlichen Erkenntnisse hatten wir bis 2010, als Struktur CASES und horizontal vernetzt, über Ministerien und Akteure hinweg, den Erwachsenen in Kursen und Schulungen grob zusammengefasst nachfolgende Nachricht mit auf den Weg gegeben:

„Bitte geben Sie Ihren Kindern keinen Zugriff auf digitale Geräte und Anwendungen vor dem 13. Lebensjahr. Vermeiden Sie Geräte in Kinder- und Jugendzimmern sowie in Schlafzimmern bis zum 16. Lebensjahr. Achten Sie auf Schlaf. Ein schulisches Erlernen des richtigen Umgangs dieser Instrumente und Anwendungen ist etwas anderes als die Nutzung als Konsument(in). Begleiten Sie Ihre Kinder auf dem Weg in die digitale Welt.“

Zusammen mit anderen nötigen Verhaltensweisen und technischen Sicherheitsstrukturen nannten wir das Ganze zusammenfassend 'die guten Reflexe' (les bons reflexes).

Wie sah die Welt der Kinder und Jugendlichen 2016 folgende aus, nachdem ich mich 2010 für 5 Jahre verabschiedet hatte? Über welche digitalen Basiskompetenzen verfügten die Kinder, als ich wieder begann Cybersicherheitsschulungen zu geben?

Meine Erfahrungen auf dem Feld zeigten, dass Jugendliche und junge Erwachsene kaum über Programmierkenntnisse verfügten, wenn überhaupt, so gingen diese wenig über „Scratch“[8] hinaus. Hier gab es seit 2010 faktisch keine Verbesserung. Es fehlte an allen Enden an Kenntnissen von Programmiersprachen, eine wichtige Kompetenz. Manche Eltern, oft international geprägt, schickten ihre Kinder in Vereine, die spielerisch das Erlernen von Programmiersprachen anboten.

Es fiel mir zudem auf, dass die Benutzung von gängigen Büroanwendungen, wie z.B. Word, ein Schwachpunkt für viele SchülerInnen darstellte.

Ebenfalls mangelte es einem guten Anteil vieler SchulabgängerInnen an Schreibmaschinenkenntnissen (Zehnfingersystem). Eigentlich sollte der schnelle Umgang mit einer Tastatur in diesen Jahren etwas Gängiges

---

[8] Bildungsorientierte visuelle Programmiersprache für Kinder und Jugendliche.

sein, da der Griff zur Tastatur in vielen Berufen immer noch nötig ist. Natürlich ist die Entwicklung schon lange bei der Spracherkennung angekommen, doch noch nicht überall in der Berufswelt. Haben Sie schon einmal versucht im Zwei-Finger-Tippsystem ein Meeting-Protokoll zu schreiben? Das braucht Zeit.

Meine Erfahrung zeigte auch, dass schlichtweg einigermaßen korrektes Schreiben bei jungen Leuten einen großen Mangel darstellt. Auch das Lesen eines einfachen ca. halbseitigen Textes fiel vielen schwer. Mit der eigenen Wiedergabe des Inhalts waren oft bis zu 30% der jungen Leute überfordert.

Etwas anderes fiel mir noch auf. Handys und Tablets waren an Bushaltestellen, in Bussen, in Restaurants etc. enorm präsent. Überall begegneten mir Menschen mit gebeugtem Kopf und Blick auf einen Bildschirm, Erwachsene, Jugendliche und Kinder.

Ergonomische Reflektionen oder Überlegungen bezüglich des nötigen Lichtes auf dem Schreibtisch und im Umfeld zum Erhalt gesunder Augen waren in den meisten Fällen inexistent. Dabei hat die Europäische Union bereits 1990 Mindestvorschriften bezüglich mehr Sicherheit und Gesundheitsschutz bei der Arbeit an Bildschirmgeräten (90/270/EWG) festgelegt. Von durchschnittlich 100 Kindern im Alter von ca. 8-9 Jahren hatte ich sicher drei, die bereits über Rückenschmerzen klagten. Es schien mir, als ob das entsprechende Gesundheitswissen sowie die Mindestanforderungen, wie sie die europäische Richtlinie beinhaltet, verloren gegangen wären, wie ausradiert.

Viele junge Erwachsene waren erstaunt, manche zweifelten sogar, wenn ich von den nötigen Gesundheitsmaßnahmen sprach. Zum Glück konnte ich immer auf die Richtlinie referieren. Das war bis 2010 anders. Bei vielen Erwachsenen war das entsprechende Wissen seinerzeit gegeben.

Eine wichtige Erkenntnis daraus: Selbst bereits seit langem verfügbares Wissen für mehr Sicherheit und Gesundheit kommt nicht notwendigerweise von allein bei vielen jungen erwachsenen NutzerInnen digitaler Geräte und Anwendungen an. Damit kommt es auch nicht mehr bei deren Kindern an. Dies gilt, obwohl faktisch jedes Wissen per Internet abrufbar ist, auch in diesem Bereich.

Ebenfalls fiel mir in den Jahren ab 2016 auf, dass Vereine zu Themen wie Programmieren, Cybermobbing, digitale Kreativität fördern etc. wie Pilze aus dem Boden schossen. Es gab Bedürfnisse, die staatliche Seiten in diesen wichtigen Bereichen wohl verpassten abzudecken.

Wie gesagt, war ich mir die ersten Monate, in denen ich wieder Kurse gab, nicht sicher, ob meine Beobachtungen vielleicht auf neue staatliche Strategien Luxemburgs zurückzuführen waren. Ich arbeitete mich bis Mitte 2016 durch alle gegebenen Ansätze. Dem war nicht so. Zusätzlich agierten Handwerks- und Handelskammer sehr kompetent und verantwortungsvoll und bemühten sich sehr, um einen kompetenten digitalen Umgang zu fördern. Die Rifkin-Strategie für Luxemburg[9] sah ebenfalls ganz anderes vor als das, was ich auf dem Feld beobachten konnte.

Was war also zwischen 2010 bis 2016 folgende passiert?

3.1. Welche Geräte? Was? Wann? Wo? Wie oft? Mit wem? Wie? Warum? ...

Anhand von Fragen an Kinder und Jugendliche fing ich an, der Sache auf den Grund zu gehen. Zuallererst stellte ich fest, dass schon ziemlich viele Kinder mit 6-7 Jahren Handys und andere digitale Geräte mit freiem Internetzugang besaßen.

Ich begann in den Gruppen und Klassen, die ich besuchte, die Kinder und Jugendlichen nach Art benutzter Geräte, Spiele, Apps, Inhalte, sowie Kontakte, Angebote, Erfahrungen etc. zu befragen, um eine Ist-Aufnahme zu erstellen. Von dort konnte ich sie in Richtung 'gute Sicherheitsreflexe' begleiten.

Auf den folgenden Seiten finden Sie die Ergebnisse eines solchen Ist-Zustandes, sowie zusammengefasst wichtiges Hintergrundwissen am Beispiel einer Gruppe von Kindern des Jahres 2019. Es handelt sich um 16 Kinder auf dem Land, gemischt aus allen sozialen Verhältnissen. Die

[9] Wichtige Standbeine der Rifkin-Strategie sind Digitalisierung und Nachhaltigkeit. Die Rifkin-Strategie umfasst Bereiche wie Energie, Mobilität, Bauen, Finanzen, Industrie, Lebensmittherstellung und Smart- bzw. Circular Economie sowie die daraus abzuleitenden Konsum- und Sozialmodelle.

Kinder sind zwischen 9-10 Jahre alt. Dies entspricht z.B. Grundschulkindern einer dritten Klasse.

Ich bitte Sie als LeserIn, was die folgenden Seiten betrifft, immer wieder einen Vergleich mit den benötigten Kompetenzen in der digitalen Welt zu machen. Ebenfalls können Sie immer wieder eine Risikoanalyse anhand der Schwachstellen, Bedrohungen und Auswirkungen vornehmen.

- 8 Kinder haben freien Internetzugriff via Geräte der Großeltern: Handys, Computer, Fernsehen
- 15 Kinder haben freien Zugriff auf die Geräte der Eltern, wieder Handys, Computer, Fernsehen
- 13 Kinder besitzen ein eigenes iPad oder Tablet (Kinder in Luxemburg verstehen beim Wort iPad besser was gemeint ist als beim Wort Computer oder Tablet)
- 8 Kinder besitzen ein eigenes Smartphone, auch mit Internetzugang
- 1 Kind besitzt die Playstation PS2
- 3 Kinder besitzen eine eigene Playstation PS3
- 6 Kinder besitzen eine eigene Playstation PS4
- 5 Kinder besitzen jeweils eine Nintendo Switch
- 7 Kinder besitzen jeweils eine eigene Xbox[10] – in dieser Gruppe war ich hierüber etwas erstaunt, da in dieser Alterskategorie, nach meinen Erfahrungen und vielen Gesprächen mit Kindern, die PS4[11] und die Nintendo Switch[12] vorne liegen. Die Xbox besitzen meist nur 2-3 Kinder.

Ihnen ist sicher das Wort 'besitzen' aufgefallen. In der Tat insistieren alle Kinder, dass die Geräte ihnen gehören. Sie haben die Geräte entweder von Erwachsenen geschenkt bekommen oder in selteneren Fällen, über das eigene Ersparte zusammen mit Erwachsenen gekauft.

- ein Kind verweist mich auf die Wii[13], da dieses Kind eine hat
- 10 Kinder schauen auf dem Smart TV YouTube-Videos

[10] Markenname einer Spielekonsole
[11] Markenname einer Spielekonsole
[12] Markenname einer fast Smartphone großen, sehr leicht transportierbaren und kompatiblen Spielekonsole.
[13] Die Wii war die erste Spielekonsole mit Bewegungssteuerung.

- 1 Kind schaut Kinder-Netflix[14]

Kinder-Netflix ist bei vielen Kindern, nach ihren Angaben und Reaktionen bei meiner Nachfrage, eher was für kleine Kinder. Wer etwas auf sich hält, schaut Netflix für Erwachsene. Sind ältere Geschwister in der Familie, schauen sie zudem meist mit diesen Netflix für Erwachsene.

- 12 Kinder schauen Netflix für Erwachsene
- 6 Kinder spielen Fortnite[15]

Dieses Ego-Shooter-Spiel[16] wurde ab 12 Jahren frei gegeben. Epic Games, der Hersteller des Spiels, ließ z.B. das Spritzen von Blut weg und baute eine Art Comic-Welt auf. Mit diesem Vorgehen hielt er den gesetzlichen Rahmen für dieses Alter ein. Zudem kennt sich Epic Games, wie es scheint, sehr gut in Gehirnforschung aus, denn der Hersteller bietet immer neue Überraschungen und Belohnungen. In China wurde Fortnite in der Version, wie sie sonst auf der Welt gespielt wird, verboten. Grund: zu vulgär, zu aggressiv, zu brutal …

In meiner Arbeit bis heute hatte ich in jeder zweiten bis dritten Grundschulklasse oder Gruppe Kinder, die für dieses Spiel weit über 800,- Euro

---

[14] Netflix, Inc. ist ein US-amerikanisches Unternehmen, das mit dem kostenpflichtigen Streaming, daher der gleichzeitigen Übertragung und Wiedergabe von Video- und Audiodaten über ein Rechnernetz, und der Produktion von Filmen und Serien sehr erfolgreich ist.

[15] Fortnite ist ein Spiel mit Mehrspielervariante, das von den Spieleentwicklerunternehmen People Can Fly und Epic Games entwickelt wurde. Durch einen kostenlosen Standalone-Modus Fortnite Battle Royale erlangte es seine Popularität. Battle Royale ist ein Online-Computerspiel-Genre, bei dem sich der Spieler mit einer vorgegebenen Anzahl an anderen Spielern (meist bis zu 99, so dass es insgesamt 100 Spieler sind) in einem abgegrenzten Spielbereich, der im Laufe des Spiels immer kleiner wird, mit im Spielbereich gesammelten Werkzeugen (Waffen, Rüstungen etc.) bekämpft. Ziel ist es, am Ende als einzige(r) SpielerIn bzw. als einziges Team zu überleben. Das Spiel erschien am 25. Juli 2017 weltweit außer in China für PlayStation 4, Xbox One und Windows. Aufgrund seiner Brutalität und Vulgarität war es in seiner gegebenen Version in China verboten.

[16] Ego-Shooter sind eine Kategorie Computerspiele, bei welcher der/die SpielerIn aus der Egoperspektive in einer frei begehbaren, dreidimensionalen Spielwelt agiert und mit Schusswaffen andere SpielerInnen oder computergesteuerte GegnerInnen bekämpft.

ausgegeben haben, teilweise innerhalb eines Monats. Manche Kinder hecken extra Pläne aus, um an das nötige Geld für Zukäufe zu kommen. Sie stehlen zum Beispiel die Kreditkarten von Verwandten.

Ebenfalls bin ich in meiner Arbeit Kindern begegnet, die während Schultagen ganze Nächte durchspielten. Fortnite spielen bis morgens um 06:00 Uhr war keine Seltenheit.

Ich wurde ab 2018 in mehrere Schulen und Gruppen gerufen, da die Kinder auffällig aggressives Verhalten aufwiesen. Jedes Mal fiel mir auf, lag ein sehr hoher Fortnite-Konsum vor, von bis zu einem Drittel der Kinder pro Gruppe und eine hohe Übermüdung. Der jüngste Fortnite-Spieler, zu dem ich wegen eines zu hohen Konsums gerufen wurde, war zum Zeitpunkt 2019 gerade mal 5 Jahre alt.

Fortnite kam im Sommer 2017 auf den Markt.

💻 5 Kinder spielen GTA[17] – ein Spiel ab 18 Jahren

Sie können in diesem äußerst realistisch dargestellten doch auch sehr brutalem Spiel, z.B. eine Prostituierte zum Zweck sexueller Handlungen erwerben. Töten Sie danach die Prostituierte, was zudem auf sehr brutale Art möglich ist, so erhalten Sie den Großteil ihres Geldes zurück.

Mehrmals antworteten mir Kinder im Grundschulalter auf die Frage, wo man z.B. eine Freundin kennen lernen kann, mit der Antwort 'im Strip-Lokal'. Bei näherem Nachfragen stellte sich jedes Mal heraus, dass die Kinder GTA spielten. In GTA gibt es ein Strip-Lokal. Sie können dort gegen Geld eine Stripperin mieten.

Viele Kinder geben ihren Eltern vor, dass es sich 'nur' um ein harmloses Autorennspiel handeln würde. Ein Teil der Eltern nimmt nach meinen Erfahrungen tatsächlich an, gemäß dieser Beschreibung durch die

---

[17]GTA = Grand Theft Auto ist eine Computerspielserie des Entwicklerunternehmens Rockstar North, die Action-, Rennspiel-, Open-World-Spiel- und Third-Person-Shooter-Elemente enthält. Das Spiel ist sehr brutal. Sehr realistisch überfährt man als SpielerIn andere Menschen, schlägt diese tot, erschießt sie oder bringt sie anderweitig um. Sie bewegen ihren Avatar in einer sehr realistisch aufgebauten virtuellen Welt, welche Kinder, Jugendliche als auch Erwachsene in den Bann ziehen kann. Das Spiel ist ab 18 Jahren.

Kinder, dass es sich um ein harmloses, realistisch gestaltetes Autorennspiel handeln würde. Dem ist ganz und gar nicht so.

💻 3 Kinder spielen FIFA

Wenn Sie jetzt denken, es handelt sich zum Glück nur um Fußball, so liegen Sie leider falsch. Das Spiel FIFA enthält viele Loot-Boxen, daher virtuell zufällig generierte Gegenstände und Inhalte, die man einlösen kann. In Belgien sind Loot-Boxen als Glücksspiel eingestuft.

In Deutschland schützt zwar das Vertragsrecht Minderjährige, doch das Problem ist größer. Kinder werden zum Glücksspiel herangezogen und damit lauert die Gefahr von **Glücksspielsucht**.

Natürlich enthalten heute sehr viele Spiele Loot-Boxen, doch FIFA spielen oft schon die ganz Kleinen. Belgien hat diesbezüglich FIFA verklagt und 2019 gewonnen. Dort können z.B. FIFA-Points nicht mehr mit realem Geld erworben werden.

💻 5 Kinder spielen Call of Duty, ein Spiel ab 18 Jahren

„Spielen Sie mal dieses sehr realistische und sehr brutale Ego-Shooter Spiel selbst und beobachten Sie Ihre Gefühle“, bitte ich oft die Eltern, Lehr- und Erziehungspersonen. Ich habe dafür immer einen Gaming Computer mit in meinem Gepäck. „Es ist, als ob wir aktive(r) TeilnehmerIn eines Kinofilms sind“, schildern mir Erwachsene, die im Spiel, im nachgestellten 2. Weltkrieg, z.B. die Normandie erstürmen. „Unglaublich, so real und so brutal, so viel Gewalt“, da waren sich eigentlich alle Erwachsenen einig.

Meine Erfahrung ist, dass sowohl viele Eltern als auch Lehr- und Erziehungspersonen ziemlich außergewöhnliche Adrenalin- und Dopaminschübe erleben. Eigentlich ist dann allen immer klar, dass so etwas nicht gesund für Kinder und Jugendliche sein kann.

Bei den Erwachsenen in meinen Kursen kommt eigentlich immer die gleiche Frage auf, egal ob sie GTA, Fortnite, God of War[18] etc.

---

[18]Es handelt sich um ein sehr realistisches und gleichzeitig ein sehr brutales Computerspiel. In seiner jüngsten Ausgabe stellt es insbesondere ein Kind, einen Jungen, mit in den Mittelpunkt. Viele SpielerInnen begeistern sich für den Aufbau der Geschichte. God of War ist ein Action-Adventure-Franchise,

ausprobieren: „So faszinierend, wie diese virtuelle Welt auch ist, wieso ist all das nicht verboten? Das ist doch nicht gut für Kinder, Jugendliche und junge Erwachsene!".

Ich habe keine Antwort.[19]

---

das von Sony entwickelt wurde. Es begann 2005 auf der PlayStation 2 Videospiel-Konsole und wurde zu einem Flaggschiff der Marke PlayStation.

[19]Vielleicht lässt sich ein Vergleich mit Autos und der sehr lang verzögerten Einführung von mehr Sicherheit anbringen. 1970 wurde in Deutschland die Gurtpflicht für AutofahrerInnen eingeführt. Ab 1975 galt sie auch für MitfahrerInnen. Ich erinnere mich noch sehr gut an das damalige Aufbegehren im Dorf. Dabei konnte man bereits 1965 per Mercedes mit z.B. 180 km die Stunde über die Autobahn rauschen und die Erfindung der ersten Autos lag bereits fast 100 Jahre zurück. Um 1984, als ich grob im 7ten Schuljahr war, 13 Jahre alt, kam die Polizei mit einem Gerät und einer großen Matte in die Schule. Wir mussten alle, auch die Lehrpersonen, nacheinander auf das Gerät sitzen, es beschleunigte auf ca. 3km pro Stunde und stoppte abrupt. Ich weiß noch wie ich mich als eine der ersten freiwillig meldete und wie ich im hohen Bogen auf die Matte flog, da ich mich nicht anschnallen wollte. „Wow", ich versuchte es nochmals, dieses Mal angeschnallt. Der Direktor hatte die Polizei um ihr Kommen gebeten, da er viele Leute ohne Anschnallgurt im Auto unterwegs sah. Er wollte bei den Jugendlichen per „Erfahrung am eigenen Leib ansetzen", so grob seine damaligen Worte. Was mich selbst betrifft, war die einfache Maßnahme des Direktors sehr erfolgreich. Ich hatte bereits viele Jahre bevor ich den Führerschein machte, für mich und alle meine zukünftigen MitfahrerInnen, egal ob groß oder klein, meine Lektion gelernt. Ich fahre erst los, wenn alle angeschnallt sind!

Das Mercedes-Benz-Museum in Stuttgart zeigt schön die rasante Entwicklung des Autos sowie die sich eher schleppend nachziehende Sicherheitsentwicklung.

Vielleicht sind Auto und digitale Welt noch ansatzweise vergleichbar. Die Entwicklung der digitalen Welt ist jedoch um Lichtjahre schneller als jene des Autos. Bevor auch nur eine Reflektion oder gar Sensibilisierung für notwendige Sicherheitsvorkehrungen stattfinden kann, ist die Technologie schon wieder einen riesigen Schritt weiter, von Prozessen für legislative Rahmenbedingungen ganz zu schweigen. Zudem versagen unsere über Jahrmillionen entwickelten Instinkte und Sicherheitsreflexe in einer digitalen Welt, denn sie wurden für die reale Welt geschaffen. Hinzu kommen des Weiteren all das Marketing, die immer leichtere Beeinflussbarkeit der Menschen, die Billionenmärkte und damit all das Lobbying sowie die Kundengewinnung

💻 9 Kinder spielen Minecraft

Hatten Sie schon mal Grundsatzdiskussionen mit ihrem Kind bezüglich der überhandnehmenden Benutzung von Spielen und Apps, selbst jenen, die teils als pädagogisch wertvoll eingestuft sind? Ich empfehle allen LeserInnen das Buch „HOOKED – Wie Sie Produkte erschaffen, die süchtig machen“ von Nir Eyal, erstmals 2013 in englischer Sprache erschienen.

Nir Eyal beschreibt, wie ein paar Bits und Programmcodes auf einem Bildschirm das Gehirn der Nutzer kontrollieren. Er erklärt, worauf es bei der Produktentwicklung ankommt, damit Sie BenutzerInnen in kürzester Zeit so abhängig machen, dass jene sich ein Leben ohne diese App, dieses Spiel … gar nicht mehr vorstellen können. Herr Eyals berät die Unternehmen.

Für Sie ein Beispiel:

Wie schafft eine App es, dass wir praktisch süchtig nach ihr werden, unser Verhalten ihretwegen ändern? Manche Unternehmen z.B. verdienen durch 'virtuelle Schafe' auf 'virtuellen Bauernhöfen' ein Vermögen. Wie machen die das? Was machen sie mit uns?

Ganz einfach: Die App verschafft uns eine Reihe von Erfahrungen, die uns nicht mehr loslassen. Je öfter wir die Erfahrungen machen, desto wahrscheinlicher bilden wir die Gewohnheit aus, erneut die App aufzurufen, z.B. immer an der Bushaltestelle. Die App verändert unser Handeln, wird zur Gewohnheit, kann innere Zwänge auslösen.

Es schließt sich eine Frage an. Wie schaffen es Internet-Unternehmen, ohne teure Anzeigekampagnen, dass wir immer wieder bestimmte virtuelle Produkte (Apps, Spiele) nutzen?

Ganz einfach. Die Unternehmen gehen in 4 Schritten vor, einem Zyklus, den wir so oft als möglich wiederholen sollen:

Der erste Schritt:

---

immer jüngerer Kinder. Wer kann hier noch folgen? Und, zu guter Letzt, es benötigt Menschen, die 'Verantwortung' übernehmen.

Die Unternehmen überlegen einen '**Auslöser**' für uns, z.B. ein App-Icon[20]. Wir können uns das ähnlich einem Tier vorstellen, das beim Zeigen eins Leckerlis sofort angelaufen kommt.

Der zweite Schritt:

Die Unternehmen überlegen eine '**einfache Handlung**' für uns, die in uns die 'Erwartung einer Belohnung' weckt. Wir klicken auf den Link, das ist eine einfache Handlung, und landen z.B. bei Pinterest. Als Belohnung erhalten wir viele Fotos, die auf uns warten.

Der dritte Schritt:

Die '**Belohnungen ändern sich ständig**'. Das fasziniert uns. Beispiel: Öffnen Sie täglich den Kühlschrank und finden darin stets Eier, Butter, Milch … so wird das langweilig. Doch was, wenn dort jeden Tag eine andere, leckere Überraschung wartet? Stellen Sie sich hier Kinder vor!

Erwarten wir eine Belohnung, so steigt das Dopamin im Gehirn rapide an. Jene Gehirnareale werden mehr aktiv, die für Wünsche und Sehnsüchte zuständig sind. Die Gehirnareale, die mit Urteilsfähigkeit und Vernunft verknüpft sind, werden hingegen unterdrückt.

Der vierte Schritt:

Wir '**arbeiten**', wir investieren also. Ja, Sie haben richtig gehört. Wenn wir uns für etwas 'ein bisschen anstrengen', ist es für uns wertvoller. Denken Sie an selbst zusammengeschraubte IKEA-Möbel oder die Fertigkuchenrührmischung, bei der Sie selbst noch 2 Eier zugeben müssen. In der virtuellen Welt laden wir Freunde ein, geben Vorlieben an … Wir arbeiten. Die App verspricht uns dafür z.B. einen noch besseren Service. Kommt Ihnen das bekannt vor? Denken Sie an Facebook? Richtig, auch hier arbeiten wir, indem wir Freunde einladen, Vorlieben angeben, Fotos posten.

Die Internet-Unternehmen wollen nicht, dass wir sofort den Geldbeutel öffnen und dann wieder unser Leben weiterleben, sie wollen, dass wir die vier Schritte Auslöser, Handlung, Belohnung, Arbeiten erneut und

---

[20] App-Icons sind kleine Symbole, die eine App (Computeranwendung) repräsentieren. App-Icons sind quadratisch oder rund. Bei Smartphones oder Tablets lässt sich die App über das App-Icon durch die einfache Berührung mit dem Finger oder einem bestimmten Stift öffnen.

erneut wiederholen. Wir sind dadurch an ihrem Haken. Wir verändern unser Verhalten gemäß den Wünschen digitaler Unternehmen.

Spätestens jetzt lässt sich ein Teil der Fragen beantworten, die mir bei Prof. Thissens Besuch in Luxemburg so brennend auf der Zunge lagen. Schafft die digitale Welt zu verändern, wer wir sind? Ist durch die digitale Welt das Erlernen von Werten möglich, die zu unseren gesellschaftlichen Werten in der realen Welt widersprüchlich und sogar entgegengesetzt sind? Wirken diese Werte auf die reale Welt zurück?

Die Antwort ist einfach: „*Ja*".

Zugangsmöglichkeit, Datenmaterial und Geschwindigkeit ermöglichen es, neue Gewohnheiten von Menschen zu prägen. Diese neuen Gewohnheiten verändern uns.

Wie bereits beschrieben, braucht es nur vier Punkte, die sich immer wieder wiederholen, um Gewohnheiten aufzubauen: einen Auslöser, eine Handlung, eine variable Belohnung, etwas eigene Arbeit und einen erneuten Auslöser ...

Eines von 10 Kindern zwischen 12-14 Jahren, so meine Erfahrungen vom Feld, verbringt ca. sieben Stunden und mehr am Tag in der virtuellen Welt. Was für eine Gewohnheit! Urteilen Sie selbst.

Doch lassen Sie uns wieder zu unserer Gruppe Kinder zurückkommen.

💻 9 Kinder benutzen Snapchat[21]

Wir schauen uns anhand der App Snapchat, die bei Kindern und Jugendlichen sehr beliebt ist, kurz die Vorgehensweise dieses Unternehmens in Form von Auslöser, Handlung, Belohnung und Investition, daher Arbeit, an. Wie bekommt Snapchat die Kinder an den Haken?

Das Snapchat-Icon leuchtet auf dem Handy. Das ist der Auslöser. Wir drücken darauf. Das ist die Handlung. Wir schauen die neuen Posts / Fotos an. Das Hormon Dopamin wird im Gehirn freigesetzt. Dies entspricht

---

[21] Snapchat ist ein kostenloser Sofortnachrichtendienst zur Nutzung auf Smartphones und Tablets. Der Dienst ermöglicht es, Fotos und andere Medien an Freunde zu versenden. Die Fotos und andere Medien sind dabei nur eine bestimmte Anzahl von Sekunden sichtbar.

einer sich stets verändernden Belohnung. Wir antworten auf die Posts mit z.B. eigenen Fotos. Wir arbeiten. Das ist unsere Investition.

Je öfter wir die obigen Abläufe wiederholen und je höher unsere Investition, desto schwieriger fällt es uns, sich von Snapchat zu lösen. Denken Sie an Kinder und Jugendliche, die mit einer Freundin oder einem Freund bereits 190 Flammen[22], daher über 190 Tage tägliche Posts / Fotos ausgetauscht haben.

Durch unsere Antworten kommen neue Posts aufs Handy. Ein neuer Auslöser wird getriggert. Alles geht wieder von vorne los. Mit seinen Flammen verführt Snapchat junge Menschen, mehrmals täglich mit Freunden Posts zu schreiben. Es wird zur Gewohnheit.

Zusätzlich greift bei den Kindern der enorme Druck jemanden nicht enttäuschen zu wollen oder gar als FreundIn zu verlieren. Grund hierfür, wenn man selbst mit den Flammen aufhören möchte, so geht neben der eigenen Investition auch jene des Gegenübers verloren. Hört eine Person mit den Flammen auf, verliert auch die andere Person ihre Flammen. Es besteht eine gegenseitige Abhängigkeit. Ich hatte deswegen Kinder in Tränen, sogar im Zusammenbruch und Krankenhaus, weil aus irgendwelchen Umständen es ihnen nicht möglich war, rechtzeitig, daher innerhalb der ablaufenden 24 Stunden, die nötigen Posts zu versenden. Stellen Sie sich diesen riesigen täglichen Druck vor!

---

[22] Zentrales Feature von Snapchat ist das Verschicken von Bildern oder Videos, den sogenannten Snaps. Um die Nutzer dazu zu ermuntern, noch mehr Snaps zu versenden, wurde die sogenannte Snapchat-Streak eingeführt. Damit wird angezeigt, dass ein(e) NutzerIn und ein(e) FreundIn sich innerhalb der letzten 24 Stunden einen Snap geschickt haben. Streak ist Englisch und heißt in diesem Zusammenhang 'Serie' oder 'Reihe'. Angezeigt wird die Snapchat-Streak durch ein Flammen-Emoji neben dem Namen des Benutzers. In deutscher Übersetzung wird Snapchat-Streak oder Snap-Streak als Flamme oder Feuer bezeichnet. Kinder und Jugendliche sprechen umgangssprachlich von Streaks oder Flammen. Außerdem findet man neben der Flamme eine Zahl. Diese Nummer zeigt an, wie viele Tage NutzerInnen sich schon Snaps in Serie geschickt habt.

Tipp: Schauen Sie nach, wie hoch Ihr Score[23] bzw. der Ihrer Kinder ist, daher die Anzahl versendeter und empfangener Posts auf Snapchat.

Jetzt ein Wort zu den Inhalten auf Snapchat.

Schauen wir uns kurz viele Inhalte dieser App näher an, wie ich sie auf den Handys und Tablets von Kindern und Jugendlichen erleben durfte: Drogen, Nacktfotos und -filme, Sexangebote, noch mehr Drogen …

Mich begleiten öfters Jugendliche zu meinen Kursen. Sie zeigen Eltern, Lehr- und Erziehungspersonal dann 'live', welche Art von Inhalten, daher Fotos / Posts auf Snapchat, auch Snaps genannt, sie gerade so erhalten, z.B. Drogensonderangebot, Nacktfotos /- filme, Angebot Sex gegen Sonstiges …

Natürlich, das können Sie sich vorstellen, sind die meisten Erwachsenen geschockt. Leider lässt sich so manches Mal kaum in Worte fassen, welche Eindrücke viele Kinder und Jugendliche in der virtuellen Welt täglich 'real' leben bzw. erleben. „Sowas haben wir uns im Entferntesten nicht vorgestellt“, höre ich sehr oft von den Erwachsenen.

Manche mögen berechtigt einwenden, dass doch nicht alle Kinder und Jugendliche derlei Inhalte und Angebote erhalten, auch nicht über Snapchat. Ich gebe zu bedenken, dass von der in diesem Buch präsentierten Gruppe von 16 Kindern 9 Kinder über einen Snapchat-Zugriff verfügen,

---

[23] Snapchat versucht seine AnwenderInnen bei Laune zu halten. Neben den anfänglichen Trophäen erhält ein(e) NutzerIn Punkte. Die Gesamtpunktezahl heißt Score. Für jedes versendete Bild gibt es einen Punkt. Zusätzlich gibt es neue Punkte, wenn man Snaps von Freunden zugeschickt bekommt. Auch der Versand und Empfang von Videos lässt die Punkte in die Höhe schnellen. Um schnell neue Punkte zu bekommen, verschicken Nutzer(innen) ein Bild gleichzeitig an mehrere Kontakte. Den Snapchat-Score zu finden ist einfach. Man öffnet die App und tippt auf das Geistsymbol, um auf das Snapchat-Menü zuzugreifen. Die Snapchat-Punktzahl (Score) ist die Zahl rechts neben dem Nutzernamen und unterhalb des Snapcodes. Noch vor nicht allzu langer Zeit bekamen NutzerInnen bei Snapchat als Belohnung auch Trophäen beim Erfüllen bestimmter Aufgaben, daher eine Art von elektronischen Bildern / Emojis. Viele Kinder waren verrückt nach den Trophäen. Ziel von Snapchat mit diesem neuronalen Trick ist wohl eine frühestmögliche Kundenbindung.

meist von den Erwachsenen unbegleitet. Das entspricht meinen durchschnittlichen Erfahrungswerten über die letzten vier Jahre mit Tendenz steigend und schnell ausufernd in Richtung jüngere Alterssegmente. Hingegen sind mir diese letzten Jahre nur sehr wenige Erwachsene begegnet, die Snapchat kennen.

Snapchat zielt im Geschäftsmodell darauf ab, NutzerInnen so lang als möglich auf der App zu halten. Das erreicht die App unter anderem dadurch, dass ein(e) BenutzerIn so viel wie möglich Posts macht, so viel wie möglich 'Freunde' hat. Bei kaum einpaar Jahre älteren Kindern und Jugendlichen als jenen der hier beschriebenen Gruppe finde ich durchschnittlich ausgetauschte Posts in Größenordnungen von 150.000 bis weit über 700.000. Der Rekord, den ich 2019 auf dem Feld erlebte, lag bei ca. 1,4 Mio. Es handelte sich um Posts eines 14jährigen Jungen.

Ich bin in den letzten 4 Jahren keiner einzigen erwachsenen Person begegnet, auch nicht bei den staatlichen Stellen oder im Bereich Sucht, welche die heutigen, von Nir Eyals so schön beschriebenen Methoden und Algorithmen der Unternehmen kannte bzw. wiedergeben konnte, die eingesetzt werden, um uns an Apps und Spiele zu binden, daher um unser Verhalten zu ändern und zu versuchen, uns süchtig zu machen.

Etwas später im Buch gehe ich auch auf den schnellen und leichten Kontakt mit Drogen via digitale Welt ein. Ich habe die Erfahrung gemacht, dass die App Snapchat hier zur Kontaktaufnahme und bezüglich der Durchführung der Deals bei Kindern und Jugendlichen sehr beliebt ist.

Wie erwähnt, Erwachsene in meinen Kursen kennen Snapchat kaum. Es gibt zudem viele Fragen: Wie wird Snapchat von Kindern und Jugendlichen genutzt? Wer der Erwachsenen nutzt Snapchat und zu welchen Zwecken? Sammelt Snapchat Daten? Gibt es öffentliche Stellen die Inhalte, Informationen, Beobachtungen etc. zu Snapchat vom Feld sammeln und weiterleiten? An wen? Ist dies überhaupt möglich? Führt irgendjemand Kontrollen zu Inhalten der Posts durch? Vielleicht eine staatliche Stelle? Ist dies überhaupt gesetzlich und logistisch machbar? Was ist mit unseren gegebenen Gesetzen? Wie werden Kinderrechte geschützt? Fragen über Fragen. Die Antworten bleiben aus.

Machen Sie selbst die Risikoanalyse zur Benutzung von Snapchat durch Kinder und Jugendliche:

R (Risiko) = S (Schwachstelle) x B (Bedrohung) x A (Auswirkung)

Ich bin überzeugt, dass all diese Informationen auch bei Diskussionen rund um das Benutzungsalter von Snapchat Hilfestellung geben können.

Zurück zu unserer Gruppe Kinder.

- 14 Kinder schauen Challenges, daher Herausforderungs-Videos, wie z.B. knapp vor einem Auto über die Straße zu rennen oder aus einem fahrenden Auto auszusteigen etc. Kinder und Jugendliche zeigen mir mengenweise solcher Videos und haben schon so Manches selbst ausprobiert.

Ein Beispiel aus meinem beruflichen Alltag: Ein recht bleicher, sehr hagerer Junge, 13 Jahre alt, saß mit anderen Jugendlichen in meinem Kurs. Wir machten eine Übung. Alle notierten die coolsten Challenges im Netz, die ihnen begegnet waren. Alle schrieben auf, wie es dazu kam, dass sie die Challenges gesehen hatten, z.B. via ältere Geschwister, Freunde ... Würden sie die Challenges jüngeren Kindern zeigen, z.B. Geschwistern, Cousins oder Cousinen? Alle schrieben und waren mit Begeisterung dabei. Ich sah wie der Junge zögerte und ging zu ihm, fragte, ob er ein Tablet oder ein Handy besitzt. „Klar". Wir kamen ins Gespräch. Ich zeigte ihm einen meiner Gaming-Tablets. Das Eis war gebrochen. Er erzählte mir, dass er schon seit mehreren Monaten an einer Challenge mitmache. Mit seinem jüngeren Bruder hatte er sogar eine Wette abgeschlossen. Bis er 15 Jahre alt werde, wolle er nicht mehr als 35 kg wiegen. Wir unterhielten uns etwas länger und schließlich war er einverstanden, dass wir zusammen mit seinen Eltern redeten. Es stellte sich heraus, dass sich die Eltern schon seit längerem sorgten, da er kaum noch aß und bleich und schlaksig war. Die ganze Familie suchte Hilfe auf. Der Junge ließ von der Challenge ab.

- 12 Kinder verfügen über Messenger[24] und benutzen Messenger
- 8 Kinder benutzen WhatsApp[25]

---

[24] Facebook Messenger ist eine von Facebook entwickelte Nachrichten-App und -Plattform.

[25] WhatsApp ist ein 2009 gegründeter Sofortnachrichtendienst. Seit 2014 ist er Teil der Facebook Inc. Benutzer können über WhatsApp Texte, Bild-, Video- und Ton-Dateien sowie Standortinformationen, Dokumente und Kontaktdaten zwischen zwei Personen oder innerhalb Gruppen austauschen.

- 6 Kinder benutzen Roblox (es handelt sich um eine Computerspielplattform, auf der NutzerInnen ihre eigenen Spielwelten erschaffen und betreten können)
- 6 Kinder benutzen Instagram[26]
- 2 Kinder benutzen Facebook
- 6 Kinder sind auf TikTok aktiv, einer App, auf der die Kinder Songs mit ihren Lippen nachsingen etc.

Die App TikTok wird in den letzten Monaten 2019 in Deutschland z.B. als jene Social Media Anwendung mit dem schnellsten Wachstum an Mitgliedern gepriesen.

Ich durfte schon 2018 öfters Kinder im Alter von 9 bis 10 Jahren kennen lernen, die auf TikTok schon 10.000 bis 70.000 Fans hatten. Dabei, bis auf einen Fall, waren die Kinder von Erwachsenen unbegleitet, ungeschützt. Die Erwachsenen wussten nicht Bescheid. Das betraf die Eltern und auch Lehr- und Erziehungspersonal. Ein Kind konnte zum Beispiel dem Druck der Fans nicht mehr stand halten immer besser und besser zu sein, jeden Tag neue Videos zu liefern. Es erzählte mir von seinen Versagensängsten, den schlimmen Kommentaren mancher Fans, den Albträumen und der Vernachlässigung von Familie und Schule. Es gab nur noch die App. Wie gehen Kinder mit solch einem Druck um?

Nach meinen Erfahrungen vom Feld kennen die meisten Erwachsenen von den oben von den Kindern aufgeführten Apps und Spielen die App TikTok[27] mit am wenigsten, jedoch besser als Snapchat, Fortnite, Call of Duty oder GTA. 10% -30% der Eltern in meinen Kursen wissen, dass ihre Kinder diese App benutzen. Zwei bis fünf Prozent der Eltern, Lehr- und Erziehungspersonen haben sich die App näher angeschaut.

---

[26] Instagram ist ein werbefinanzierter Onlinedienst. Man kann dort Fotos und Videos teilen. Der Onlinedienst gehört zu Facebook. Instagram ist eine Mischung aus Microblog (Tagebuch bzw. Journal) und audiovisueller Plattform. Der Dienst ermöglicht es, Fotos auch in anderen sozialen Netzwerken zu verbreiten.

[27] Ein typisches Beispiel: Ein Kind einer Gruppe Kinder zwischen 9 und 11 Jahren, die im Jahr 2018 jeweils viele TikTok-Fans hatten, erzählte mir, wie sie sich an einem Waldstück getroffen hatten, um dort zusammen ein TikTok-Video zu drehen. Dieses Gebiet ist in der Stadt Luxemburg als Männerstrich bekannt.

Nach meinen Erfahrungen versuchen sich Kinder auf dieser App von ihrer besten Seite darzustellen, oft als Kopie ihrer Stars. Fördert dies nicht Narzissmus oder ein falsches Eigenbild? Ändert es unser Eigenbild? Und, wenn das Kind es dann geschafft hat, das in seinen Augen perfekte Video zu erstellen, wieso dieses nicht mit der ganzen Cyberwelt teilen? Was ist mit dem Traum 'selbst Star im Netz zu werden'? Der Traum ist nur einen Klick entfernt, eine ¼ Sekunde. Ich habe sehr viele Kinder und Jugendliche getroffen, die YoutuberIn, TikTok Star oder berühmte(r) GamerIn werden möchten, die vom großen Geld und all der Anerkennung und Aufmerksamkeit träumen.

Die App ist nach meinen Erfahrungen vom Feld zudem ein Eldorado für Pädophile. Kinder geben viele Informationen preis, da sie sich im Zimmer, im Appartement, im Haus filmen. Man sieht im Hintergrund des selbst aufgenommenen Videos den Kuschelbär, das Lieblingsposter, die Motive auf dem Bettüberzug und kennt natürlich die Lieblingsmusik des Kindes.

Weiter erlebe ich, dass sich nicht wenige Kinder auf TikTok sehr freizügig darstellen. Sie ahmen Stars oder YoutuberInnen nach.

TikTok führte auch dazu, dass ich die letzten Jahre schlimme Formen von Cybermobbing rund um Kinder erleben musste, rückverfolgbar auf diese App. Es ist noch nicht allzu lange her, da war es nicht möglich, die dortige Kommentarfunktion auszuschalten.

Zu Videos rund um TikTok möchte ich hier zudem anbringen, dass das Internet nichts vergisst. Wie werden derlei Videos vom privaten und beruflichen Umfeld bewertet, wenn ihr Kind 20, 25, 35 Jahre alt sein wird?

Immer wieder höre ich das Argument, dass TikTok die Kreativität fördern würde. Einmal mehr empfehle ich hier daher einen Blick auf die App per Risikoanalyse. Neben all den Risikoaspekten denke ich bezüglich der Förderung von Kreativität, dass ein selbst komponiertes Lied, die Teilnahme an einer Theatergruppe, die Beherrschung eines Musikinstruments, das eigene Programmieren einer digitalen Anwendung hier sicher weit mehr fördernd wären.

Es gibt noch Weiteres über die App zu wissen, das für Sie mehr als interessant ist.

TikTok hieß bis 2017 musical.ly. Ein chinesischer Konzern namens Bytedance kaufte die App für eine Milliarde Dollar auf und gab ihr faktisch über Nacht den neuen Namen TikTok.

Wie kann eine anscheinend so beliebte, harmlose Kinderapp eine Milliarde Dollar wert sein und sogar weit entfernte chinesische Konzerne in den Bann ziehen?

Mit nur wenigen Mausklicks, habe ich mir den Konzern Bytedance etwas näher angeschaut.

Das chinesische Unternehmen Bytedance arbeitet im Bereich künstlicher Intelligenz. Es hat schon vor dem Kauf von musical.ly einen Algorithmus geschaffen, der anhand von persönlichen Interessen, aber auch anhand von Bild- und Texterkennung, sowie anderen Elementen ermittelt, welche weiteren digitalen Inhalte den NutzerInnen noch gefallen könnten. Das veranlasst die NutzerInnen, bei z.B. entsprechender Werbung, erfolgreich zu mehr Konsum. Der Algorithmus läuft zum Zeitpunkt meiner Recherche in China auf über 240 Millionen Geräten.

Das Start-Up Bytedance hat noch mehr in seinem Portfolio zu bieten, daher wird es auf einen Wert von ca. 75 Milliarden Dollar geschätzt, fast der doppelte Wert des europäischen Konzerns Nestle im Jahr 2019.

Wir unterschätzen Unternehmen, die digitale Geräte und Apps entwickeln. Diese Unternehmen wissen meist ganz genau, wie unser Gehirn funktioniert und dies besonders in den jeweiligen Lebens- und Gehirnentwicklungsphasen. Sie nutzen dieses Wissen zu ihren Zwecken. Je früher sie es schaffen, Menschen an ihre Produkte zu binden, Gewohnheiten zu schaffen, umso besser. Kinder und Jugendliche sind ein riesiger Markt. 2019-2020 steigen die Zahlen der jungen TikTok-Nutzer weiter an und stellen neue Rekorde auf, lassen Snapchat und Instagram hinter sich.

Zurück zu unserer Gruppe Kinder

- 4 von 16 Kindern sind noch nach 23:00 Uhr wach und an den Geräten bzw. auf Apps
- 3 Kinder geben an, manchmal auch noch um ca. 02:00 Uhr nachts an den Geräten und auf den Apps zu sein, Nachrichten zu erhalten, dies während der Schultage

- 4 Kinder sind für gewöhnlich an Wochenenden auch bis ca. morgens um 04:00 Uhr noch wach, natürlich an Geräten und Apps
- 7 Kinder geben an Geschwister oder Cousinen, Cousins zu haben, die teils die ganze Nacht hindurch bis in die Morgenstunden an Geräten sitzen bzw. auf Apps unterwegs sind
- 3 Kinder geben an, dass ihre jüngeren Geschwister über Tablets und Smartphones verfügen

Eine Anmerkung zum Schlaf:

2017 erhielten die drei US-Amerikaner Jeffrey Hall, Michael Rosbash und Michael Young den Medizin-Nobelpreis. Diese höchste wissenschaftliche Auszeichnung erhielten sie für ihre Erkenntnisse zu unserer biologischen Uhr. Ein funktionierender Schlaf-Wach-Rhythmus ist entscheidend für Gesundheit und Wohlbefinden.

Das Trio hat die Grundlagen dafür geschaffen, die innere Uhr des Menschen zu erkennen, zu verstehen und darzulegen, wie essenziell der Rhythmus von Tag und Nacht mit den Funktionen des Lebens zusammenhängt. Die Zellen von niederen wie höheren Lebewesen reagieren auf diese Veränderungen nicht nur durch ihr Verhalten, sondern auch physiologisch, also körperlich. Es sind unentbehrliche Reaktionen, ohne sie wäre das Leben auf der Erde nicht möglich. Wird der Rhythmus gestört – etwa, wenn der Mensch nach der Zeitumstellung im Frühjahr plötzlich eine Stunde früher aufstehen soll – gerät der Stoffwechsel durcheinander. Wie sieht dies wohl bei den Kindern und Jugendlichen aus, die noch spät abends, bis tief in die Nacht oder sogar bis in die frühen Morgenstunden an den Geräten hängen? Was sind kurzfristige und langfristige gesundheitliche Folgen? Wie sieht dies je nach Entwicklungsstand eines Gehirns aus?

Auf die Erkenntnisse der drei Laureaten aufbauend, ist die Chronobiologie heute ein Forschungsfeld, das sich unter anderem größeren Zusammenhängen widmet, z.B. der Frage, wie die zentrale Uhr im Gehirn des Menschen als Taktgeber mit den inneren Uhren der Gewebe kommuniziert. Die innere Uhr spielt vermutlich auch in vielen anderen, noch nicht so gut erforschten Zusammenhängen eine Rolle.[28]

Eine meiner vielen Erfahrungen im Zusammenhang mit Schlaf, Kindern und digitalen Geräten als Anekdote für Sie:

Es war Pause in einer Grundschule. Ich wartete auf einen Lehrer. Neben mir auf dem Gang unterhielten sich ein erfahrener lieber älterer Lehrer um die 60 Jahre mit einem Schüler aus einer 4ten oder 5ten Klasse. Ich konnte das nicht genau einordnen. „Deine Noten sehen gar nicht gut aus. Ich verstehe das nicht. Letztes Jahr warst Du noch so gut. Wenn Du möchtest, können wir immer in der Freistunde ein Fach üben“, bot der Lehrer dem Schüler lieb an. „Mhhh ...“, kam es vom Schüler. „Du erzählst deinen Freunden oft von diesem Spiel Fortnite. Erzähl mir mal von dem Spiel. Kannst Du es mir mal zeigen? Hast Du es gestern gespielt?“, fragte der Lehrer. „Das Spiel ist super“, kam vom Schüler begeistert zurück. „Bis um wieviel Uhr bist Du denn gestern vor dem Spiel gesessen?“, hakte der Lehrer nach. Der Schüler überlegte ein Weilchen, dann kam die Antwort: „Bis um sieben Uhr“. „Schau, um sechzehn Uhr war die Schule aus. Bis Du Zuhause warst, gegessen hast … Du hattest gut 3 Stunden Zeit bis zum Schlafen gehen gegen 20:00 Uhr. Da wären doch 15 Minuten Zeit, um etwas die Mathematikaufgaben anzuschauen. Was meinst Du?“, fuhr der Lehrer freundlich fort. Der Schüler schaute den Lehrer unverständig an und antwortete „Ich habe bis heut früh um 07:00 Uhr gespielt“. Der Lehrer war baff, sprachlos.

Leider erlebe ich gehäuft, dass Kinder und Jugendliche erst in den Morgenstunden aufgrund der digitalen Welt ins Bett gehen.

Zurück zu unserer Gruppe Kinder.

- 4 Kinder geben an, schon einmal oder sogar öfters aus Wut den Gamecontroller weggeschmissen zu haben. Mehrere Kinder erzählen zudem, dass ihre Geschwister das schon öfters gemacht haben.

Ich versuche bei Kindern im Grundschulalter, manchmal auch bei Jugendlichen, digitalfreie Zeiten einzuführen, z.B. einen Tag in der Woche ab abends 20:00 Uhr nicht mehr an die Geräte zu gehen oder gar einen

[28] Es scheint, dass z.B. Stress und ungesunde Ernährung die innere Uhr verwirren können.

ganzen Tag ohne digitale Geräte zu verbringen, außer für schulische Zwecke. Wir machen dann immer kleine Verträge und die Kinder versuchen sich gegenseitig zu unterstützen.[29]

Alle Kinder der Klasse werden mit den Lehrpersonen ihre Gefühle und ihre Erfahrungen nach dem Tag durchgehen, diesem Tag im Leben der Kinder mit reduziertem digitalen Freizeitkonsum. Zusätzlich haben die Lehrpersonen beschlossen, sich mit allen Eltern auszutauschen.

- Bei der Frage, ob es Dinge im Internet gibt, die den Kindern Freude machen, sind sich alle einig – „alles“: Spiele und noch mehr Spiele, Apps wie TikTok, Snapchat und Instagram, YoutuberInnen, Serien, Netflix …
- Bei der schriftlich bzw. per Malen zu beantwortenden Frage, ob es Dinge im Internet gibt, die den Kinder Angst machen, schreiben oder malen ebenfalls fast alle Kinder.[30] Für einen großen Teil der Gruppe Kinder löst z.B. 'Momo'[31] sehr viel Angst aus und ist 'real', auch 'Killerclowns'.

---

[29] In der beschriebenen Kindergruppe geben vier Kinder ehrlich zu, dass sie es nicht schaffen, nach der Schule, daher ab 16:00 Uhr, bis zum anderen Schulmorgen ohne digitale Geräte auszukommen. 2-3 weitere Kinder kämpfen mit sich, lassen sich jedoch von ihren KlassenkollegInnen überzeugen mitzumachen. Ich schlage vor, dass wir auch einen anderen Tag auswählen können. „Nein“, der Tag ist für die Kinder ok. Mit den 4 Kindern, die angeben es nicht zu schaffen, versuche ich etwas anderes. Wie wäre es, ab abends 20:00 Uhr nicht mehr an die Geräte zu gehen? 2 Kinder nehmen sich vor, das zu schaffen. Ein Kind fragt, ob 22:00 auch ok wäre. Wir versuchen es hier mit 22:00 Uhr. Ein Kind chattet immer noch sehr spät auf Snapchat. Die Eltern und Lehrpersonen wissen nichts davon. Zwei Kinder schlagen vor, dass es mit ihnen zusammen am Wochenende übernachten kann, ohne Handy. Das Kind freut sich und ist einverstanden. Zusammen mit den Lehrpersonen regeln wir alles Notwendige mit den Eltern. Es klappt mit dem Wochenende.

[30] Die Antwort auf diese Frage lasse ich jedes Kind gerne kurz individuell zu Papier bringen, gemalt oder geschrieben. So stecken sich die Kinder nicht gegenseitig mit Ängsten an, denn sehr viele haben bereits Angsterlebnisse im Zusammenhang mit der digitalen Welt erfahren, teils ähnliche. Auf diese Weise lässt sich eine mögliche Gruppenpanik vermeiden.

[31] Momo ist eine Challenge, die wohl eine Form des Cybermobbings darstellt. Momo macht vielen Kindern Angst und verbreitet sich seit 2018 über soziale Medien, Mobiltelefone und Videos.

Ich erlebe immer wieder Szenen, wenn ich gerufen werde, in denen Kinder sich unter Stühlen verstecken oder hinter einem Erwachsenen Schutz suchen bzw. weinen vor Angst, weil sich aus unterschiedlichsten Gründen Bilder von Momo, Killer Clowns etc. in ihren Köpfen auftun. Hier ist sehr viel Vor- und Umsicht geboten. Erwachsene benötigen das erforderliche Wissen, wie das Gehirn je nach Kindesalter funktioniert, um solche Mythen aufzulösen. Bei falscher Vorgehensweise verstärken Erwachsene versehentlich den Mythos und damit die Angst. Im Kapital 3.2.2. 'Momo, Killer Clowns, Horrorfilme, Challenges …' finden Sie eine mögliche Vorgehensweise einer Auflösung am Beispiel des Mythos Momo.

Im Großraum Luxemburg erlebe ich viele Kinder mit Angst.

Die Wissenschaft weiß heute um die langfristigen gesundheitlichen Konsequenzen bis in nachfolgende Generationen. Vereinfacht kurz wiedergegeben führt Angststress und damit das im Körper ausgeschüttete wichtige Hormon Noradrenalin mit nicht zu unterschätzender Wahrscheinlichkeit zu Wahrnehmungen, die ins Gehirn eingebrannt bleiben, sowie zu langfristigen Angstzuständen und geringerer Stressresistenz als auch zu Depressionen. Zusätzlich kann es zu einer epigenetischen Veränderung im Erbgut kommen und dazu führen, dass zukünftige Generationen weniger Stressresistenz und eine höhere Depressionsneigung zeigen.

Bei einem bereits ausgereiften Gehirn, daher Erwachsenen, die z.B. Ereignisse wie 9/11[32] erlebt haben, sind Therapieansätze nur teilweise erfolgreich und langfristig angesetzt.

Sollte Sie dieses Thema in einfacher Aufarbeitung näher interessieren, so können Sie z.B. einen Blick in die Dokumentation von Leschs Kosmos, ZDF, „Fürchtet Euch! Was Angst mit uns macht“ werfen: https://www.zdf.de/wissen/leschs-kosmos/fuerchtet-euch-was-angst-mit-uns-macht-100.html

Mögliche Langzeitfolgen, die durch Angst ausgelöst werden, erforschen zudem z.B. Prof. Axel Meyer und sein Team, Universität Konstanz, Lehrstuhl für Zoologie / Evolutionsbiologie. Er und sein Team haben

[32]Terroranschläge vom 11. September 2001

unter anderem oben beschriebene epigenetische Veränderungen im Erbgut und mögliche Folgen für zukünftige Generationen festgestellt.

Besondere Aufmerksamkeit möchte ich in diesem Zusammenhang 'Momo' geben. Dieses Internetphänomen, das sich über soziale Medien, Mobiltelefone und Videos verbreitet, soll Kindern Angst machen. Nach meinen Erfahrungen vom Feld denken viele Kinder, dass es Momo wirklich gibt.[33]

Momo erreichte im Frühjahr 2019 schließlich die kleinen Kinder. Am 13.03.2019 halte ich für einen Schuldirektor folgendes fest:

E-Mail Start

„ … *Wir haben Momo in Comics für Kleinkinder gefunden, die leider auch Kinder in Luxemburg gesehen haben. Auch in Fortnite-Videos und auf Facebook habe ich derlei Inhalte gefunden, mit Aufruf zur Selbstverletzung. Auf Facebook wird dies sogar gezeigt. Die Inhalte enthalten zudem Drohungen, sollten Kinder keine Selbstverletzung durchführen. Leider konnten wir keine Dateien sichern, um nachzuschauen, woher sie kommen. Anbei für Sie Screenshots, die ich von einem Video erstellen konnte. Google arbeitet hier gut. Zwischen Auftauchen und Wegnahme aus YouTube dauert es zurzeit wohl 2 Stunden, bei Facebook funktioniert dies zurzeit wohl leider nicht ...*“

E-Mail Ende

Anbei für Sie von mir festgehaltene Screenshots aus einem Kindervideo Peppa Pig, wie es Kinder am 05.03.2019 live gesehen haben. Der Text den Momo spricht, wird zusätzlich im Video eingeblendet.

[33] Zudem verschwimmen bei Kindern bis zum 6. Lebensjahr Vorstellung und Realität, dies aufgrund der bis dahin gegebenen Entwicklungsstruktur des Gehirns.

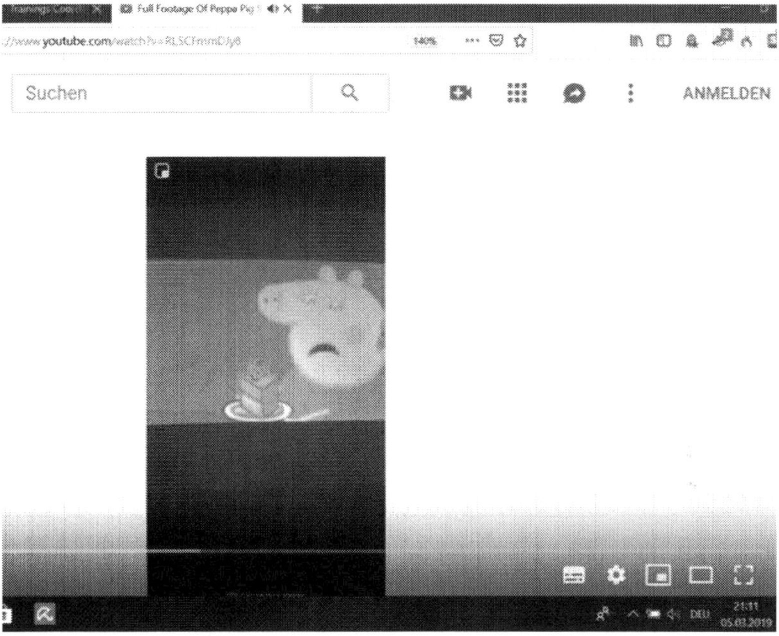

Pepa Pig Video - Bild 1

Das Peppa Pig Video startete ganz normal. Als Eltern könnten Sie jetzt eigentlich beruhigt sein, denn Sie haben nach Ihrer Sicht einen kindgerechten Inhalt für Ihr Kind ausgewählt. Doch dann, ab ungefähr Sekunde 9 kommt es zur unten aufgeführten Momo-Videoeinblendung, die ich für Sie festgehalten habe:

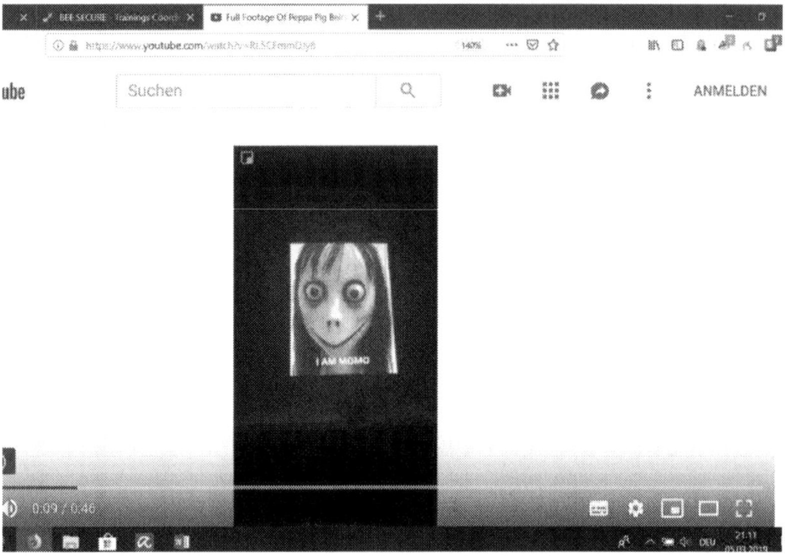

Pepa Pig Video - Bild 2

Das Video von Momo macht schlabbernde Mundgeräusche und spricht den eingeblendeten Text auf Englisch. Der Text reimt sich zudem wie ein Kinderreim. Reime bleiben leichter im Gehirn hängen. Ich gebe den Text auf Deutsch wieder, in English in Klammern, exakt so, wie er im Video gesprochen und schriftlich am unteren Rand im Video wiedergegeben wird.

„Ich bin Momo," (I AM MOMO)

„dein schlimmster Albtraum." (YOUR WORST NIGHTMARE)

„Ich werde Dich töten. Ich werde Dich töten." (I AM GONNA KILL YOU. WILL KILL YOU.)

„Nachts bin ich in deinem Bett und am Morgen bist Du tot." (AT NIGHT I'LL BE IN YOUR BED. AND IN THE MORNING, YOU'LL BE DEAD.)

„Möchtest Du eine Überraschung?" (YOU WANT A SURPRISE)

„Ich lüge nicht." (I WON'T LIE)

„Du wirst sterben." (YOU'RE GOING TO DIE)

„Schneide (in) dein Bein und Du wirst mich nie treffen.“ (SLICE YOUR LEG AND YOU’LL NEVER MEET ME)

„Schneide (in) deine Handgelenke und deine Eltern werden mich nie sehen.“ (SLICE YOUR WRISTS AND YOUR PARENTS WILL NEVER SEE ME)

„Süße Träume Kleiner / Kleines.“ (SWEET DREAMS LITTLE ONE!)

„Vorsicht vor mir.“ (BEWARE OF ME)

Pepa Pig Video - Bild 3

Nach 32 Sekunden geht das Peppa Pig Video für Kinder weiter.

Stellen Sie sich vor, Sie überlassen ihrem Kind für einen kurzen Augenblick ihr Tablet, holen z.B. ein Glas Wasser aus der Küche, 32 Sekunden, Sie haben den Inhalt nicht einmal mitbekommen.

Anmerkung:

Sie sollten wissen, dass es Momo-Botschaften gibt, in denen Momo droht, dass die Eltern sterben werden, wenn das Kind sich weigert etwas Bestimmtes zu tun, z.B. die Pulsader per Rasierklinge aufzuschneiden.

Es gibt auch Videos, in denen Momo aufruft spitze Gegenstände wie eine Schere oder Rasierklingen der Eltern zu suchen, holen zu gehen, z.B. in der Werkstatt des Papas. Danach wird gezeigt, wie die Kinder sich die Pulsadern aufschneiden sollen: 'längs'. Es wird auch erklärt, dass es nicht sehr stark weh tut, dass das Kind keine Angst zu haben braucht, nur 'roter Saft' würde rauslaufen.

Ich habe mir diese letzten vier Jahre oft folgende Fragen gestellt:

Was werden die Kinder, die uns schutzbefohlen sind, einmal sagen, wenn sie erwachsen sind und mit den Konsequenzen falscher digitaler Nutzung als Kind und Jugendliche (r) zu leben haben?

Was ist mit dem Kinder- und Jugendschutz? In Deutschland kommt ihm verfassungsrechtlicher Rang zu.

Wie bereits erwähnt hat die Art der Nutzung digitaler Instrumente durch Kinder sowie die Inhalte dieser letzten 4 Jahre die Erwachsenen mehr als oft erstaunt, oft sogar geschockt. Dabei habe ich nur 'das' konkret gezeigt, was viele Kinder und Jugendliche täglich in der digitalen Welt erleben bzw. wo sie sich teils stundenlang aufhalten. Die meisten Erwachsene waren sich in meiner Arbeit der letzten 48 Monate des Ausmaßes an Fehlnutzung durch Kinder und Jugendliche sowie der Art der Inhalte als auch weiterer Gefahren eigentlich nicht bewusst. Ich durfte jedoch sehr vielen wunderbaren Menschen begegnen. Für den Austausch, all das Vertrauen, Feedback und all die sehr wertvollen Anregungen bin ich sehr dankbar.

Nach Aussagen einer großen Anzahl der Lehr- und Erziehungspersonen korrelierten schulische Leistungen und Verhalten mit meinen jeweils festgestellten digitalen Ist-Zuständen des digitalen Konsumnutzungsverhalten bei Kindern und Jugendlichen.

Oft wurde ich gebeten, wichtige Erkenntnisse aus der Neuroforschung nochmals zu wiederholen. Selbst jenen Erwachsenen, die sich noch nie mit diesem Thema auseinandergesetzt hatten wurde klar, dass hier etwas ganz und gar nicht mehr stimmt.

Anbei kurz und bündig ein paar wichtige Forschungserkenntnisse. In Fragen oder Diskussion rund um Digitalisierung, Kompetenzaufbau oder bezüglich der Kommunikation an die Bevölkerung sind diese

Erkenntnisse, nach meiner Expertise und Erfahrung, dringende Grundlagen. Die weltweite Forschungsliteratur ist gegeben.

Spätestens in der 3. Schwangerschaftswoche beginnt die Gehirnentwicklung eines Embryos.

Ab der 28. Woche fängt das Lernen schon als Embryo im Mutterleib an.

Stresserfahrungen in der frühen Phase der Schwangerschaft wirken sich auf die Mikrostruktur im Gehirnteil ‚Hippocampus' aus, wobei Föten von Jungs stärker betroffen sind. Dies führt zu Hirnentwicklungsstörungen.

Es ist sehr wichtig, dass ein Kind die ersten 1.000 Tage ohne emotionalen Stress verbringt, da sonst im späteren Leben Erkrankungen wie Depressionen, Burnout etc. folgen können.

Bei normaler Gehirnentwicklung kann ein Baby mit 'einem Mal' gesehen, eine soziale Evaluation vornehmen. Das Baby weiß also grob gesagt, wer es 'gut' und wer es 'nicht gut' meint.

Mit 12 Monaten erkennt ein Kleinkind welche Spielfigur schwächer ist. Das logische Verständnis ist gegeben. Das Baby erkennt z.B. im Puppenspiel, dass das Krokodil wohl stärker als der Hase ist.

Schon mit 14 Monaten erleben Kinder emotionalen Stress durch Bedrohungserfahrungen.[34]

Kleinkinder lernen in ihrer ersten Entwicklungsphase, daher den ersten 1.000 Tage via

- Schutz und Verlässlichkeit
- Empathie, soziale Evaluation
- Aufmerksamkeit
- Imitation

[34]Machen Sie die Risikoanalyse: Ich hatte einen Jungen mit 9 Jahren, der auf sein kleines Geschwisterchen aufpassen sollte, solange die Eltern eine Stunde weg waren. Als die Eltern nach Hause kamen, hat das Kleinkind von ca. 20 Monaten geschrien und geschrien. Sie fuhren in die Notaufnahme. Die Ärzte konnten nichts feststellen. Irgendwann gab der größere Bruder zu, dass er dem Kleinkind den Horrorfilm 'Es' gezeigt hatte.

Das 'visuelle Leben' eines Kleinkindes ist in den 'ersten zwei Jahren optimiert'. Das Kind lernt durch 'Akustik und Mimik'. Ein Kind erkennt z.B. an der Mimik der Mama oder des Papas, ob Mama oder Papa ihre Muttersprache oder eine Fremdsprache sprechen. Nach den ersten 1.000 Tagen verliert das Gehirn diese einmalige Fähigkeit. **Weichen Akustik und Mimik voneinander ab, lernt das Kind *'nicht sprechen'*.** Vor Bildschirmen driften Akustik und Mimik zeitlich auseinander. Es fehlt zudem die soziale Interaktion.

In den ersten drei Lebensjahren ist das Gehirn daher ganz anders organisiert. Es hat außerordentliche Fähigkeiten, die es später nicht mehr hat.

Am Beispiel 'Sprache' können wir sehr schön sehen, dass Kinder Sprache nur lernen, wenn sie über die entsprechende Spracherfahrung verfügen, daher diese im Gehirn entwickelt wurde. Hier sind die Mimik der Menschen und der Gesichtsabstand in Bezug auf das Kleinkind, die synchrone Akustik und die soziale Interaktion unabdingbar. Das '*spezifische Zeitfenster der Entwicklung eines Kleinkindes*' ist damit sehr wichtig und unbedingt zu beachten, daher die ersten Lebensjahre.

Hierzu ein Beispiel einprägender Zahlen:

Erwachsene, Männer als auch Frauen, sprechen täglich ca. 16.000 Worte. Kinder bis zu 6 Jahren schlafen täglich ca. 12 Stunden.

Schauen wir uns nun zwei Familien an.

In der ersten Familie interagieren Erwachsene sprachlich 6 Stunden täglich mit einem Kind, daher Mimik, Akustik sowie soziale Interaktion. Bis zum 6. Lebensjahr des Kindes sind damit grob 18 Millionen Worte im Gehirn des Kindes verankert.

In der zweiten Familie interagieren Erwachsene sprachlich nur 2 Stunden täglich mit einem Kind. Nehmen wir an, dass technische Medien einen entsprechenden Zeiträuber darstellen und Erwachsenen wie Kindern zur Unterhaltung dienen. Das Kind dieser zweiten Familie hat nur 6 Millionen Worte im Gehirn verankert.

Das ist ein riesiger Unterschied und dies in diesen speziellen Gehirnphasen der Sprachentwicklung des Kindes.

Beachten Sie hierbei auch besonders: Die soziale Interaktion in Worten heißt nicht nur 'Worte' und 'Grammatik', sondern es folgen daraus auch Zahlen, Größen, Formen und Vorhersagen.

Jetzt zu 'exekutiven Funktionen'. Wie sieht es hier aus? Was sagt die Neuroforschung? Sie alle kennen Klötzchen. Nehmen wir an, vor uns liegen Klötzchen, auf denen jeweils Kopf, Zeh, Knie, Schulter etc. zu sehen sind. Können die Kinder die Bausteine in die richtige Reihenfolge ordnen? Die Kinder zeigen gute Resultate, wenn sie vorher z.B. gemalt haben. Sie zeigen kaum Resultate, wenn sie zuvor Sendungen mit pädagogischen Inhalten, wie z.B. die Sendung mit der Maus geschaut haben. Die Kinder zeigen negative Resultate und Effekte, wenn sie zuvor ein Comic am Fernsehgerät geschaut haben.

Bei vier Jahre alten Kindern schneidet der 'Dialog Eltern – Kind' signifikant besser ab als ein 'elektronisches Buch'. Wieso? Hierzu eine kurze, grobe Erklärung. Nehmen wir an, Sie haben die Geschichte der Bremer Stadtmusikanten als elektronisches Buch zuhause. Während Sie gerade erzählen oder vorlesen, wie die Katze vom Esel auf den Hund hüpft, drückt ihr Kind vielleicht gerade den Knopf, wie der Hahn kräht. Der Zusammenhang ist nicht korrekt. Das Gehirn lernt sich zu verzetteln. Die Klicks haben nichts mit dem zu tun, was Sie gerade vorlesen bzw. erzählen.

Sollten Sie sich jetzt fragen was in den ersten sechs Lebensjahren ein Kind 'smart' macht, so sind dies[35]

- gesunde Ernährung in der Schwangerschaft
- gemeinsames frühes Lesen (Vorlesen)
- Ernährung
- stabile Bindungen
- Spracherwerb

---

[35] 2016 eingeladen von der Erwachsenenbildung Luxemburg, hält Herr Prof. Dr. Braus, Psychiater, Nervenarzt und Leiter einer großen Psychiatrie in Deutschland einen Vortrag zur Funktion des Gehirns von Kleinkindern sowie den Einfluss der digitalen Welt darauf: „Kleinkinder, Hirnentwicklung und Medienwelt" (DE) - https://www.youtube.com/watch?v=yjT9NEk0c4g

Interessant für Sie: Kinder sehr jung in einen Kindergarten zu bringen hilft nicht dabei, sie smart zu machen. Beachten Sie auch, dass eine Vorschule mit einer Sprachförderung besser ist als eine Vorschule ohne Sprachförderung.

Neben gesundheitlichen Aspekten bedeutet Zeit vor Bildschirmen vergeudete wertvolle Lebenszeit in dieser speziellen Phase der Gehirnentwicklung. Diese Phase ist eine besondere Chance zum Lernen. Bildschirme vertun diese Chance.

Die Wissenschaft zeigt eindeutig, je länger Kinder in den ersten 2 Lebensjahren z.B. am Fernsehgerät sitzen, desto schlechter ist ihr Spracherwerb. Dabei ist der '*elterliche Einfluss der wichtigste Prädikator*' für '*das Verhalten der Kinder in den ersten Lebensjahren*', nicht z.B. der Kindergarten. *Die Kinder ahmen ihre Eltern nach.*

Oft werde ich nach dem Lernen gefragt. Geht Lernen besser per Schreiben oder besser am Computer? Meine Antwort aus der Wissenschaft: *Das Schreiben führt zu signifikant besseren Ergebnissen.* Das gilt nicht nur bei Kindern, sondern auch z.B. bei Zehntklässlern.

Besonders wichtig für Sie zu wissen ist, dass das Gehirn Entwicklungsphasen hat. Die elektrischen Ströme unterscheiden sich dabei je nach Entwicklungsphase des Gehirns.[36]

Bis zum Alter von 2 Jahren funktioniert unser Gehirn nur in der niedrigsten Frequenz elektrischer Ströme, den Deltawellen, 0,5 – 3 Hz. Verweilt unser Gehirn in diesem Wellenbereich, so sind wir in einem unbewussten Zustand. Es ist die Phase des traumlosen, erholsamen Schlafes oder einer intuitiven Aufmerksamkeit, einer Art Radar, einer ständigen

---

[36] Wissenschaftlich nachgewiesen wurde die Wichtigkeit elektrischer Ströme im Gehirn bereits im vorangegangenen Jahrhundert. Schon 1875 wies Richard Carton in Liverpool nach, dass Gehirne von Affen und Kaninchen in der Hirnrinde schwache elektrische Ströme erzeugen. Hans Berger nahm 1924 an der Universität Jena die ersten Elektroenzephalographien vor. Bis heute ist dies eine Methode der medizinischen Diagnostik und der Neuroforschung zur Messung der elektrischen Aktivität im Gehirn. Physiologische Vorgänge einzelner Gehirnzellen helfen dem Gehirn, durch ihre elektrische Zustandsänderung Informationen zu verarbeiten. Dies kann man messen.

Wachsamkeit. Bei kleinen Kindern kann man sich das so vorstellen, sie sitzen hinter einer Glasscheibe und können die Welt beobachten, sie können aber nichts machen. Das Gehirn des Kleinkindes saugt alles, was es wahrnimmt, wie ein Schwamm in sich auf. Es entstehen tiefe neuronale Verbindungen. Es erfolgt quasi eine Speicherung direkt ins Unterbewusstsein.

Babys und Kleinkinder verfügen also über das Spektrum der Delta-Hirnwellen, < 4 Hz.

Kinder ab 2 / 3 bis 6 Jahren verfügen neben den Delta-Wellen zusätzlich über Theta-Wellen, eine Frequenz von 4 bis < 8 Hz. Diese Wellen im Gehirn treten auch bei Erwachsenen bei Schläfrigkeit und leichten Schlafphasen auf. Es ist der Wellenbereich der Vorstellungskraft und Fantasie. Das ist auch der Grund, wieso Kinder in diesem Alter leicht Realität und Fantasie vermischen. Schauen Kinder Filme oder spielen Computerspiele, die für Erwachsene ganz klar nicht real sind, so ist dies für Kinder ganz anders!

Als LeserInnen bitte ich Sie zudem zu bedenken, dass jede Erfahrung im Gehirn 'eine Spur' hinterlässt.[37]

Erst ab dem 6. Lebensjahr können Kinder so 'bewusst' denken wie wir.

Die ersten 6 Jahre eines Kindes sind daher 'der programmierbare Zustand' des Gehirns. Kinder lernen viel durch Beobachten. Ihr Gehirn saugt alles auf. Bis zu sechs Jahren spricht man von der hypnagogischen Trance. In der Hypnose geht man auf diese Wellenebene, um z.B. dem Unterbewusstsein eine Eingabe zu machen.

Bei Kindern sind die ersten sechs Jahre dadurch auch die Zeit der Integration in die Kultur. Ein Kind muss tausende von Fakten lernen, wie es in die Familie und in die Gesellschaft hineinpasst. Man kann vereinfacht sagen, dass die Natur daher dem Kind nicht die Möglichkeit gibt neue Dinge selbst zu erschaffen, sondern nur die Möglichkeit, Fakten herunterzuladen und programmiert zu werden.

---

[37] Alcino J. Silva, Direktor des Integrative Center for Learning and Memory, University of California, Los Angeles, USA

Die Programme, die in den ersten sechs Jahren unseres Lebens im Unterbewusstsein gespeichert werden, bestimmen daher massiv den Rest unseres Lebens mit!

Anbei ein Beispiel aus der realen Welt rund um die Bits des Gehirns:

Ein Kind, fünf Jahre alt, führt sich im Laden zornig und trotzig auf. Es hat dort einen Schokoriegel gesehen, den es unbedingt haben möchte. Sagen die Eltern im Laden „Du verdienst den Riegel nicht, weil Du Dich unmöglich aufführst“, so wird das im Unterbewusstsein im Gehirn gespeichert als „Du verdienst das nicht“. „Du verdienst das nicht“ ist dann gespeichert wie auf einer CD, bei der sich ständig „Du verdienst das nicht“ abspielt. Wir können uns zwar später als erwachsene Person bewusst sagen „ich verdiene das“, doch das bringt kaum etwas, denn im Unterbewusstsein spielt die CD aus der Kindheit weiter und dies bis ins hohe Alter. Das Unterbewusstsein verarbeitet 10 Millionen bis 40 Millionen Bits pro Sekunde, das Bewusstsein nur ca. 40 Bits. Das Unterbewusstsein ist sehr viel mächtiger.

Wie könnten die Eltern also agieren, ausgestattet mit oben beschriebenem Wissen? Sie könnten z.B. sagen „Du bist so ein liebes und kluges Kind, so begabt, Du verstehst, dass der Schokoriegel nicht gut für Dich ist. Wir backen nachher Zuhause leckere Kekse.“ Danach könnten sie das Kind mit einer lustigen Geste von den Schokoriegeln im Laden ablenken und von dort wegführen.

Zurück zu den Gehirnentwicklungsphasen.

Von 7 bis 12 Jahren kommt im Gehirn die Wellenphase Alpha dazu, 8-12 Hz. Das entspricht ruhigem Bewusstsein und leichter Entspannung.

Ab 12 Jahren kann dann das Gehirn zusätzlich den Zustand von Beta-Wellen erreichen. Das entspricht der Konzentration, wie z.B. beim Lösen einer Aufgabe. Beta-Wellen werden gemessen, wenn eine Person sich im wachen, gespannten bis hin zum alarmbereiten Zustand befindet. Das 'normale' Frequenzspektrum liegt zwischen 13 und 30 Hz.

Jetzt kann das Gehirn alle vier Wellenzustände erreichen, über welche die Erwachsenen verfügen.

Achtung: In der Pubertät sind ebenfalls unterschiedliche Entwicklungsphasen des Gehirns zu berücksichtigen: Frühpubertät, mittlere Pubertät, Spätpubertät.

Die Wissenschaft hat auch eindeutig nachgewiesen, dass sich das Gehirn sozusagen selbst verdrahtet, im Fachbegriff wird hier von 'erfahrungsabhängiger Neuroplastizität' gesprochen. Die Herausbildung der im Gehirn entstehenden Netzwerke und Verknüpfungen hängt also davon ab, wie und wofür jemand sein Gehirn benutzt. Das hängt wieder davon ab, was uns wichtig erscheint, was uns unter die Haut geht, was uns freut, wonach wir suchen, worauf wir uns einlassen und was wir gerne erreichen möchten.[38]

Für eine gesunde mentale und körperliche Entwicklung unserer Kinder und Jugendlichen, als auch in Bezug auf die Entfaltung der Potentiale, welche die digitale Welt bietet, sind diese Erkenntnisse fundamental entscheidend.

Anhand der wissenschaftlichen Ergebnisse können Sie sich jetzt ein einfaches Bild darüber machen, was ein falscher Zugriff auf neue Medien, z.B. Momo oder Ego-Shooter-Spiele wie Fortnite, Call of Duty bzw. Spiele wie GTA, God of War als auch Inhalte wie Drogen, Gewaltdrohungen, Pornos, sexuelle Belästigungen, spezifische Schönheitsideale ... Apps wie Snapchat, TikTok, Instagram etc. kurz- und langfristig für ein Kind bedeuten.

Eine fachliche Diskussion rund um die Nutzung von Handys, Tablets, Spielekonsolen und Co. ist ohne Wissen über die wissenschaftlich belegten Erkenntnisse und ohne Wissen um die Entwicklungsphasen des Gehirns sowie die Risikoanalyse eigentlich nicht möglich.

Jeder der in diesem Bereich arbeitet oder eine Führungsposition ausfüllt, sollte meines Erachtens mindestens über das nötige Basiswissen hierzu verfügen.

Jetzt zu einer wichtigen generellen Anmerkung zu digitalen Spielen und Apps.

---

[38]'Etwas mehr Hirn, bitte – Eine Einladung zur Wiederentdeckung der Freude am eigenen Denken und der Lust am gemeinsamen Gestalten', Prof. Dr. rer. nat. Dr. med. habil. Gerald Hüther, Vandenhoeck & Ruprecht, 2015

Viele Spiele und Apps verfügen heute über eine Chatfunktion. Dies gilt auch für die Apps und Spiele, welche zuvor die Gruppe der 16 Kinder aufgelistet hat. Viele Kinder, im Alterssegment 8-11 Jahre, mit denen ich arbeite, spielen und unterhalten sich mit ihnen völlig fremden Personen. Selbst erlebte ich mehrere Male versuchtes Grooming an Kindern, daher das Heranschleichen von Erwachsenen an Kinder, wobei die TäterInnen nichts Gutes im Sinne hatten. Oft war es der pure Zufall, der vielleicht Schlimmeres verhinderte.

Hierzu die Geschichte eines Jungen, ca. 11 Jahre alt, dem ich zufällig auf einem Gang in einer Grundschule begegnet bin, als ich einen Kurs beendet hatte. Es war Pause. Der Junge sprach mit anderen Jungs darüber, dass er höchstpersönlich mit 'Standart Skill' gespielt hätte und Standart Skill habe gefunden, dass er, der Junge, super spielt.

Eigentlich nichts Besonderes, wohl jeder Erwachsene würde solch ein Gespräch mit einem Lächeln bedenken und weiter gehen, nicht wissend, wer oder was Standart Skill ist.

Standart Skill ist ein deutscher Computerspiele-Youtuber und bei Kindern und Jugendlichen, während ich dieses Buch schreibe, sowas wie ein Superstar. Es gibt auch noch Icrimax und viele andere solcher Stars im Netz, die uns Erwachsenen größtenteils nichts sagen. Früher wussten wir noch um die Stars der Kinder und Jugendlichen, z.B. im Fußball, Tennis, in der Musik oder als Model, weil der Papa oder die Mama sich auch dafür interessierten, die Lieder im Radio gespielt wurden oder die Stars auf Zeitschriften glänzten …

Zurück zu dem 11jährigen Jungen: Würden Sie glauben, dass Ihr Sohn auf dem lokalen Gemeindefußballplatz tatsächlich den Fußballspieler Cristiano Ronaldo kennengelernt hat? Stellen sie sich vor, ihr Junge und Ronaldo haben sogar eine Runde zusammen gespielt.

Ich stoppte und hörte dem Gespräch zu. Die anderen Jungs hingen an den Lippen des besagten Jungen. „Wow! Bist Du Dir sicher, dass Du wirklich höchstpersönlich mit Standart Skill gespielt hast?“, fragte ich in die Runde. Die Jungs waren etwas erstaunt, dass eine erwachsene Person den Youtuber kannte. Der Junge antwortete blitzschnell: „Klar, Standart Skill hat es sogar gefilmt und mir das Video gezeigt“. „Standart Skill ist sehr berühmt. War es wirklich er, der mit Dir gespielt hat?", ließ ich nicht locker.

In der Tat spielen diese Youtuber auch mit Kindern und Jugendlichen, doch dabei wird immer deren Gesicht in Echtzeit ins Spiel eingeblendet.

„Wow, Du hast ein Video. Kannst Du mir das zeigen? Irre, Du und Standart Skill live im Spiel, sein Gesicht und seine Kommentare sichtbar für alle", legte ich weiter nach. „Nein, das Video ist auf YouTube gelöscht und ich habe Standart Skill nicht selbst gesehen", sagte der Junge etwas enttäuscht. „Er hat mir gesagt, dass er so berühmt ist, dass er lieber unerkannt bleiben möchte", fuhr der Junge fort. „Mhhh, dann hat Dich vielleicht jemand per Chat reingelegt, auch wenn Du sicher sehr gut spielst. Habt Ihr noch Kontakt?", gab ich zurück. Die Augen des Jungen leuchteten und er sagte „Klar, wir chatten". „Das ist sicher nicht Standart Skill", antwortete ich kritisch. „Doch, er hat mir sogar einen Controller geschenkt und zugeschickt, weil ich so gut spiele", kam es wie aus einer Pistole geschossen vom Jungen zurück. „Echt wahr? Einen Controller? Toll! Wissen deine Eltern davon? Hast Du ihnen vom Controller erzählt? Ist ja eine super Sache", unterhielt ich mich weiter und zeigte einen meiner Controller des mitgeführten Spiele-Tablets. „Nein, die kennen sich nicht aus und haben kaum Zeit", kam es vom Jungen. „Mhhh, schade, wollt Ihr Euch denn mal treffen?", frage ich mitfühlend. „Ja, jetzt vor Weihnachten", gab der Junge zurück.

Fassen wir also nochmals zusammen. Ihr Junge lernt auf dem heimischen Fußballplatz zufällig den weltbekannten Fußballspieler Ronaldo kennen, spielt mit diesem eine Runde und Ronaldo hält den Kontakt zu ihrem Jungen, schickt ihm sogar per Post einen Fußball zu. Er möchte ihren Jungen vor Weihnachten nochmals treffen. Sie wissen von allem nichts! Zudem gehört die Vorweihnachtszeit für viele Erwachsene zu den stressigsten Wochen eines Jahres.

Wie ging diese reale Geschichte zu Ende? „Gut", kann ich Ihnen versichern.

Der Junge hatte Glück, dass ich zufällig vorbeigekommen war. Ich sprach mit der Lehrerin, den Eltern und dem Jungen. Dabei ging ich bei allen sehr behutsam vor. Dies ist sehr wichtig. Kinder und Jugendliche zieht es wie einen Sog in die digitale Welt. Selbst wenn wir Erwachsene die nötigen Sicherheitsreflexe für die digitale Welt besitzen, ist es wichtig, dass Kinder und Jugendliche sich uns anvertrauen, sich mit uns austauschen. Erfahren Kinder und Jugendliche von Gleichaltrigen, dass jemand, weil sie / er sich Erwachsenen anvertraut hat, keinen Zugang mehr zu Geräten oder Apps hat, so spricht sich das schnell unter Gleichaltrigen herum.[39] Kinder und Jugendliche erzählen dann den Erwachsenen oft nichts mehr. Ich lernte viele Kinder und Jugendliche kennen, die mir sagten, dass sie zuhause oder in der Schule nichts erzählen, da sie Angst haben, dass sie Handy oder Tablet weggenommen bekommen.

Die Eltern des Jungen versprachen mir, weitere Schritte einzuleiten, damit der / die TäterIn, vielleicht gestoppt werden kann. Es wurde hier eindeutig eine Grooming-Attacke auf den Jungen ausgeübt, daher das Heranschleichen einer Person an den Jungen, um ihm vielleicht Schlimmes anzutun.

Für uns Erwachsene ist es wichtig zu verstehen, wie diese Geräte und Apps auf Gehirne von Babys, Kleinkindern, Kindern und Jugendlichen (in den unterschiedlichen Pubertätsphasen) wirken. Wir müssen verstehen, wie einfach es für Unternehmen ist, aufgrund unserer Gehirnfunktionen, Kinder und Jugendliche an die digitale Welt zu binden oder wie Kriminelle leichtes Spiel haben. Ähnlich wie beim Kauf eines Fahrrads ist es wichtig, dass wir uns das Wissen über Schwachstellen, Gefahren und mögliche Auswirkungen aneignen. Sie würden Ihrem Kind kein Fahrrad ohne Licht und Bremsen kaufen. Sie lassen ihr Kind zudem nicht mitten in der Stadt mit dem Fahrrad losdüsen und ganz sicher nicht mit nur wenigen Monaten Fahrerfahrung. Sie werden sicher auch nie Argumente anwenden wie, dass ihr Kind jetzt schon seit 6 Jahren im Auto mitfährt und daher über die notwendige Fahrerfahrung verfügt. Leider sehen wir in der digitalen Welt nicht immer so klar, da hier unsere Instinkte versagen. Unsere Sicherheitsreflexe wurden über Jahr Millionen für die 'reale Welt' entwickelt, nicht für die digitale!

---

[39] Nach meiner Erfahrung gilt dies umso mehr, wenn die Kinder die Geräte geschenkt bekommen haben und keine klaren Benutzungsregeln festgelegt wurden. Für die Kinder ist es dann ein massiver Eingriff in ihre private, eigene Welt.

Es käme niemand auf die Idee zu sagen, „Ich lasse mein Kind im Raubtierkäfig rumlaufen. Alle machen es so.“ Ihr Instinkt würde sofort sagen, „Halt. Mein Kind nicht.“ In Bezug auf das bildliche Beispiel des Raubtierkäfigs sagen Ihnen Ihre Sicherheitsreflexe, dass das gefährlich ist, nicht gesund und nicht gut für die Entwicklung ihres Kindes.

Ebenfalls käme niemand auf die Idee, weil es den Kindern und Jugendlichen wahnsinnig Spaß macht und alle Familien das so handhaben, alle es machen, 5jährige aufwärts Auto und Motorrad fahren zu lassen.

In Bezug auf das Internet, die digitalen Geräte und Apps, so meine Erfahrung, versagen unsere Instinkte zu oft.

Ich möchte hier ebenfalls anmerken, dass die 'Arten der digitalen Nutzungen' der Gruppe Kinder, die wir in diesem Kapitel als durchschnittliches Fallbeispiel näher betrachtet haben, jene Kompetenzen, die wir in der digitalen Welt benötigen, faktisch '*nicht*' gefördert hat. Ganz im Gegenteil waren bereits mehrere Kinder in so jungem Alter auf dem besten Weg in Richtung 'digitaler Konsumjunkie'. All dies ungebremst, ohne Schutz.

Wie so oft in meinen Kursen waren auch in dieser Gruppe Kinder sowohl Lehr- und Erziehungspersonen als auch Eltern über den 'Ist'-Zustand der Kinder in Bezug auf digitale Geräte, Inhalte und deren Nutzungsbedürfnisse erstaunt. Nutzungsbedürfnisse ist hier höchstwahrscheinlich das falsche Wort, Nutzungszwänge würde den Zustand mancher Kinder wohl besser beschreiben.

Ein paar Mal habe ich diese letzten Jahre erlebt, dass z.B. ein heute ca. Dreißigjähriger argumentierte, dass er fit und gesund sei, obwohl er schon immer Computerspiele gespielt habe. Es wurde aufgeführt, dass dies der Beweis sei, dass ich falsch läge. Ich erkläre dann immer, dass ich nicht falsch liegen kann, denn ich beschreibe lediglich, was mir viele Kinder und Jugendliche täglich zeigen, was ich auf dem Feld seit vier Jahren erlebe.

Ich frage für gewöhnlich nach, in welchem Lebensjahr die Person, welche die Einwendung vorbringt, mit den Computerspielen begonnen hat. Das Spielen erster Computerspiele geht meist ca. 15 Jahre zurück, eine Zeit noch archaisch anmutender digitaler Entwicklung, also noch bevor das erste iPhone das Licht der Welt erblickte oder die erste App. Alle vier Wellenbereiche des Gehirns standen der einwendenden Person bereits zur Verfügung und oft umrahmte ein behütetes Zuhause die Lust am Computerspielen, mit ca. durchschnittlich 2-4 Stunden Spielzeit im jugendlichen Alter pro Woche.

Heute spielen 6-10-Jährige hochrealistische Computerspiele wie GTA oder Call of Duty, ursprünglich entworfen für Erwachsene. Und, manche Ego-Shooter-Spielehersteller wie Epic Games haben ihr Aussehen in Comicform gegossen, um die gesetzlichen Schutzregeln auszutricksen. Heutige Spiele sind gespickt mit Loot-Boxen und sonstigen Tricks und Kniffen, um das Gehirn zu binden. Die Spieleindustrie verfügt über das entsprechende neurologische Wissen. Kinder spielen Stunden über Stunden und dies mit ganz anderen Wellenstrukturen im Gehirn. In der Einwendung des Dreißigjährigen werden daher Äpfel mit Kartoffeln durcheinandergebracht und versehentlich miteinander verglichen. Die Welt eines 15jährigen Spielers im Jahr 2005 ist '*nicht*' mit der Welt eines heutigen 8-jährigen Fortnite-Spielers zu vergleichen.

In den Jahren bis 2010 in meiner Tätigkeit in Luxemburg, wie bereits erwähnt, luden wir WissenschaftlerInnen und Ärzte ein, um über die optimale Förderung des Gehirns sowie mögliche negative Auswirkungen digitaler Geräte und Apps informiert zu sein. Der Grund hierfür und wie bereits erwähnt: Zusammen mit zwei Kollegen hatte ich federführend mit eine ganzheitliche, risikobasierte Cybersicherheitsstrategie für das Land Luxemburg definiert: 'Cyberworld Awareness and Security Enhancement Structure (CASES)'. Nach Bewilligung setzten wir diese via Wirtschaftsministerium, als treibende Kraft, und horizontal vernetzt in Zusammenarbeit mit mehreren Ministerien und vielen sonstigen Akteuren um.

Der Kinder- und Jugendbereich war in diese ganzheitliche, risikobasierte Strategie integriert. Bis ins Jahr 2010 kommunizierten wir aufgrund der Forschungsergebnisse klar und deutlich an die Bevölkerung:

„Vor 13 Jahren sollten Kinder über kein eigenes Smartphone, Tablet, keine eigene Spielekonsole etc. verfügen. Geräte sollten nur für schulische Zwecke in Anwendung kommen und in Begleitung Erwachsener. Kinder sollten derlei Geräte nicht als Geschenk erhalten, wenn, dann nur geborgt. Vor dem 16. Lebensjahr sollten keine Geräte im Zimmer der

Kinder und Jugendlichen stehen. Den Erwachsenen wird empfohlen, auf den Schlaf der jungen Leute zu achten.“

Neben dem Wirtschaftsministerium waren seinerzeit Bildungsministerium und Familienministerium in einem interministeriellen Komitee hierzu horizontal verknüpft. Aufgrund der Tragweite des Themas für die Entwicklung des Landes waren die MinisterInnen selbst stets präsent. Dies war umso wichtiger, da 2007 das erste iPhone das Licht der Welt erblickte. Einmal jährlich trafen sich die MinisterInnen zum Briefing über die Ist-Situation und bezüglich nötiger strategischer Adaptierungen. Das Gesundheitsministerium beteiligte sich ebenfalls. Die Gemeinden, Städte, weitere Ministerien, Akteure vom Feld und Unternehmen schlossen sich einzelnen Kampagnen und Aktionen an. Ziel waren 'Cyberweltbewusstsein', 'Gesundheit' und 'technische Sicherheitsstrukturen' in der Bevölkerung zu verankern, damit die digitale Revolution für Luxemburg und seine Menschen arbeitete. Wir waren weltweit führend mit diesem strategischen Ansatz.

Im Laufe 2010 wurden die Kinder und Jugendlichen aus der risikobasierten ganzheitlichen Cybersicherheitsstrategie Luxemburgs ausgegliedert. Die Gründe sind banal, die Folgen leider nicht. Das zeigt das Feld. Ich machte die letzten Jahre außerdem die Erfahrung, dass die oben beschriebenen Forschungserkenntnisse verloren gegangen oder vielleicht dem Digitalisierungsdrang zum Opfer gefallen sind. Vielleicht wurde der Großraum Luxemburg auch überrollt von „alle machen das so“, während in Frankreich sich die Kinderärzte zusammentaten und anfingen Regeln zu empfehlen.

Viele Kinder und Jugendliche haben mich gefragt, wieso Erwachsene nichts machen, andere wiederum baten mich um Hilfe. Sie alle hatten den Eindruck, dass sie den Erwachsenen egal seien.

Es ist nach meiner Erfahrung etwas anderes über die Gefahren und negativen Auswirkungen rund um die digitale Welt zu reden, als das Erleben der Kinder und Jugendlichen konkret vor Augen 'zu sehen'. In meiner Arbeit lasse ich daher die Kinder und Jugendlichen so oft als möglich selbst sprechen, schreiben und malen, so auch in diesem Buch.

Bevor Sie sich auf die nächsten Seiten begeben, möchte ich Sie nochmals auf den Ansatz der Risikoanalyse aufmerksam machen, den ich Ihnen zu Beginn in vereinfachter Form dargestellt habe:

R (Risiko) = S (Schwachstelle) x B (Bedrohung) x (A) Auswirkung

Sie können sich anhand der Angaben von Kindern und Jugendlichen auf den folgenden Seiten die Frage zu möglichen Risiken als auch deren jeweilige Höhe selbst stellen und beantworten.[40] Bewerten Sie selbst die Schwachstellen, Bedrohungen und Auswirkungen.

Ich möchte Sie zudem nochmals an die Ausbildung jener Kompetenzen erinnern, die in der digitalen Welt nötig und wichtig sind: Kreativität, Neugier, Problemlösung, Teamarbeit, autonomes Lernen, Weltbürgerschaft, kritisches Denken, Medienkompetenz, Informationskompetenz.

Sie können in Bezug auf die anschließenden Seiten zusätzlich die folgende Frage reflektieren:

Fördern die vielen Erfahrungen der Kinder und Jugendlichen mit der digitalen Welt, die nachfolgend aus den Felderfahrungen festgehalten sind, obige Kompetenzen?

Ich habe versucht, die Erlebnisse der Kinder und Jugendlichen für Sie nach Themenbereichen zu ordnen.

Die Entwicklung geht dabei sehr schnell in Richtung jüngerer Kinder. Inhalte und Erlebtes werden extremer. Die Zahlen sind schnell steigend.

---

[40] Risikobewertung am Beispiel Schlafmangel: Eine große 'Schwachstelle' sind hier z.B. Gehirnentwicklungsphasen der Kinder. Eine große 'Bedrohung' sind z.B. Algorithmen, die so geschrieben sind, dass man so lange wie möglich am Bildschirm kleben bleibt. Zwar sind viele mittel- und langfristige gesundheitlichen negativen 'Auswirkungen' heute noch nicht ausführlich geklärt, es zeichnet sich jedoch ab, dass z.B. chronischer Schlafmangel generell vielerlei mögliche negative langfristige gesundheitliche Auswirkungen auf die Gehirnstruktur, das Nervensystem und den Körper haben. Ich bewerte das Risiko für Kinder und Jugendliche daher als hoch.

3.2. Phänomene

Unter diesem Kapitel beschreibe ich meine Erfahrungen der letzten Jahre auf dem Feld in thematischer Gliederung. Es ist nötig die Ist-Situation auf dem Feld zu kennen, wenn wir Strategien, Programme und Ziele zum effektiven Schutz von Kindern und Jugendlichen sowie zu ihrer Potentialentfaltung definieren und umsetzen wollen.

3.2.1. Snapchat, Instagram, TikTok, GTA, Call of Duty, Fortnite, God of War …

Unter dieser Rubrik finden Sie Geräte, Apps, Inhalte … die Kinder 8, 9 oder 10 Jahre alt gerne haben, gerne schauen, was sie freut, siehe auch Kapitel 3.1. Ich habe für Sie dazu ein paar Aufschriebe sowie typische Bilder von Kindern, auch jüngeren, ausgewählt. Nach meinen Erfahrungen ist schon eine beträchtliche Zahl jüngerer Kinder auf sozialen Medien unterwegs, spielt nicht altersgerechte Spiele und schaut nicht altersgerechte Inhalte.

Was Kinder gerne machen - Beispiel 1

Was Kinder gerne machen - Beispiel 2

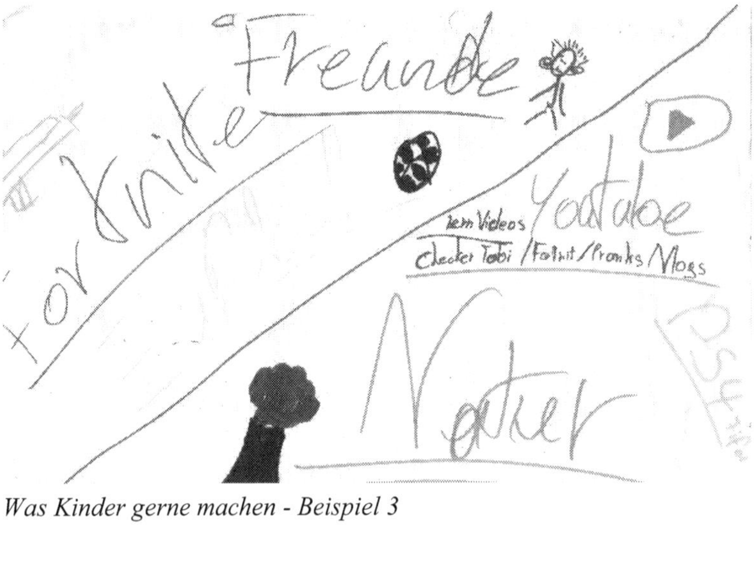

Was Kinder gerne machen - Beispiel 3

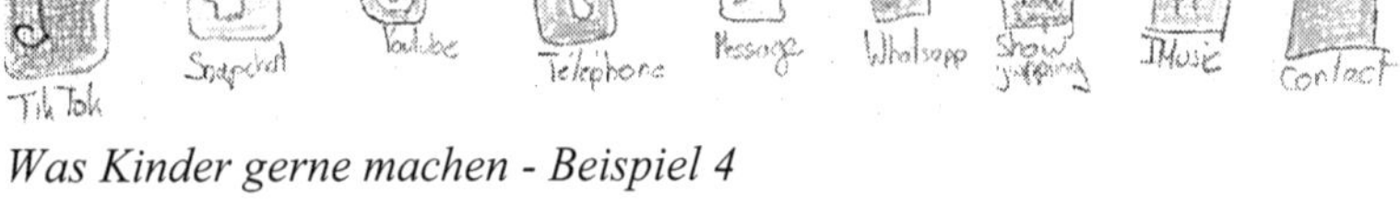

Was Kinder gerne machen - Beispiel 4

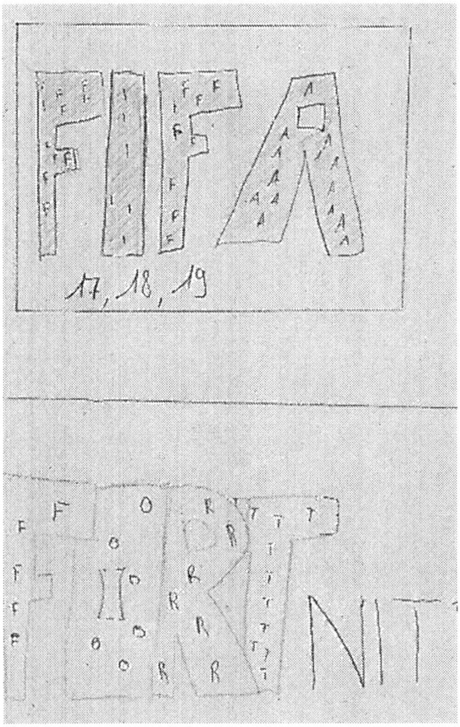

Was Kinder gerne machen - Beispiel 5

„Einer der 6 Jahre alt ist, spielt seit 2 Jahren GTA."

Was Kinder gerne machen - Beispiel 6

Was Kinder gerne machen - Beispiel 7

„Meine kleine Cousine ist drei Jahre alt und schaut jeden Tag Fernsehen. Das Fernsehen läuft den ganzen Tag und sie kann kucken, was sie will. Außerdem kann sie vor dem Schlafen gehen immer Spiele auf dem Handy schauen."

Was Kinder gerne machen - Beispiel 8

3.2.2. Momo, Killer Clowns[41], Horrorfilme, Challenges[42] …

In diesem Kapitel finden Sie Zeichnungen und Aufschriebe darüber, was Kindern, 8, 9 oder 10 Jahre alt, Angst macht. Die Aufgabenstellung bei den Kindern ist immer gleich. Nachdem die Kinder etwas gemalt haben, was ihnen Freude bereitet, bitte ich sie, etwas zu malen, was ihnen Angst macht, und zwar aus der realen oder digitalen Welt.[43] Wenn es den Kindern möglich ist, können sie kurz malen oder beschreiben, wieso sie Angst haben. Wem nichts direkt in den Kopf kommt, der kann was malen, was er gerne mit Eltern, Geschwistern, Großeltern, Cousinen oder Cousins unternimmt. Danach malen die Kinder sich selbst als stark, glücklich, selbstbewusst und geschützt, z.B. als RitterIn oder PrinzEssin mit gutem Zauber …

In den Zeichnungen, die mir Kinder in meiner Arbeit malten, bezieht sich die Angst zu ca. 95% aus Inhalten der digitalen Welt. Die Kinder kommen dabei aus allen Schichten, wohnen auf dem Land oder in der Stadt und besuchen gängige staatliche oder private Schulen.

---

[41] Es handelt sich um Videos, bei denen Horrorclowns hinterlistige Handlungen durchführen, um Dritte reinzulegen. Oft werden sehr brutale Szenen dargestellt, z.B. ein Horrorclown schlägt mit einem großen Hammer auf den Kopf einer mit einem Menschen verwechselbaren Puppe. Ort des Szenarios ist eine nicht leicht einsehbare, nur halb beleuchtete Unterführung. Der / die ZuschauerIn sieht im Video eine Flüssigkeit spritzen, die jener von Blut oder Gehirnflüssigkeit ähnelt. Viele Kinder haben nach dem Anschauen von Killer Clown Videos über das Internet sehr große Angst vor Clowns.

[42] Das englische Wort 'Challenge' bedeutet wörtlich übersetzt Herausforderung, daher eine Person macht eine Aktion oder Tätigkeit vor und animiert weitere Leute, das Gleiche zu tun.

[43] Eine ausführlichere Beschreibung finden Sie unter Kapitel 5 'Fangen Sie an' im Unterkapitel 5.2. 'Bilder malen'.

Ziemlich viele Kinder haben Zugriff auf Netflix für Erwachsene, wenn nicht bei den Eltern, dann über die älteren Geschwister, Cousins oder Cousinen, Nachbarkinder oder Großeltern, Onkel oder Tante. Manche Kinder sehen Werbungen von z.B. Horrorfilmen und haben Angst.

Ungefähr 5% der Kinder finden nichts, vor was sie Angst haben. Meist sind es, nach meiner Erfahrung, Kinder, die noch keinen Kontakt zur digitalen Welt haben. Ich habe dann und wann ein Kind, das vor einem Tier wie z.B. einer Spinne Angst hat oder vor einer Figur aus einem Märchen, jedoch ist die Angst meist nicht so ausgeprägt, dass die Kinder hierzu etwas malen.

Die Übung dauert nicht länger als ca. 5-6 Minuten. Ich geh immer mit jedem Kind einzeln das Gemalte durch, ohne persönlich die Mythen, wie z.B. Momo, in den Mund zu nehmen. Das ist wichtig. Ich löse die Mythen danach auf.

Wie können Sie einen Mythos wie Momo versuchen aufzulösen? Hierzu sind die Kenntnisse über die Funktionen des Gehirns von großem Nutzen.

Ein typischer Fehler: Wer einen Mythos entkräftigen will, wiederholt ihn leider meist. Jede Erwähnung führt jedoch dazu, dass die Geschichte vertrauter wird, die eigentlich widerlegt werden soll. Je vertrauter einem Menschen eine Sache ist, desto eher schenkt er ihr Glauben. Wiederholung von Fehlinformation beeinträchtigt die richtige Erinnerung. Fakten und Mythen werden in unserem Gehirn durcheinandergewirbelt. Es kommt zu Verwechslungen.

Daher vermeiden Sie den Mythos zu wiederholen, den Sie widerlegen wollen. Betonen Sie stattdessen gleich zu Beginn des Gesprächs die Fakten. Mit Fakten sollen die Menschen vertrauter gemacht werden. Nun, bei Kindern ist das nicht ganz so einfach. Fakten müssen verstehbar und prägnant sein und zusätzlich die Gehirnentwicklung berücksichtigen. So kann ein Gehirn vor dem 12. Lebensjahr z.B. abstraktes Denken nach dem Verständnis Erwachsener oder Mehrdimensionalität nicht erfassen. Denken Sie hierbei an das Internet. Zudem gilt: Alles was das Verständnis fördert, erhöht die Wahrscheinlichkeit, dass etwas als 'wahr' gilt.

Und Achtung, sobald die direkte Erinnerung verblasst, verlassen sich Menschen wieder unbewusst auf die Faustregel: 'Was sich vertraut anfühlt, wird schon stimmen'. Wiederholen Sie also niemals, was 'nicht vertraut erscheinen darf'. Fokussieren Sie auf die Fakten und wiederholen sie diese, um sie vertrauter zu machen. Folgende Faustregel können Sie sich merken: 'Die Fakten sprechen, der Mythos schweigt.'

Auflösung des Mythos 'Momo' am Beispiel meiner Arbeit mit Kindern zwischen 8 und 10 Jahre:

Beim Mythos Momo beginne ich immer mit einem Wollknäuel. Grob beschrieben sieht der Kursablauf wie folgt aus. Zusammen mit den Kindern bauen wir das Internet per Wollfaden nach. Jedes Kind hält ein Stück Faden in der Hand. Es entsteht ein Netz. Jeder ist mit allen verbunden. Wir legen ein Handy mit aufs Netz, einen Laptop, einen digitalen Teddy ... „So ungefähr sieht das Internet aus", erkläre ich. Die Kinder tasten, sehen, fühlen, probieren aus.

Ich habe immer kleine Spielzeugpuppen dabei, z.B. ein Playmobilmännchen, Frauen und Männer. Jetzt erzähle ich den Kindern, dass das Internet eine großartige Sache ist. Es ist jedoch wichtig, ähnlich einer Straße, dass Kinder von Erwachsenen immer begleitet werden. Warum? Ich lasse eine(n) Playmobilmann oder – frau über den Wollfaden wandern, zusammen mit einer kleinen Schatztruhe. Die Kinder sind neugierig. Ich lasse die Kinder raten, was wohl in der Schatztruhe sein kann. Ich löse das Rätsel und sage, dass nicht alle Menschen gut sind. Die Schatztruhe enthält Lügen, die Kindern Angst machen sollen. Es gibt böse erwachsene Menschen im Internet die Kindern Angst machen wollen, die lügen und Drohungen verbreiten. Manche Erwachsene locken die Kinder, ähnlich einer Schatztruhe, mit z.B. einem angeblich tollen Video.

„Von einer solch gemeinen Lüge möchte ich jetzt berichten", erkläre ich den Kindern. Ich bitte alle Kinder das Netz nieder zu legen und wir setzen uns zu mir auf den Boden im Kreis. Ich fange an zu erzählen, dass es, als ich jung war, eine wunderbare Geschichte gab und ein ganz tapferes Mädchen. In der Geschichte gibt es Zeiträuber, ähnlich dem Internet heute, wenn wir zu lange vor den Bildschirmen sitzen. Das Mädchen, das seine Eltern verloren hat, doch von einem ganzen Dorf aufgenommen wird, ist tapfer und bringt den Menschen die Zeit zurück.

Auf meinem Rechner für den Projektor habe ich vorab einen Filmausschnitt der Geschichte 'Momo' von Michael Ende vorbereitet. Achtung:

Die Kinder dürfen auf keinen Fall das Wort Momo vorab sehen. Meine Erfahrung zeigt, dass Kinder ansonsten Momo sofort falsch assoziieren.

Jetzt zeige ich den Filmausschnitt der Geschichte Momo von Michael Ende, in dem das Mädchen Momo schon aus der Höhle herausgetreten ist. Achtung: Manche Kinder, ziemlich viele sogar, haben vor Höhlen Angst, wegen Horrorfilmen wie 'Es'. Ich halte den Film genau an jener Stelle an, in der das Mädchen Momo über das ganze Gesicht strahlt und die Menschen aus dem Dorf vertrauensvoll anlächelt.

„Darf ich Euch allen vorstellen, das ist das tapfere Mädchen. Ihr Name ist Momo“, erkläre ich dazu immer. So manches Kind ist dann sprachlos. Ich erzähle den Kindern, dass böse Menschen vielleicht von der großartigen Geschichte Momo für Kinder wussten und eventuell dachten, sie könnten mit einer Verdrehung den Kindern via Internet sehr viel Angst machen, einfach so, aus Spaß.

Wir drucken das Gesicht von Momo aus der Verfilmung der Geschichte von Michael Ende aus, lächelnd und mutig. Dieses Gesicht hängen wir im Raum auf.

„Wie Momo, die mit den Erwachsenen im Dorf alles besprochen hat“, erkläre ich weiter „ist es wichtig, dass ihr Kinder alles, was Euch Sorge bereitet oder Angst macht, mit euren Eltern und anderen Erwachsenen, denen ihr vertraut, besprecht“.

Danach malt sich jedes Kind mit einem Schutz, einem Glücksbringer, glücklich und mutig. Wir kleben diese Bilder auf ihren Arbeitsplatz.

Jedes Kind bastelt zudem eine Gefühlsuhr und stellt sie immer so ein, wie das Kind sich fühlt. Damit weiß jedes Kind genau, wann es Zeit ist, sich einer erwachsenen Person anzuvertrauen und die Erwachsenen wissen um die Gefühle der Kinder. Im Kapitel 5 'Fangen Sie an', Unterkapitel 5.1. 'Gefühlsuhr', beschreibe ich dieses wunderbare Instrument ausführlicher.

Anfügen möchte ich hier, dass ich schon mit Kindergruppen im frühen Alter von 5 bis 6 Jahren gearbeitet habe. Nicht selten hatten bereits 2018 bis zu einem Drittel der Kinder via Netflix oder Internet schon Horrorfilme beziehungsweise Ausschnitte davon gesehen. Das gleiche gilt für Mythen im Netz, wie z.B. Momo oder Killer Clowns. Bei den

Gewaltspielen sieht es ähnlich aus, schon bis zu einem Drittel haben Älteren beim Spielen von GTA bzw. Call of Duty etc. zugeschaut, manche selbst schon derlei Spiele zu spielen versucht.

Was mir auffiel und eine Erwähnung wert ist, da im Großraum Luxemburg viele Nationalitäten vertreten sind: Eltern von Kindern aus nordischen Ländern, wie z.B. Schweden, Finnland, oder asiatischen Ländern, wie z.B. Südkorea, mit denen ich sprach, achteten vermehrt darauf, dass ihre Kinder keine unbeaufsichtigte Zeit mit digitalen Geräten erhielten. Vielmehr förderten diese Eltern Kompetenzen wie Kreativität, Neugier, Teamarbeit, Problemlösung, kritisches Denken und das spielerische Erlernen elektronischer Basisbausteine der digitalen Welt, sowie Programmiersprachen.

Was Kindern Angst macht - Bild 1

Was Kindern Angst macht - Bild 2

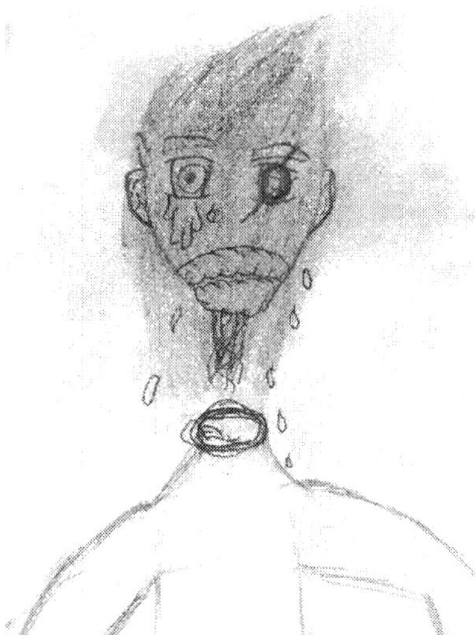

Was Kindern Angst macht - Bild 3

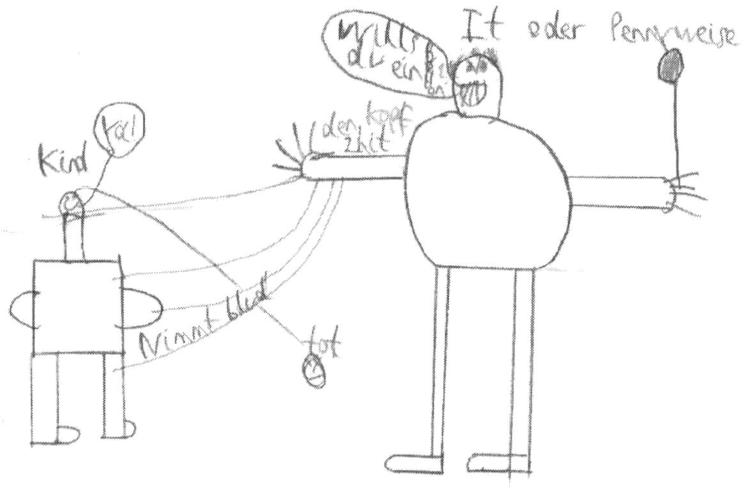

Was Kindern Angst macht - Bild 4

Was Kindern Angst macht - Bild 5

Was Kindern Angst macht - Bild 6

Was Kindern Angst macht - Bild 7

Was Kindern Angst macht - Bild 8

3.2.3. Sexuelle Übergriffe, Cybermobbing, Selbstverletzung, Drogen, Nacktbilder …

Dieses Kapitel zeigt Erfahrungen von Kindern und Jugendlichen in der digitalen Welt mit sexuellen Übergriffen, Cybermobbing, Drogen, Sex und Nacktbildern, sowie mit dadurch teils ursächlichen Selbstverletzungen und Selbstmordgedanken … auf.

Unter der Rubrik 'sexuelle Übergriffe' finden sich anonymisierte Informationen von Kindern und Jugendlichen zu den aufgeführten Phänomenen in Form von E-Mail-Zusammenfassungen.[44] Diese E-Mails bieten Kurzeinblicke in die Situation auf dem Feld. Ich habe diese Mails verfasst, um 2018 in Luxemburg Behörden, Ministerien und sonstige Träger

[44] An die Staatsanwaltschaft gemeldete Fälle oder extreme Schilderungen, wenn auch anonymisiert und mit Erlaubnis, wurden in dieses Kapitel nicht aufgenommen.

zu informieren, wie z.B. Polizei, Wirtschaftsministerium, ECPAT[45], Kinder- und Jugendtelefon ... Die E-Mails machen Zeiträume, Felderfahrungen und Zahlen gut sichtbar.

Zu den einzelnen Rubriken beschreibe ich nachfolgend meine Erfahrungen und jene vieler Kinder und Jugendlicher auf dem Feld näher, vergleiche diese mit meinen Erfahrungen 2007 bis 2010 und gebe Ihnen Wissenswertes mit an die Hand.

Sexuelle Übergriffe auf Kinder und Jugendliche, sexuelle Übergriffe unter Kindern und Jugendlichen selbst ...

2007-2010 konnte ich gut wahrnehmen, wie die digitale Entwicklung es Erwachsenen immer leichter ermöglichte, sich an Kinder und Jugendliche zum Zweck sexuellen Missbrauchs heranzuschleichen oder sexuellen Belästigungen nachzugehen. Vereinzelt stieß ich auf Fälle. Meist war mir der Zufall mit behilflich. Erwachsene begannen sich vermehrt hinter Avataren[46] in Kinder-Computerspielen zu verstecken. Sexuelle Übergriffe unter Kindern und Jugendlichen waren mir damals ebenfalls bekannt, doch, so traurig diese Ereignisse sind, mir selbst ist seinerzeit nur ein Fall im Bereich Jugendliche während meiner Arbeit mit 20.000 Kindern und Jugendlichen untergekommen. Sicherlich habe ich auch Fälle übersehen. Sexuelle Belästigungen gab es bereits vermehrt.

Ich verfolgte damals die Arbeiten von Frau Catharina Katzer, die zwischenzeitlich als Expertin im Bereich der Cyberpsychologie unter anderem die europäische Kommission und den deutschen Bundestag beraten hat. Neben dem Thema Cybermobbing setzte sie sich damals mit den psychologischen Auswirkungen von sexuellen Belästigungen via Internet auf Kinder und Jugendliche auseinander und mit den negativen Folgen. Ebenfalls untersuchte Frau Katzer die potenziellen Risikogruppen bei Kindern und Jugendlichen.

---

[45] End Child Prostitution, Pornography and Trafficking of Children for Sexual Purposes (engl.: Beendet Kinderprostitution, Kinderpornografie und den Kinderhandel zu sexuellen Zwecken)

[46] Seinerzeit war für viele Erwachsene der Begriff Avatar unbekannt und ich erklärte immer, dass es sich um eine künstliche Person oder eine Grafikfigur handelt. Ein Avatar ist dem Internetnutzer in der virtuellen Welt zugeordnet.

Als ich 2016 wieder anfing mit Kindern und Jugendlichen zu arbeiten, schien die Welt eine ganz andere geworden zu sein. Zuerst konnte ich es kaum glauben. Nacktbilder wurden in vielen Schulklassen, teils schon in den Grundschulklassen, fast wie Fußball-Sticker gesammelt. Auf Snapchat prasselten auf viele Kinder und sehr viele Jugendliche täglich Nacktfotos, Nacktfilmchen und sexuelle Angebote aller Art ein. Nicht wenige Kinder und viele Jugendliche tummelten sich auf Dating-Apps jeder Form.

Die vielen obszönen Kommentare und Angebote an Kinder auf z.B. der App TikTok[47], ließen selbst mich manchmal verstummen. Die Kommentarfunktion war zu jenem Zeitpunkt noch nicht abschaltbar. Die TäterInnen bewegten sich auf freier Wildbahn mit vielen möglichen Opfern, völlig ohne Schutz.

Nicht wenig Erwachsene haben schon einmal eine Dating-App besucht oder wenigstens entsprechende Werbung für die Apps gesehen. Durch Peer-Druck, YoutuberInnen sowie sonstige digitale Inhalte mit entsprechender Nachricht, fühlt sich heute so manches Kind von 11 bis 13 Jahren ausgeschlossen, da es noch keine Freundin, keinen Freund hat oder noch keinen Sex hatte. Oder, Kinder fühlen sich allein, weil die Eltern den ganzen Tag arbeiten. Es scheint für so manches Kind schlüssig, auch aufgrund der tollen Werbung für Dating-Apps, diesen Mängeln via Dating-Apps Abhilfe zu schaffen. Sie können sich selbst ausmalen, was die Kinder auf den Apps erleben, mit welchen Inhalten sie teils konfrontiert werden und welche Gefahr sie laufen.

Seit ich wieder angefangen hatte Kurse zu geben, nahmen mich zudem Kinder und Jugendliche regelmäßig zur Seite und erzählten mir von sexuellen Übergriffen durch Gleichaltrige.

Ich sprach mit KollegInnen, die ebenfalls Cybersicherheitskurse gaben, sowie mit verantwortlichen Stellen. Ging es jemandem wie mir? Hatten andere ähnliche Auffälligkeiten? War dieses Phänomen bekannt? „*Nein*".

Keiner außer mir, so schien es, hatte Kinder und Jugendliche, die zu ihm kamen. Und ich, ich hatte nicht einen Fall pro hundert Kinder und

---

[47]Bis Sommer 2018 noch Musical.ly genannt.

Jugendliche, was ich schon recht schlimm fände, denn jeder Fall ist einer zu viel, sondern recht viele. Etwas stimmte hier ganz und gar nicht.

Wie konnte das sein? Die Antwort ist teils einfach und wohl in der Struktur wie auch im Konzept zu finden. Die meisten TrainerInnen dieses Bereichs die ich kenne, halten mit Kindern und Jugendlichen Unterricht per PowerPoint, Präsentation, Filmen und sonstigen Instrumenten. Das ist meist von den zuständigen Stellen so vorgegeben. Die Unterrichtseinheiten sind vollgepackt. Schwerpunkte bilden meist technische Cybersicherheit. Zeit zum Zuhören und zum interaktiven Austausch mit den Kindern und Jugendlichen gibt es kaum. Ich gestalte hingegen meine Arbeit entsprechend meiner jahrelangen Fachexpertise. Zwar lasse ich das ein oder andere aus dem umfassenden Materialfundus unterschiedlicher Akteure mit einfließen, doch die Kinder und Jugendlichen stellen in meinen Kursen den Mittelpunkt dar, ihr Wissen und Nicht-Wissen, ihre Verwendung von Geräten, Apps und Spielen, ihre Erfahrungen, ihr Verhalten. Die Kinder und ihre Gefühle erhalten in meinen Kursen viel Raum. Auf den Grundlagen der Kinder, dort wo sie stehen, arbeite ich danach mit ihnen am Aufbau von Sicherheitsreflexen. Nach den Kursen gebe ich Feedback und Tipps zur weiteren Vorgehensweise an Erwachsene und Strukturen.

Ich begann nach Forschungsliteratur zu suchen, nach Zahlen zu sexuellen Übergriffen unter Kindern und Jugendlichen. Alsbald stieß ich auf Untersuchungen und Forschungsergebnisse unterschiedlicher Länder weltweit aus den Jahren 1996, 2003, 2008 … Es gab Zahlen zum Phänomen 'sexuelle Übergriffe unter Kindern und Jugendlichen', auch wenn das Phänomen, so schien mir, in Europa vor 2010 noch wenig beleuchtet war. Lag hier ein ähnlicher Werdegang wie beim Cybermobbing 2007 folgende vor? Relativ schnell, dank Internet, stieß ich auf eine Expertise des Universitätsklinikums Ulm, Deutschland, der Kinder- und Jugendpsychiatrie, die bei einer Fachtagung im Oktober 2011 offiziell vorgestellt wurde.

Das Lesen dieser Expertise lege ich Ihnen auch heute noch wärmstens ans Herz: 'Sexuelle Gewalt unter Kindern und Jugendlichen – Ursachen und Folgen' – eine Expertise der Klinik für Kinder- und Jugendpsychiatrie / Psychotherapie, Universitätsklinikum Ulm, Bayerisches Staatsministerium für Arbeit und Sozialordnung, Familie und Frauen, sowie

Zentrum Bayern Familie und Soziales Bayrisches Landesjugendamt. Natürlich gibt es seither weitere Veröffentlichungen und Handlungsempfehlungen des Universitätsklinikums Ulm, die ich hier ebenfalls empfehlen möchte.

Für ein besseres Grundverständnis dieses Phänomens, das nach meinen Erfahrungen seit mindestens 2016 rasant zunimmt und immer jüngere Alterssegmente trifft, möchte ich hier aus den abschließenden Empfehlungen dieser Expertise zitieren:

„... *Untersuchungen aus der USA zeigen jedoch, auch wenn die Ergebnisse nicht unkritisch auf Deutschland übertragen werden können, dass sexuell aggressives Verhalten insbesondere in Form von milderem sexuell übergriffigem Verhalten (sexuell harassment) häufig ist, auch von Mädchen gezeigt wird und häufig von Opfern als auch Tätern als Teil eines normalen, alterstypischen Verhaltens gesehen wird. Dieses Verhalten stellt tatsächlich möglicherweise lediglich eine sozial ungeübte Form der Kontaktaufnahme zu gegengeschlechtlichen Gleichartigen dar.*

Bei den Entstehungsbedingungen von sexuell aggressivem Verhalten spielen vor allem ein selbst erlebter sexueller Missbrauch, die Erfahrung von Misshandlung und Vernachlässigung, ungünstige familiäre Erziehungsbedingungen, Einflüsse von Gleichaltrigen, aber auch Temperaments- und Persönlichkeitsfaktoren, wie soziale Unsicherheit oder eine gesteigerte Impulsivität eine Rolle. Möglicherweise bestimmen diese Faktoren auch je nach Ausprägung und Abhängigkeit des Geschlechtes, ob das sexuell aggressive Verhalten im Rahmen einer allgemeinen dissozialen Entwicklung oder als isolierte Verhaltensstörung auftritt und ob primär jüngere oder gleichaltrige Opfer gewählt werden. Hier ergeben sich dem entsprechend Ansätze für die Prävention von sexuell aggressivem Verhalten. Auch die Darstellung von sexueller Gewalt und ihre leichte Verfügbarkeit für Kinder und Jugendliche haben nachweislich Auswirkungen auf das Denken, Verhalten und auf Erwartungen in Zusammenhang mit dem Thema Sexualität. Allerdings muss auch hier einschränkend gesagt werden, dass es sich um komplexe Zusammenhänge handelt.

Evaluierte Behandlungsansätze existieren nur wenige und zielen primär auf jugendliche Sexualstraftäter ab. Das Thema des Umgangs mit sexuell übergriffigem Verhalten ist in Deutschland bislang vernachlässigt worden, auch in Einrichtungen der Jugendhilfe trotz der dort beheimateten Risikopopulationen, sowohl für sexuell übergriffiges Verhalten als auch für Reviktimisierung.

Dringender Handlungs- und Forschungsbedarf besteht nach unserer Einschätzung [des Ulmer Universitätsklinikums] daher auf zwei Ebenen.

Zum einen sollte die Prävalenz von sexuell aggressivem Verhalten unter Kinder und Jugendlichen erfasst werden. Dabei sollten sowohl die Erscheinungsformen differenziert untersucht werden als auch die jeweilige Altersstruktur der Opfer und Täter. Wünschenswert wäre dabei nicht nur eine Beschränkung auf die Risikopopulationen (klinische Inanspruchnahmepopulation, Bewohner von Einrichtungen der Jugendhilfe), sondern auch ein Einbeziehen von Allgemeinbevölkerungsstichproben (z.B. Schülerstichproben)

Weiterer dringender Handlungsbedarf besteht darin, Personen (z.B. Mitarbeiterinnen und Mitarbeiter in Einrichtungen der Jugendhilfe, Lehrerinnen und Lehrer), die mit Kindern und Jugendlichen zusammenarbeiten, die besonders gefährdet sind, sexuell übergriffiges Verhalten zu zeigen, im Umgang mit diesen problematischen Verhaltensweisen zu unterstützen.“

Prof. Dr. Jörg Fegert (Ärztlicher Direktor), Dr. Marc Allroggen (Oberarzt), Dr. Nina Spröber (Leitende Psychologin), Dr. Thea Rau (Wissenschaftliche Mitarbeiterin)

2018 war ich Sprecherin auf einer Konferenz, die das Thema sexuellen Missbrauchs von Kindern innehatte, um meine Erfahrungen vom Feld zu präsentieren. Ebenfalls war eine sehr verantwortungsbewusste Führungsperson der Polizei als Sprecher auf der Konferenz. Wir tauschten uns aus. Der Polizist stellte sich z.B. die berechtigte Frage, wieso so manches Kind sich 'freizügig' im Netz darstellt. Ich zeigte ihm, als Beispiel eines bestimmten freizügigen Genres, die deutsche Youtuberin Katja Krasavice, die bei Kindern und Jugendlichen im Großraum Luxemburg sehr bekannt ist.

Wer ist diese Youtuberin? Es ist eine junge Dame, die sich im Netz sehr freizügig präsentiert und genau die Zielgruppe Kinder und Jugendliche anzusprechen scheint. Sie veröffentlichte zudem drei Lieder, die die Kinder und Jugendlichen gerne hören. Etwas später, unter der Rubrik 'Youtuber, Influencer, Gamer…', komme ich hierauf nochmals zurück.

Eines ihrer Lieder, in dem es um Blowjobs geht, führte dazu, dass sich etliche Kinder zwischen ca. 8 und 12 Jahren in einer Tagesstädte im Norden Luxemburgs 'auffällig' zu verhalten begannen, z.B. Nachahmung des Lutschens an einem Penis anhand von Bananen, wie ich bereits erwähnte. Dies war in der ersten Hälfte des Jahres 2018. Dortige, sehr erfahrene Erzieherinnen erzählten mir zudem, dass nicht wenig Kinder in auffälliger Form von Ex-Freundinnen und -Freunden reden würden.

Manche Kinder ahmten dieses Genre, sowie die Youtuberin auch auf der App TikTok nach. Dies bot unter anderem eine Erklärung für die Freizügigkeit mancher Kinder. Diese Art YoutuberInnen haben viele Fans, bis in die Millionenhöhe. Gerade heutzutage stehen Kinder unter großem gegenseitigem Druck, um in sozialen Medien viele Freunde oder Fans zu haben. Sie schauen derlei Videos und ahmen unter anderem Verhaltensweisen solcher YoutuberInnen nach. Das haben mir Kinder selbst bestätigt. Die Führungskraft der Polizei kannte bis zum Zeitpunkt meines Vortrags und unserem Gespräch, so wie eigentlich fast alle Erwachsenen, diese Youtuberin nicht. Das galt auch für die damaligen KonferenzteilnehmerInnen.

Ich hatte den Eindruck, dass die Meldungen meiner Zahlen, sowie meiner Erkenntnisse vom Feld an Dienststellen in Luxemburg, immer wieder verloren gingen bzw. EntscheidungsträgerInnen nicht erreichten. Zudem war, wie bereits erwähnt, kein Threat-Sharing-Werkzeug[48] gegeben. Dies gilt bis heute. Ich fing an, meine Erfahrungen vom Feld noch genauer festzuhalten.

---

[48] Digitales Werkzeug zur anonymisierten Teilung von Bedrohungen. Dies ist im Cybersicherheitsbereich gang und gäbe. In Luxemburg hat die staatlich unterstützte Struktur Security Made in Lëtzebuerg ein sehr gutes Open Source Werkzeug entwickelt: MISP. MISP ist weltweit im Einsatz und wäre auch für den Bereich Kinder und Jugendliche anpassbar.

Vielleicht fragen Sie sich, während Sie diese Zeilen lesen, wie es eigentlich dazu kommt, dass mir so manch junger Mensch sein Vertrauen schenkt. Ich habe mein Vorgehen hierzu bereits beschrieben, gehe jedoch nochmals etwas genauer darauf ein, da mir aufgefallen ist, dass 'dieses Vertrauen' eine sehr wichtige Rolle spielt.

Ich bitte die jungen Leute ihre Erfahrungen aus der Cyberwelt mit mir zu teilen, insbesondere was sie an der digitalen Welt fasziniert. Viele von ihnen sind täglich viele Stunden in jener Welt unterwegs. Sie sind daher bezüglich Cyberwelterfahrungen so etwas wie ExpertInnen für mich. Ich gebe den jungen Leuten Raum und höre sehr gut zu, lerne. Danach bitte ich die jungen Leute anonymisiert um ihre Erfahrungen in der Cyberwelt zu unterschiedlichen Themenbereichen und Inhalten wie Drohnen, Robotik, Kameras, sexuelle Belästigungen, Drogen, Selbstmord, Rassismus, Waffen, Fake etc. Gerne können die Kinder und Jugendlichen jene Themen hervorheben, die ihnen besonders am Herzen liegen und die mit der Cyberwelt zu tun haben. Ihre Erfahrungen können helfen, Kinder besser zu schützen. Ich bin zu 100% präsent und höre zu 100% zu. Das spüren Menschen. Wie bereits erwähnt, gebe ich den jungen Leuten viel Raum und Zeit. Papier und Stifte stehen zur Verfügung.

Was die Kinder betrifft, habe ich zusätzlich einen flexiblen Fragebogen entwickelt, der in Gruppen und Klassen einsetzbar ist. Ich habe ihn für Sie unter Kapitel 5 'Fangen Sie an' mit aufgeführt.

Das Thema sexuelle Übergriffe liegt den meisten jungen Leuten sehr am Herzen, auch jene Übergriffe unter Kindern und Jugendlichen selbst.

Wie bereits niedergeschrieben, fragen mich Kinder und Jugendliche zu Recht immer wieder, wieso Erwachsene nichts machen. Nicht wenige denken, wie beim Thema Cybermobbing, dass sie uns Erwachsenen egal seien. Das kristallisiert sich in meinen Gesprächen mit jungen Leuten immer wieder heraus.

Zusammen mit einem ebenfalls sehr erfahrenen Cybersicherheitsexperten im Aufbau landesweiter Sicherheitsstrukturen begann ich daher an einer möglichen risikobasierten ganzheitlichen Cybersicherheitsstrategie für Kinder und Jugendliche zu arbeiten. Ich brachte meine Expertise aus dem Krisenmanagement, dem Aufbau von Sicherheitsstrukturen und die enormen Erfahrungen aus der Arbeit auf dem Feld mit, die andere Person war seit vielen Jahren verantwortlich in Sicherheitsfragen rund um die Cyberwelt im Wirtschaftsministerium Luxemburg. Beide hatten wir den Aufbau von landes- sowie weltweiten Sicherheitsstrukturen von den Jahren 2000 an vorangeschoben und geprägt.

Wir entwarfen ein Basis-Diskussionspapier einer landesweiten, ganzheitlichen, risikobasierten, interministeriellen Cybersicherheitsstrategie für den Bereich Kinder und Jugendliche. Dabei werden die Aspekte 'Cyberweltbewusstsein', 'Gesund (erwachsen) werden in einer digitalen Welt' und 'technische Sicherheitsstrukturen' gleichermaßen hervorgehoben. Fundament bildet der Ansatz der Risikoanalyse, Grundpfeiler die fünf Säulen Sensibilisierung, Prävention, Intervention, Investigation und Legislative. Dieses Papier, das Sie im Anhang finden, basiert auf über 20 Jahren Expertise und Erfahrungen in den Bereichen 'Risikoanalyse', 'Cyberweltbewusstsein'[49], 'sich stets weiterzuentwickelnde Sicherheitsstrukturen', sowie 'Threat Sharing'. Politischen EntscheidungsträgerInnen kann dieses Strategiepapier als Diskussionsgrundlage und Anregung dienen.

Ich möchte hier einen herzlichen Dank aussprechen. In meiner Arbeit durfte ich, neben der Polizei und dem Wirtschaftsministerium Luxemburg, vielen weiteren wunderbaren, verantwortungsbewussten Erwachsenen in Strukturen und Schulen begegnen, die sowohl meine Erfahrungen vom Feld als auch die Expertise von Ulm sehr ernst nahmen. Sie selbst waren bereits mit dem Phänomen konfrontiert worden. Sie handelten.

Zum besseren Verständnis der Ist-Situation auf dem Feld für Sie als LeserIn auf den nachfolgenden Seiten Beispiele von Auszügen an staatliche Stellen in Luxemburg von meiner Seite:

E-Mail vom 24.11.2018 – Vorkommnisse / konkrete Erzählungen der teilnehmenden Kinder und Jugendlichen der letzten 7 Tage in Schulungen und Workshops

Start E-Mail:

... anbei ein schneller Zugriff auf pädophile Bilder - freiwillig oder unfreiwillig erstellt. Hat junge Leute gestern gerade mal ein paar Minuten

[49] Gesundheit und Potentialentfaltung sind hier mitenthalten.

gebraucht, um mich drauf zu bringen. Ich werde morgen alles für [redacted] und [redacted] zusammenfassen:

https://www.xn[redacted]

... auch Suche mit [redacted] oder ähnlich eingeben, z.B. [redacted]...

https://unb[redacted]

... [es lässt sich] leicht Pornoseiten für Erwachsene knacken ... und auch dort haben mir junge Leute bei manchen Sites kurz Sachen ... gezeigt. Junge Leute haben mir den Link gegeben ... um zu helfen.

Ebenfalls haben mir junge Leute gezeigt, da sie oft viele 'Freunde' auf Snapchat haben, wie sich Luxemburger Kinder teils 'sexy' oder 'obszön' darstellen, um z.B. mehr Freunde zu erhalten ... Werde wohl mit jungen Leuten hier ein Dossier machen, sobald [es] ein paar Minuten Zeit [gibt].

Heute:

4 Jugendliche, die die Suchtkriterien der DAK[50] *... erfüllen; ein Jugendlicher hat mit 3 Jahren sein Smartphone erhalten; Jugendliche sind kaum zu Aktivitäten zu motivieren; Erziehungspersonal geht teils auf dem Zahnfleisch; Jugendliche verbringen Stunden über Stunden mit Spielen (Spiele wie GTA, Counter Strike, Call of Duty etc.). Jugendliche zerstören Controller, wenn sie verlieren etc., schreien durch das ganze Haus ... - die Einführung von Beschränkungen in Form von altersgerechten Spielen und Zeitreduktion, sowie keine Handys nachts auf den Zimmern war nur schwerstens durchzusetzen. Jugendliche sehr unkonzentriert. Jugendliche mit Respektproblemen (sind jedoch für mich klar Opfer). Jugendliche voll in FIFA*[51] *(Lootboxen - Problem eines Jungen). Ein Junge ständig auf Snapchat ... - > Strategievorschlag heute ... Glückstraining und minimale Interessen, die außerhalb IKTs erkennbar sind fördern, z.B. ein Junge war mal Fischen und das hat ihm Spaß gemacht - der Junge wird bald 16 - Angelschein wäre eine Option, ein Junge hat eine gute Stimme - er würde mal gerne RAP singen probieren (hab sofort ... vorgeschlagen). Ein weiterer Junge interessiert sich ein bisschen für*

[50] Die DAK-Gesundheit ist eine deutsche Krankenkasse.

[51] FIFA ist eine Videospielserie, die dem Genre Simulation angehören. Entwicklerunternehmen ist EA Canada.

Gangsterrap, auch hier ... mal probieren. Ein Junge geht gerne mit einkaufen ... daher sucht anderen Kontakt, spielt jedoch sehr, sehr viel ... jedoch, hat schon ein paar Mal immer länger bei einem Gesellschaftsspiel mitgemacht (anfangs nur weniger als 30 Minuten, jetzt mehr).

...

Ebenfalls von gestern:

- *organisierte Blowjobs in Grundschule [über IKTs]*
- *Masturbation in Grundschule im Bus bei Schulausflug*
- *extrem brutale Schlägereien in Grundschule von Grundschülern*
- *Kind, das einer Lehrperson erzählt von 17:00 bis 08:00 morgens Fortnite durchzuspielen*
- *unkonzentrierte Kinder*
- *verhaltensauffällige Kinder (Sprechprobleme, motorische Probleme, spezifische Bewegungen ...)*
- *Kinder, die die Kriterien [Sucht] des Vortrags der Uni Luxemburg ... erfüllen*
- *Kinder nach DAK Suchttest mit ganz klaren Suchtproblemen (jedoch auch so sichtbar) https://www.dak.de/dak/gesundheit/selbsttest-bin-ich-internetsuechtig-1704800.html?/1704798/0*
- *Kinder, wenn sie Zähne putzen und das Spiel bzw. Snapchat verlassen sollen, schreien sie die Eltern zusammen: "ich lass mich nicht von Euch kontrollieren"; Kinder vernachlässigen Grundpflichten wie Schule ... (einzelne Fälle - genannt durch die Kinder selbst und Lehrpersonen)*
- *Kinder selbst erzählen, wie sie aus Wut Controller auf Tische schlagen, bis diese kaputt sind, oder gegen die Wand schmeißen; sie erzählen, wie sie Spielkollegen zusammen schreien, Geschwister vernachlässigen ... (dies gilt auch für die Kinder in den anderen Grundschulen - pro Klasse ca. 2 bis 5 Kinder)*
- *Kinder kennen andere Kinder, die sich ritzen ...*
- *die Kinder kennen Challenges wie der Blaue Wahl*

- *3 Kinder einer Klasse spielen Redemption 2*
- *ein Kind macht Selbst-Challenges (anscheinend gibt es hierzu Anleitungen im Netz) wie z.B. einen Tag nichts essen, einen Tag nichts trinken, zwei Tage nachts durchmachen, vor Auto über die Straße laufen ...*
- *ca. 2-3 Kinder pro Klasse geben offen zu, ihren Konsum nicht auf zwei Stunden am Abend reduzieren zu können (auch nicht nur einen Abend lang)*
- *eine Lehrperson erzählt, dass im Kindergarten ein Kind nicht wusste, wie man ein Buch öffnet, hat immer Wischbewegung auf dem Buchdeckel gemacht - ca. 4 Jahre alt*
- *Lehrpersonen, die selbst Ehescheidungen erlebt haben (zwei Personen), weil ein Partner das stete Verlangen nach IKTs und das entsprechende Verhalten der Kinder nicht mehr packt und nachgibt*

Am Donnerstag:

- *Elternabend einer Schule einberufen, weil die Kinder morgens an den Pulten einschlafen - Grund: zu großer IKT-Konsum unter der Woche und am Wochenende - teils bis in die Morgenstunden*
- *zwei Mal verzweifelte Eltern*
- *Jugendliche zeigen auf Snapchat wie jemand Schlagringe feilbietet*

Am Mittwoch:

- *sexuelle Belästigung eines Mädchens durch einen Jungen. Trotz der guten und vertrauensvollen Beziehung mit den Eltern braucht das Mädchen ca. 4 Wochen, bis es schließlich mit den Eltern spricht.*
- *ein paar mal Ritzen, Cybermobbing und einmal Drogen, die mit an die Schule gebracht werden*

Am Dienstag:

- *passiert zuvor in einer Grundschule: Kinder finden einen toten Vogel. Sie reißen ihm die Beine aus.*
- *ein Kind mit Panikattacke im Schwimmbad - während des Schwimmens - wegen Momo*

- *Kinder legen Zettel mit Momo aufs Klo, um kleinere Kinder zu erschrecken*
- *Kinder zeigen Killer Clown-Videos kleinen Geschwistern [im Alter] von 3-4 Jahren*

Generell seit Dienstag:

- *Hatte Kinder ab 9 Jahre aufwärts: viele Kinder schauen Killer Clown Videos, nicht wenige Kinder schauen Horrorfilme wie IT [ES], Annabelle ..., gut 1/4 der Kinder spielen des Öfteren GTA, Call of Duty und andere derlei Spiele; gut 15-20% schauen Erschreck- / Horrorvideos; viele Kinder spielen Spiele mit Chatfunktionen; 3-8 Stunden Fortnite spielen und am Wochenende die ganze Nacht durch ca. 2-3 Fälle pro Klasse; einmal 1.500,- Euro für Fortnite, einmal 600,- für Fortnite, 100,- bis 200,- für Fortnite kommt öfters vor (so ca. 1 Fall pro Klasse); viele Kinder sind auf Snapchat unterwegs (so gut 50% pro Klasse aufwärts); ca. 1/3 macht TikTok; gut 50-80%, je nach Klasse, kennen Katja Krasavice (wobei ich Katja Krasavice nur als Beispiel für eine Art von Genre von Videos zu schauen nenne); nicht wenige Kinder, vor allem Mädchen, schauen Schminkvideos etc. ... manchmal wird erwähnt mal später sich operieren zu lassen; gut 1/3 der Kinder jeder Klasse geben offen zu, die IKTs auch nicht für einen Abend weglegen zu können; gut ein Fall pro Klasse, wo schon kleine Geschwister mit 3-5 Jahren ein eigenes Smartphone haben; in den dritten Klassen haben je nach Klasse bis zu 70-80% der Kinder die neue Nintendo Switch und ein Smartphone und einen iPad / Computer / Playstation, sowie manchmal Fernsehen im Zimmer; viele Kinder schauen Netflix ... unkontrolliert sowie YouTube ...*
- *letzten Freitag ein Grooming Fall - Nachahmung Youtuber, Hochladen des gemeinsamen Spiels auf YouTube (für ein paar Stunden - danach verschwunden) und Zusenden eines Controllers, sowie Anfrage nach Treffen; Kind 5. Klasse*
- *letzten Freitag ein Sextortion Versuch - Kind 5. Klasse - Kontakt via Snapchat - von einem Jungenprofil*
- *letzten Freitag ... Kinder von drittem Schuljahr, die fest daran glaubten, dass es Momo wirklich gibt*

- *letzten Freitag ... Anruf von Lehrerperson ... größere Kinder erschrecken kleinere Kinder in Schule mit Momo ... Panik in den Klassen der kleinen Kinder*
- *ein sexueller Übergriff, Kinder kennen andere Kinder die sich ritzen*
- *die Kinder kennen Challenges wie der Blaue Wahl*
- *ein Kind erzählt von Videos, in denen Tiere getötet werden und dann in Himmel gehen ...*
- *in dieser Schule schauen Kinder Videos wie 'der rote Punkt' (daher so Erschreck-Videos) ...*
- *2-3 Kinder spielen Redemption 2*
- *ca. 1/4 der Kinder gibt offen zu, unmöglich abends auf die IKTs verzichten zu können - selbst eine Reduktion abends auf 2 Stunden für ca. 1/5 der Kinder nicht möglich*

Das Thema Cybermobbing habe ich die letzten 7 Tage nicht angesprochen. Ich bin nicht mehr sicher, ob ich so grob alles aufgelistet habe. Etliches ist des Weiteren sowieso klar aus den gemalten Bildern ersichtlich - hab das nicht alles aufgelistet.

Interessant, worauf Kinder stoßen und was sie dann schauen oder wie Eltern sich täuschen am Beispiel der Hexe Sabrina (die ja mal nett war - Eltern denken, dass Kinder noch jene Serie aus den 90iger-Jahren schauen), die in der neuen Serie auf Netflix alles andere als nett ist: https://www.youtube.com/watch?v=yha-GOvM_6c https://www.youtube.com/watch?v=ybKUX6thF8Q

Dann gibt es noch den Horrorfilm 'Sabrina' auf Netflix: https://www.netflix.com/lu-de/title/81021831

-> Sabrina wird von den Kindern schon seit ca. 3 Wochen genannt, doch erst seit Freitag bin ich ... drauf gestoßen ...

Ende E-Mail

E-Mail vom 03.12.2018

Start E-Mail:

... Anbei wie versprochen nochmals eine schriftliche Zusammenfassung der vier Schulungen von letzter Woche. Ich habe, wie angesprochen,

auch wieder die Snapchat Profile etc., die die Kinder aufgeschrieben haben, zusammengestellt.

Ich habe auch notiert, wieviel Kinder ihren Zettel mit 'nichts' (daher keine Vorfälle) markierten - immerhin ca. 18-20 von ca. 70 Kindern.

Die Ergebnisse habe ich jeweils, wie auch bei vorherigen Schulungen, gleich zusammen mit den Einrichtungsleitungen (immer Leitung, PsychologInnen, Lehrpersonen) reflektiert und ich bzw. die Einrichtungen haben die jeweils entsprechenden Maßnahmen eingeleitet; es gingen wie immer, auch entsprechende Meldungen zur Staatsanwaltschaft ... Von der einen [redacted]gruppe war zudem eine große Bereitschaft gegeben, mit PsychologInnen zu sprechen.

Alle Einrichtungen waren über die Erkenntnisse sehr froh.

Wie ich schon Donnerstagfrüh erwähnte, ist mir aufgefallen, dass die Einrichtungen teils über keine Sicherung bezüglich Pornoseiten / Zugriffssites verfügen. Gilt für weitere Fälle. Die Einrichtungen haben jedoch jeweils sofort mit der Prüfung begonnen - iPads, Schulrechner / Lehrpersonalrechner ... Dank [redacted] hilft hier auch SMILE mit, falls eine Einrichtung Probleme hat.

Interessant auch, was für mich wieder neu ist - für Sie / Ihre Kollegen der Drogenfahndung vielleicht nicht:

- *über Snapchat werden nicht nur die Drogen verkauft (Storyboard etc.), sondern sogar promotet - wie Art Sonderangebote verschickt (poppen dann als Nachricht auf)*
- *anscheinend werden über diese Träger auch Informationen vergeben, wo z.B. in der Nähe des [redacted] unterschiedliche Drogen zu erhalten sind*
- *Cannabis gemischt mit anderen Opiaten in einer Ecke - irgendwo [redacted]*
- *Heroin ... ein [redacted]...*
- *auch interessant ist die Einbindung anonymer Apps in Snapchat und Instagram (war mir bis vor ca. 2 Wochen nur vom Hörensagen bekannt) - haben junge Leute mir gezeigt, ist also auch in Luxemburg in Anwendung / wird auch genutzt, z.B. zum Cybermobbing, Einbindung in Snapchat wurde mir auch schon gezeigt - hab's nachher nicht mehr hin bekommen etc.*

Sonstiges:

Ich hatte dann noch eine Schulung mit Jugendlichen mit Körperbeeinträchtigungen. Hier gab es einen Vorfall in einer Schule mit nicht körperbeeinträchtigten Kindern.

... Dr. [redacted], Kinder- & Jugendpsychiatrie & Psychotherapie war auf dem Elternabend letzten Donnerstag. ... ist mit in der Führung der Vereinigung der Kinder- & JugendpsychiaterInnen in Luxemburg; sie sehen ebenfalls zunehmende Auffälligkeiten ...

Der Anhang:

2 Schulklassen – Jungs und Mädchen – ca. 12-13 Jahre alt (ca. 48 Kinder) – Mitte des Landes[52]

- *ein Junge hat mir ein Foto von seinem privaten Körperteil gesendet*
- *meine beste Freundin hat sich geritzt, denn ein Junge hat ihr gesagt, dass sie ein Foto von ihrer Brust senden muss*
- *kenne ein Mädchen, 15 Jahre, das Drogen nimmt und Alkohol trinkt*
- *bekam von jemandem das Foto eines Penis auf Snapchat zugeschickt*
- *Kinder reden nur noch über Fortnite*
- *auf Instagram bekomm ich viele Anfragen von Pedoen*[53]*, die sich als Frauen ausgeben und sagen: Willst Du meine Vagina sehen?*
- *eine Mitschülerin von mir in der Grundschule hatte Probleme mit der Familie und wollte sterben, z.B. band sie den Schal ganz fest zu, um keine Luft mehr zu bekommen oder sie hat sich vielmals absichtlich in die Adern geschnitten*
- *ein Mädchen aus meiner Klasse wurde letztes Jahr gemobbt – von Jungs übers Handy*
- *ich kenne ein Mädchen, das einen Jungen kennen lernen wollte. Auf dem Handy war er ganz lieb mit ihr. Sie wollten sich treffen. Als sie sich trafen, merkte das Mädchen, dass es ein anderer Junge als auf*

---

[52] Da ich seit 2016 sehr viele Aussagen von Kindern und Jugendlichen in anonymer Form erhalten habe und sie alle immer wieder Ähnliches wiedergeben, nehme ich Aussagen von Kindern und Jugendlichen auch bezüglich Dritten sehr ernst.

[53] Alle Angaben sind nach den anonym niedergeschriebenen Worten der SchülerInnen wiedergegeben.

dem Handy war. Der Junge wollte sie entführen. Das Mädchen war schneller und rief die Polizei.

- *ich wollte schon mal Selbstmord machen, weil ich in der Schule gemobbt wurde, von einem Mädchen, von dem ich dachte, dass es meine Freundin sei*
- *ich kannte ein Mädchen, das sich mit einem Messer ritzte*
- *Ich habe eine Freundin, die mit Snapchat mit einem zusammengekommen ist. Am Tag, an dem sie sich nach Monaten 'virtueller Liebe' getroffen haben, wollte der Junge nichts mehr von ihr.*
- *ein Junge hat mich auf Snapchat angefragt und mir Fotos von seinem Körper geschickt. Ich habe das Profil des Jungen gelöscht.*
- *ich kenne eine Freundin, die über Handy gemobbt und bedroht wurde. Sie kannte die Person nicht und konnte die Nummer nicht entfernen.*
- *bei uns ruft Zuhause eine seltsame deutsche Nummer an. Wir kennen sie nicht und gehen nicht ans Handy.*
- *habe von jemandem ein Penisfoto via Snapchat erhalten. Habe ihn geblockt. Die Person ist* [redacted]
- *ich kenne ein Mädchen das Internetsüchtig ist, seit sie 1-3 Jahre alt war*
- *in meiner Schule haben sich Leute gegenseitig sexuell belästigt*
- *ich kenne Leute, die gemobbt wurden. Ich kenne ein Mädchen, das jeder gemobbt hat,* [redacted]
- *ein Mädchen wurde wegen ihres Gewichts über TikTok gemobbt, ausgelacht und eingeschüchtert*
- *ich kenne ein Mädchen, das sich mit Glassachen in den Arm geritzt hat*
- *ich kenne ein Mädchen, das jetzt mit 16 Jahren in einem Monat ein Kind bekommt. Die Eltern sind traurig und überfordert*
- *im ersten Schuljahr war bei mir jemand in der Klasse, der immer in die Hosen gemacht hat. Er war im Krieg und spielte immer Krieg. Beispiel: Wir spielten ein Spiel mit Böllern. Er dachte, er wäre im Krieg. Er wurde dafür auch immer gemobbt*
- *man hat meine Nummer weitergegeben. Man lacht mich aus, weil ich anders bin*
- *ich kenne zwei Freundinnen, die sich geritzt haben*

- *ich kenne Leute, die Porno schauen oder Geschäfte, die Pornosachen verkaufen*
- *Drogendealer; Raucher unter 16*
- *ich habe eine Freundin, die ist 13 und raucht. Ihre Eltern geben ihr auch Zigaretten. Ich mache mir Sorgen um sie.*
- *mein Bruder darf mit 10 Jahren mit meiner Mutter einen iPad teilen*
- *eine alte Freundin von mir hat sich geritzt, wegen einem Familienproblem. Es war nicht tief.*
- *ich kenne ein paar Leute, die Pornos drehen*
- *ich kenne viele Leute, die sich alle Tage ritzen*
- *ich kenne Leute, die schon mit 15 Drogen nehmen*
- *ich kenne viele Jungs auf Snapchat mit Freundin, denen sie Nudes schicken*
- *ich kenne Leute, die mich die ganze Zeit nach Nudes fragen*
- *ich kenne Leute, die sich als andere Leute ausgeben*
- *ich kenne Leute, die Leute kennen, die Drogen via Internet verkaufen*
- *ich kenne einen Jungen, der seine Freundin für 1,- EUR für Sex verkauft*
- *ein Bekannter von mir kennt ein Mädchen, die sich für 5,- EUR verkauft*
- *ich kenne ein Mädchen die auf dieser Schule für 20,- EUR mit zwei Jungs geschlafen hat*
- *hier auf der Schule gibt es Jungs, die die ganze Zeit nach Geld fragen für Drogen*
- *ich kenne ein Mädchen, das vergewaltigt worden ist, weil sie viele Nacktfotos verschickt hat, und einmal ist sie von einem Jungen vergewaltigt worden*
- *einer, der 6 Jahre alt ist spielt seit 2 Jahren GTA*
- *ein Junge meiner alten Klasse wurde vielleicht gemobbt*
- *ich kenn ein paar, die sich geritzt haben und selbst gemobbt wurden*
- *ich kenne jemanden, der wollte mich treffen, obwohl er 30 Jahre alt ist*
- *ich kenne jemanden, der sich in den Arm geritzt hat*
- *ich habe schon Momo gesehen*
- *ich habe schon IT (Horrorfilm) gesehen*
- *ich habe schon Videos von Killer Clowns gesehen*

- *ich habe schon Freundschaftsanfragen von fremden Kindern bekommen*
- *...*
- *hab Meldung bekommen, dass ich ein Galaxy S7 gratis bekommen könnte – habe nicht angenommen*
- *ein Freund von mir überlegt 10.000 V-Bucks (100,- EUR) auszugeben, um einen Skin zu kaufen. Er sagt, ich bin schlecht, weil ich max. 5,- EUR ausgeben will.*
- *wenn Du das und das machst, dann bekommst du Gratis-V-Bucks*
- *habe einen Freund, der seltene Skins hat. Leute fragen ihn, ob er seinen Account verschenkt.*
- *mein Freund wurde in einem Spiel reingelegt. Jemand bot ihm eine Art Skin an. Er bezahlte viel Geld und bekam nichts.*

18 Kinder schrieben auf ihre Zettel 'nichts'.

Sehr positiv zu erwähnen ist eine Nachricht:

- *Wir haben was Liebes, einen Film über Mobbing gemacht, um zu zeigen, wie es anfängt und wie man es stoppen kann.*

...

Snapchat Profile, die Penisfotos etc. verschicken – nach Angaben der Kinder:

Br[redacted]*(abri*[redacted]

Ne[redacted]*er3)*

Pus[redacted]*sh)*

Noc[redacted]*dia)*

th[redacted]

Wail [redacted]

mg[redacted]

mc[redacted]

con[redacted]*(ändert anscheinend öfters das Profil)*

Da[redacted]*(*[redacted]*Mädchen kontaktiert; auch versucht ein Mädchen zum Ausgehen zu zwingen. Schickt auch immer Herzchen. Macht auch perverse Angebote. Hat gesagt, dass er 17 ist.* [redacted]

Sonstige Nachrichtenanfragen mit nicht unbedingt kindgerechten Inhalten ...

San[redacted]

Glue[redacted]

Lau[redacted]

Zmo[redacted]

Anderes

Jemand, angeblich mit einem Porsche, wollte ein Mädchen treffen – Kontakt via Snapchat ...

Ende E-Mail

Zur Wahrung der Anonymität sind die Ergebnisse einer Gruppe Kinder, Mädchen, hier nicht aufgeführt, da mehrere sehr schlimme Vorfälle zu Tage kamen.

Es wurden zudem weitere Inhalte zur Sicherung von Anonymität ganz entfernt. Andere Inhalte habe ich zur Nicht-Erkennung teils 'schwarz' markiert, auch von Profilen, die mir weitergereicht wurden.

Auf die Abbildung von Nacktfotos und -filmen, die Kinder und Jugendliche zugeschickt bekamen und mir vielfach zeigten wird hier ebenfalls verzichtet.

Nach meiner Erfahrung sind sehr, sehr viele Mädchen Opfer, doch auch Jungs und insbesondere Kinder in Schutzstrukturen.[54]

Noch eine Anmerkung: Im Mai 2018 brachte Netflix die zweite Staffel der Serie 'Tote Mädchen lügen nicht heraus'. In jener Staffel erlebt ein Junge einen sehr schweren sexuellen Übergriff. Netflix zeigt die Szene detailliert. Es kam zu Protesten gegen die Darstellung dieser Szene. Netflix verteidigte sich: „Nach ihren Recherchen käme das öfters vor als gedacht". Das ist für mich zwar kein Argument, um solche Szenen detailliert auszuführen, doch aus meinen Erfahrungen mit Kindern und Jugendlichen der letzten vier Jahre muss ich das leider bestätigen.

Sexuelle Wertesysteme von Kindern und Jugendlichen

---

[54]Nach meinen Erfahrungen vertrauen sich Mädchen lieber einer Frau an.

Ich möchte auf sexuelle Wertesysteme von Kindern und Jugendlichen parallel zum Phänomen 'sexuelle Übergriffe unter Kindern und Jugendlichen' eingehen.

Anbei ein paar Beispiele von meiner Arbeit auf dem Feld, in denen es rund um das Thema 'Sexualität' geht.

- In einem anonymisierten Instagram-Konto, ein Phänomen, auf das ich später noch unter 3.2.11. 'Phänomene am Beispiel anonyme Instagram-Konten' näher eingehe, suchte ein Junge zum Beispiel nach einem anderen Jungen, den er vom Namen her nicht kannte, doch beschreiben konnte. Er hatte vom anderen Jungen für einen Blowjob auf der Schultoilette einen höheren Eurobetrag versprochen bekommen. Es kam angeblich zum Treffen auf der Toilette und zur Dienstleistung, jedoch floss kein Geld. Jetzt suchte der angeblich um sein Geld geprellte Junge nach dem anderen und wollte wissen, ob andere auch schon ähnliches erlebt hätten, vielleicht mit dem gleichen Jungen.
- Zwei Jungs sprachen mich jeweils nach dem Kurs verzweifelt an, einmal ca. 11 Jahre und einmal um die 13 Jahre alt, weil sie einfach nicht davon lassen konnten, Brüste und Pornos anzuschauen. Jeder Junge vertraute mir an, dass er „nur an Brüste und Pornos denken könne und bei jeder sich anbietenden Gelegenheit Sexszenen anschauen würde". Ein Junge erzählte dabei, dass er als kleines Kind mit den Eltern Pornos anschauen musste. Der andere Junge kam über den älteren Bruder wohl mit 6-7 Jahren zum Pornokonsum. Sie hatten jeweils noch mit niemandem darüber gesprochen. Es war ihnen peinlich. Da ich früher einmal mit einer Rehabilitationsklinik zu tun hatte, in der auch sexsüchtige Erwachsene behandelt wurden, nahm ich die Jungen sehr ernst. Ich konnte sie davon überzeugen, weitere Erwachsene mit zu integrieren und entsprechende psychologische Hilfe hinzuzuziehen.
- Kinder und Jugendliche stellten mir teils sehr komische Fragen rund um Sexualität, z.B. ob man kein Mann sei, wenn der Penis weniger als 2 cm lang ist oder wie man seine Vagina verkleinern könne, ob es weh täte die Schamlippen abzuschneiden, warum Analverkehr am Ende doch sehr weh täte oder wieso Kondome Aids nicht verhindern würden. Mehrere Mädchen einer höheren Schule, ca. 13-14 Jahre alt, machten mich z.B. auf eine deutsche Internetseite aufmerksam:

www.jungsfragen.de. Sie sagten mir, dass man hier alles 'Wirkliche' über Sexualität erfahren würde, nicht wie in der Schule. Ich möchte keine Werbung für diese Art Seiten machen, doch auf jener Seite sticht sofort der Button 'Ist das normal?' ins Auge. Wenn Sie auf den Button klicken, können Sie einen Penis mit anderen Penissen vergleichen. Noch 2019 war es möglich, direkt eine Gesamtliste aller Einträge einzusehen, auch geordnet nach Ländern. Für diese Mädchen und ihre KollegInnen waren die Inhalte der Seite real und qualitativ hochwertiger als vermitteltes Wissen im Schulunterricht.

- Von teils bizarren Fragen berichteten mir auch GynäkologInnen, die meine Kurse besuchten. Ihnen fiel z.B. auf, dass Mädchen, die in ihre Praxen kamen, vermehrt sehr jung, mit 13-14 Jahren, schwanger wurden und davon sprachen „endlich etwas für sie selbst zu besitzen".
- Viele Jugendliche tauschen auf Snapchat täglich mit 300 bis 500 anderen Jugendlichen Posts aus. Teilweise sind diese Posts sehr intim, obwohl sie die anderen Jugendlichen noch nie im realen Leben gesehen haben. Nicht wenige Jugendliche erzählen mir, dass sie es nicht fertigbrächten, eine andere jugendliche Person anzusprechen, wenn ihnen diese zufällig irgendwo im realen Leben über den Weg laufen würde. Sie würden es nicht schaffen „hallo" zu sagen, jedoch intimste Posts austauschen. Etliche Jugendliche fragten mich, ob es nicht möglich wäre, hier einen Kurs anzubieten.
- Es ist auffällig, dass Kinder zwischen ca. 9 bis 11 Jahren immer öfters von ihren Ex erzählen und sich dabei wie Jugendliche oder Erwachsene verhalten.
- Flirts von einem Tag und weniger bezeichnen die Jugendlichen als Beziehung. Beendet werden Beziehungen und Flirts oft per kurzem Post, ohne ein direktes Gespräch zu suchen.
- Ein Jugendlicher erzählte mir, dass auf seiner Schule in einem Land an der Grenze zu Luxemburg die Toiletten zugesperrt wären. Es handelte sich um eine höhere Schule mit über 1.000 SchülerInnen. Wollte ein(e) Schüler(in) zur Toilette, so wurde sie / er immer von einer erwachsenen Lehrperson begleitet. Die Gründe für diese Maßnahme waren sexuelle Übergriffe, Blowjobs, Drogen, Nacktfotos …

Was ich zum letzten Punkt aus meiner Erfahrung festhalten kann, Toiletten sind kein sicherer Bereich, da sie nicht beaufsichtigt und damit ungeschützt sind.

Eine knappe Handvoll mutige Schulen sprachen mich an, da schwere sexuelle Übergriffe stattgefunden hatten. Die Schulen selbst erfuhren immer erst davon, wenn es zu spät war. Was tun?

Ich begann, das Wertesystem Jugendlicher in Bezug auf Sexualität und Legislative in Augenschein zu nehmen.

Am Beispiel eines Falles schweren Cybermobbings mit virtuellen sexuellen Übergriffen von Tätern im Alter von 13-14 möchte ich Ihnen das dortige Werte-Empfinden vieler Schüler und Schülerinnen wiedergeben.

Nach spezifischen Vorübungen fragte ich die ca. 50 SchülerInnen nach ihren Grenzen, nach dem, was für sie Gewalt war und was nicht.

Ist es Gewalt, wenn jemand einen Sex-Witz erzählt, der mich kränkt? … Mich jemand im Chat als Fotze beschimpft? ... Ich einen Post mit einem Pornoclip bekomme? ... Gerüchte über mein Sexualleben verbreitet werden? ... Jemand mich an Penis / Hoden / Vagina / Brust / Po angrapscht? … Ich zum Sex gezwungen werde? ... Ich ohne Einverständnis des anderen beim Sex heimlich filme? … Jemand sagt: „Du musst erst ordentlich durchgefickt werden?“ … Ein Mädchen als Schlampe bezeichnet wird, wenn sie Sex vor der Ehe hat? … Jemand nur Sex ohne Kondom haben will? … Sich jemand Sex kauft? … Mein „Nein“ zu sexuellen Handlungen nicht respektiert wird? … Ich das „Nein“ des anderen zu sexuellen Handlungen nicht respektiere?

Die Fragen hatte ich einer Übung des Themenbuchs 'Let's talk about Porno' von klicksafe.de entnommen, dessen Inhalte und Übungen ich wärmstens empfehlen kann. Das Material ist in deutscher Sprache.

Alle Kinder, jede(r) für sich allein, füllten mir dazu einen Fragebogen aus. Sie hatten für 20 Fragen 15 Minuten Zeit.

Die Gruppe bestand aus ca. 30 Jungs und 20 Mädchen und war in zwei gemischte Klassen aufgeteilt. Für rund 80% der Jungs war alles 'keine Gewalt', außer bei den drei Fragen, … wenn ich zum Sex gezwungen werde?; … mein „Nein“ zu sexuellen Handlungen nicht respektiert wird?; … wenn ich das „Nein“ des anderen zu sexuellen Handlungen nicht respektiere? Bei dieser letzten Frage waren es jedoch immer noch 4 Jungs die angaben, dass es sich nicht um Gewalt handeln würde, und ein Junge gab an, dass es darauf ankomme.

Sie können sich sicher das Staunen der Lehrpersonen vorstellen.

Bei den Mädchen war das Resultat ebenfalls sehr aussagefähig. Zwei Mädchen füllten nichts aus. Sie wollten keinen eventuellen Ärger mit den Jungs, obwohl das Ausfüllen der Fragebögen anonym verlief. Für ca. 60-70% der Mädchen waren die meisten Fragen 'keine Gewalt'. Anderes galt bezüglich der letzten zwei Fragen, sowie der Frage, zum Sex gezwungen zu werden. Hier gaben alle Mädchen an, dass es sich jeweils um „Gewalt" handeln würde. Immerhin, zwei Mädchen gaben an, dass es sich bei allen Fragen um „Gewalt" handelt.

Auch hier konnten die Lehrkräfte kaum fassen, dass es für viele Mädchen keine Gewalt war, zum Oralsex drangsaliert zu werden, ohne Einverständnis geküsst zu werden, Sex ohne Kondom zu akzeptieren, selbst wenn man das eigentlich nicht möchte, ein Mädchen als Schlampe zu bezeichnen … Sie waren fassungslos, dass Mädchen aus Angst vor möglichen Reaktionen mancher Jungs den Bogen nicht ausfüllten.

Die Ergebnisse waren selbsterklärend. Allen war klar, dass es nötig war, diese Schülerinnen und Schüler über die nächsten Jahre engmaschig zu begleiten und wieder zu unserer Legislative und unserem gesellschaftlichen Wertesystem zurückzuführen. Ebenfalls wurden Gespräche mit den Eltern angesetzt.

Andere Schulen bzw. Einrichtungen hatten mich vor diesem Vorfall bereits nach entsprechenden Kursen gefragt. Ich hatte dabei immer die gleiche Vorgehensweise gewählt, mit den gleichen Vorübungen, den gleichen Fragen und daraus folgend einer Einschätzung des Wertesystems der Schüler und Schülerinnen zum Thema. Erst danach folgte immer ein entsprechend adaptierter Kurs und Empfehlungen an Lehr- und Erziehungspersonal. Ich kannte also bereits Ergebnisse aus ca. 30 Gruppen und Schulklassen, die meisten Jugendlichen 1 bis 3 Jahre älter als im zuvor beschriebenen Fall.

Auch hier waren die Erwachsenen eigentlich durchweg erstaunt. In der Tat waren immer für ca. 40 bis 60 Prozent der Jungs fast alle Fragen „keine Gewalt", bis auf die bereits erwähnten drei. Hier gab es jedoch immer wieder Jungs, die auch hier „keine Gewalt“ ganz bewusst angaben.

Bei den Mädchen waren ebenfalls 40 bis 50 Prozent der Fragen „keine Gewalt“, außer die bereits erwähnten drei. Da waren sich eigentlich immer alle Mädchen einig, das sei klar Gewalt.

In späteren Unterrichtseinheiten ereiferten sich bei manchen Themen die Mädchen sogar mehr als die Jungs in ihren Begründungen, wieso es „keine Gewalt“ sei, z.B. bei der Bezeichnung „Schlampe“. Nicht wenige der Mädchen fanden auch, dass jede(r) „selbst schuld“ sei, wenn sie / er nach selbst geposteten Nacktfotos ihres / seines Körpers z.B. von Jungs einen schweren Übergriff (Vergewaltigung) erlebe.

Die Jungs fanden sehr oft, dass, wenn sich Mädchen entsprechend anziehen würden, sie selbst schuld wären, wenn es zu sexuellen Aggressionen / Übergriffen und schlimmer kommen würde.

Je nach Situation machte ich die Erfahrung, dass eine langfristige Begleitung notwendig war, um die Kinder und Jugendlichen wieder zurück zur Legislative unserer Gesellschaft zu führen.

Ich begann folgende Inhalte gezielt in meine Kurse für Erwachsene zu integrieren, da, nach meinen Erfahrungen vom Feld den meisten Erwachsenen nicht bewusst ist, mit welchen digitalen Inhalten Kinder und Jugendliche konfrontiert werden bzw. welche Art von Inhalten sie teils konsumieren:

- Aufbau und Funktion unseres Gehirns, je nach Kindesalter, Pubertät (Früh-, Mittel-, Spätpubertät) und Erwachsenenalter,
- Inhalte entsprechender Computer-Spiele am Beispiel GTA, das im Großraum Luxemburg auch schon viele sehr junge Kinder spielen; ‚live‘ Demo einer Spielsequenz GTA in welcher ein(e) Spieler(in) eine Prostituierte kauft, je nach persönlichem Geschmack und diese nach getaner Arbeit, wieder je nach persönlichem Geschmack, brutal tötet und dafür den großen Teil des Geldes wieder zurückbekommt,
- Internetinhalte vom Genre der Youtuberin Katja Krasavice,
- typische Pornoseiten, wie z.B. [redacted], die bei Kindern und Jugendlichen ‚in‘ sind,

- typische Dating-Apps, die Kinder und Jugendliche besuchen zwecks z.B. One-Night-Stands oder einem Zusatzverdienst beziehungsweise auf der naiven Suche nach einer Freundin, einem Freund,
- Nacktbilder und Filme, wie sie Kinder und Jugendliche auf Snapchat erhalten; 'live' Demos junger Leute von 18 Jahren aufwärts von aktuell erhaltenen Fotos / Filmen zeitgleich zu den Gesprächen und Kursen mit Erwachsenen,
- das Fazit der Expertise 'Sexuelle Gewalt unter Kindern und Jugendlichen – Ursachen und Folgen' des Universitätsklinikums Ulm.

Zudem baute ich einen Unterrichtsablauf für Lehr- und Erziehungspersonal auf, um die Wertesysteme einer Gruppe von Kindern oder Jugendlichen rund um das Thema Sexualität zu erkennen. Es war damit möglich, die Kinder und Jugendlichen dort abzuholen, wo sie standen. Dies ähnlich wie beim Cybermobbing.

Es gibt gutes pädagogisches Material zu diesem Themenbereich.

Ich möchte allen mit Deutschkenntnissen, wie oben bereits erwähnt, den Leitfaden von 'Let's talk about Porno' von www.klicksafe.de empfehlen. Auch zu empfehlen ist das österreichische Medienpaket 'Sexwecan', http://www.sexwecan.at/.

Unter dieser Rubrik möchte ich auch nochmals auf Chatfunktionen in Spielen und Apps verweisen. Eltern setzen ihre Kinder einem hohen Risiko aus. Ich habe selbst miterlebt, wie z.B. andere Fortnite-Spieler Kindern Skins gekauft haben. Sie können sich vorstellen, dass die Kinder begeistert waren und plötzlich einen besten Freund gefunden hatten. Mit diesem virtuellen Freund haben sie sich zum Spiel verabredet und gechattet. Die Eltern hatten keine Ahnung. Das Vertrauen der Kinder wurde erschlichen und Tauschangebote wurden gemacht, z.B. ein neuer Skin, daher eine neue Rüstung, gegen ein Nacktfoto des Kindes.

Cybermobbing[55]

2007 meldete eine Vizedirektorin einer höheren Schule den ersten Cybermobbing Fall an unsere damalige Struktur CASES. Ich war selbst am Telefon. Zuerst saßen technische Fachleute relativ ratlos beisammen. Die Vizedirektorin war eine sehr verantwortungsvolle, anpackende, intelligente und wundervolle Person, der die Kinder sehr am Herzen lagen. Wir holten renommierte GewaltexpertInnen hinzu und sammelten die Erkenntnisse zu Folgen von Mobbing von psychiatrischen ExpertInnen.

Immer besser verstanden wir viele Ursachen, sowie die massiven Auswirkungen von Cybermobbing, das in jeden Winkel des privaten und beruflichen Lebens dringt. Cybermobbing ist zwar mit Mobbing verwoben, doch unvergleichbar, was seine Auswirkungen betrifft. Sie können versuchen, auf einem anderen Kontinent ein neues Leben zu beginnen und binnen weniger Tage, manchmal nur Stunden, holt Sie das Cybermobbing ein.

Trotz umsichtiger Strategie des Wirtschaftsministeriums, trotz Sensibilisierung, trotz sehr effektiver Präventionsmaßnahmen und Interventionen stiegen die Zahlen von Cybermobbing-Fällen.

2009-2010 hatte ich in meiner Arbeit mit Kindern und Jugendlichen sicher 1 bis 3 Prozent Fälle. Die staatlichen Führungskräfte sowie die Ministerinnen und Minister der Ministerien Bildung, Familie, Wirtschaft und Gesundheit Luxemburgs nahmen das Thema mit seinen kurz- und langfristigen negativen Auswirkungen sehr ernst.

Als ich erneut begann Kurse zu geben, konnte ich anfangs nicht fassen, was ich auf dem Feld gewahr wurde. 2016 bis heute haben nach meinen beruflichen Erfahrungen bereits 70% der Kinder und Jugendlichen schon

---

[55] Als Cybermobbing, auch Internet-Mobbing oder Cyber-Bullying sowie Cyber-Stalking werden verschiedene Formen der Verleumdung, Belästigung, Bedrängung und Nötigung anderer Menschen oder Unternehmen mit Hilfe elektronischer Kommunikationsmittel über das Internet, in Chatrooms, beim Instant Messaging, im Computerspiel und / oder auch mittels Handy bezeichnet. Dazu gehört auch der Diebstahl von (virtuellen) Identitäten, um in fremden Namen Beleidigungen auszustoßen oder Geschäfte zu tätigen usw. Cybermobbing gehört zu einer der zentralen Gefahren im Umgang mit dem Internet und neuen Medien. Quelle: Wikipedia

einmal Erfahrungen mit Cybermobbing gemacht. In meiner Arbeit haben ca. 20% der Kinder und Jugendlichen sehr schlimme Erfahrungen gemacht und dies mehrmals.

Was mich ähnlich wie die hohe Zahl an Fällen und Erfahrungen sehr ins Staunen versetzte, dass in diesen letzten Jahren so manche Führungskraft, selbst in Ministerien, dieses Thema mit Scheinargumenten wie „gemobbt wurde schon früher“ abtat. Aufgrund der großen Gefahren und möglichen negativen Auswirkungen für viele Menschen, die Scheinargumente mit sich bringen, habe ich diesem Thema ein eigenes Kapitel gewidmet, siehe Kapitel 6 'Scheinargumente'.

Einmal mehr lässt sich die Frage stellen, was war geschehen?

Bis 2010 sah dies ganz anders aus. War ein Mangel an Wissen um die kurz- und langfristigen Auswirkungen die Ursache? War es Gewöhnung? War es Akzeptanz von Cybermobbing in der Gesellschaft? Hat sich das Wertesystem verschoben? Überforderung? Etablierte sich ein Mangel an Verantwortung bei manchen Führungskräften? Es wäre unter dem Aspekt 'Lessons learned' sicher interessant, dies näher zu untersuchen, ganz besonders für all die Kinder und Jugendlichen, die über die letzten Jahre Opfer von Cybermobbing wurden, sowie deren Familien und um dies zukünftig möglichst zu verhindern. Opfer tendieren auch dazu später TäterInnen zu werden. Was bedeutet dies für eine zukünftige Arbeitswelt und für die Gesellschaft?

Sollten Sie in Bezug auf Kinder oder Jugendliche selbst mit Cybermobbing zu tun haben, und Sie möchten helfen, so wird dies, nach meinen Felderfahrungen, von den Kindern begrüßt. Das Thema Cybermobbing liegt den Kindern und Jugendlichen sehr am Herzen. Es ist jedoch äußerst wichtig, auf die richtige Art zu helfen und nachhaltige Hilfestellung zu geben. Klicksafe.de hat ein sehr zu empfehlendes Themenmodul in Form eines Leitfadens für den Bereich Kinder und Jugendliche entwickelt 'Was tun bei (Cyber)mobbing?'. Dieses Material empfehle ich allen LeserInnen von Herzen.

Ebenfalls sollten Sie eine Anzahl von Fallstricken vermeiden wie:

- nur Einzelgespräche mit dem Opfer beenden kein Mobbing / Cybermobbing,

- Interventionen von Eltern können zur Verschlimmerung der Situation führen,
- Tätern gleich mit Strafe drohen,
- fehlende Begleitung und Kontrolle nach der Intervention; ich empfehle eine Begleitung von mindestens 6 Monaten,
- Schuldzuweisungen an Opfer können als Gewaltlegitimation verstanden werden,
- das Opfer zur Gegenwehr auffordern,
- die Gruppe / Klasse auffordern, das Problem selbst zu lösen,
- mit der Gruppe / Klasse das 'Problem zu diskutieren'. **Achtung: TäterInnen erhalten hier eine Bühne, um sich zu profilieren,**
- Kurzinfo, die nur auf Aufklärung und Wissensvermittlung setzt.

Cybermobbing ist für Betroffene sehr schlimm und hat teils lebenslang Auswirkungen. Ein Psychiater hat mir 2018 erklärt, dass 25% der Menschen, die Mobbing erleben, ärztliche Hilfe benötigen. Leider konnte ich keine näheren wissenschaftlichen Zahlen hierzu ausfindig machen.

Bedenken Sie bei Kindern: Manch(e) TäterIn mobbt, weil er / sie selbst nicht genügend Liebe erhält, Aufmerksamkeit und Liebe verwechselt und z.B. Aufmerksamkeit sucht. Täter und Opfer benötigen Hilfe!

Auch wenn ich es bei den Fallstricken bereits aufgeführt habe, möchte ich nochmals einen Punkt besonders hervorheben. Grundlegend ist es nach meiner Arbeitserfahrung nötig, Gruppen von Kindern und Jugendlichen, in denen Cybermobbing vorkommt, über mindestens sechs Monate hinweg zu begleiten.

Bedenken Sie zudem, dass Opfer meist zuerst bei sich selbst einen Fehler suchen. Sie erkennen nicht, dass sie gemobbt werden. Hier helfen Checklisten.

Gutes Grundmaterial rund um Mobbing mit Checklisten, gerade auch am Arbeitsplatz, stellt z.B. die Luxemburger Mobbing ASBL zur Verfügung: www.mobbingasbl.lu. Damit Sie entsprechendes Wissen sowie eventuelle Verhaltensempfehlungen parat haben, lohnt sich z.B. ein informativer Blick auf diese Seite oder der Besuch einer Beratungsstelle in

Ihrer Nähe, um sich zu diesem in unserer Gesellschaft sehr präsenten Phänomen zu informieren.

Drogen

In den Jahren 2007-2010 erlebte ich Drogenkonsum, doch der Zugriff für Kinder und Jugendliche via digitale Welt war im Vergleich zu den Jahren 2016 aufwärts bei weitem viel schwieriger. Besonders seit der Nutzung von Snapchat durch viele Kinder und Jugendliche erlebe ich ständig, dass junge Leute Drogenangebote aufs Handy geschickt bekommen, manchmal ähnlich Sonderangeboten wie in einem Supermarkt. Das passiert schon Kindern mit acht oder neun Jahren.

Die jungen Leute filmen sich auch beim Konsum und schicken Filme und Fotos in den Äther der Cyberwelt.

Snapchat ist nach meinen Erfahrungen eine 'jener' Apps, über die Drogen weiterverteilt werden. Der Grund ist sehr einfach. Öffnet man einen Post, so verschwindet dieser danach für den App-Nutzer. Natürlich vergisst das Internet nichts, doch Dritte können nicht direkt nachvollziehen, welche Inhalte erhalten wurden, außer es wurden Screenshots gemacht. Es wird auf Snapchat zudem viel mit Emoticons gearbeitet. Zeichen für Drogen können z.B. eine Tafel Schokolade sein. Viele Erwachsene wissen das nicht und benutzen zudem kein Snapchat. Ich habe Szenen erlebt, in denen Jugendliche, fast noch Kinder, unter den Augen von Erzieh- und Lehrpersonal oder Eltern gemütlich Drogen gekauft oder verkauft haben.

Ich kenne keine einzige Schule, kein einziges Jugendheim, das ich besuchte, in dem mir Jugendliche nicht Drogen-Deals via Netz gezeigt haben.

Trotz Drogenaufklärung in den Schulen haben viele junge Leute, mit denen ich sprach und arbeitete, ein ganz anderes Bild von Drogen. Dieses Bild ist geprägt durch die digitale Welt. Nicht wenig junge Leute haben mir berichtet, dass ein Gruppendruck gegeben ist, z.B. Cannabis zu rauchen. Wer es nicht macht, ist außen vor, muss eventuell sogar mit Mobbing rechnen. Was Cannabis betrifft, denken nach meinen Erfahrungen viele junge Leute sogar, dass es für sie gesund wäre. Sie ziehen diesen Schluss aus den Medien, dem Internet und den sozialen Netzen.

Gar nicht so selten haben mir Kinder ab ca. 12 Jahren und Jugendliche erzählt und gezeigt, dass sie z.B. via Snapchat Angebote bekommen wie Drogen oder Luxusartikel in Gegenleistung gegen Sex oder Nacktfotos bzw. Nacktfilme.

Die Wahrnehmung vieler Kinder und Jugendlicher möchte ich anhand einer erlebten Geschichte vom Feld verdeutlichen.

Ein Kind von 12 Jahren hatte oft Kopfschmerzen. Die Eltern in Führungspositionen liebten ihre Kinder, doch hatten sie, nach Angaben des Kindes, nicht so viel Zeit und ziemlich oft Stress. Das Kind wollte die Eltern daher nicht stören. Per Internet hat das Kind erfahren, dass Cannabis gut gegen Kopfschmerzen wäre und man besser schlafen könnte. Über Schulfreunde und dann Snapchat erhielt der junge Mensch Cannabis und fing an es zu rauchen. Anfangs ging das Schlafen besser. Aus diesem Grund hat das Kind Cannabis auch dem jüngeren Geschwisterchen mit neun Jahren angeboten. Auch dieses fing an zu rauchen. Nach mehreren Wochen kamen schwere Psychosen. Die Eltern brachten ihr ältestes Kind ins Krankenhaus. Zudem musste das Kind, nach 1-2 Gratisproben, das Cannabis irgendwie bezahlen und tat dies dann via sexuelle Befriedigung der dealenden Person.

Während ich die ersten Zeilen dieses Buches schreibe, sind z.B. gerade unterschiedliche Drogen zu erhöhtem sexuellem Empfinden 'in'. Nicht wenige junge Leute haben mir davon erzählt und entsprechende Posts in sozialen Medien gezeigt. Die meisten Deals laufen nach Angaben vieler, wie bereits erwähnt, dabei über Snapchat.

Ein kurzer Informationsausflug in die Welt des Cannabis

Cannabis wirkt auf das 'Cannabinoide Nervensystem'. Die Cannabispflanze enthält viele Substanzen mit entsprechenden Effekten auf die Gesundheit. Eine Verwendung von Cannabis und seinen Wirkstoffen sollte immer in vorhergehender Abklärung mit entsprechenden Fachärzten erfolgen. Eigentlich handelt es sich um eine wunderbare Pflanze, sofern fachgerecht angewendet. Achtung, der THC-Anteil der Pflanze ist zwar z.B. wichtig bei manchen Knochenkrebserkrankungen, sonst jedoch sehr ungesund und für die Entwicklung von Kindern und Jugendlichen **äußerst schädlich**. Das gilt bis in die Spätpubertät hinein. Was sehr viele

Menschen nicht wissen, die Spätpubertät endet bei Männern mit 27 Jahren und bei Frauen mit 26 Jahren.

Was bedeutet Cannabisrauchen bei Frauen im gebärfähigen Alter? Selbst wenn eine Frau vor einer Schwangerschaft mit dem Rauchen aufhört, kann dies trotzdem noch mögliche Schäden für das Gehirn eines Babys haben. Wer während einer Schwangerschaft Cannabis raucht, sollte wissen, dass z.B. der THC-Anteil der Pflanze wie Gift wirkt und das Gehirn des Kindes verändert. Diese Veränderungen sind sogar noch bei 6jährigen Kindern nachweisbar!

Ein zu hoher Konsum im Erwachsenenalter bei Männern und Frauen ist ebenfalls sehr ungesund. Eine mögliche Auswirkung sind z.B. Depressionen.

Eine wichtige Grundlage bei jeglichen Diskussionen rund um Cannabis sind die Entwicklungsphasen des menschlichen Nervensystems und Gehirns!

Ebenfalls blicken wir heute auf ganze andere Cannabispflanzen als vor z.B. 30 Jahren. Dies liegt an den heutigen Züchtungen mit z.B. viel höheren Anteilen von CBD oder THC. Die Wirkstoffe der Cannabispflanze sind für den medizinischen Bereich und gegen Erkrankungen einsetzbar, immer in Absprache mit den entsprechenden Fachärzten, jedoch ist die Cannabispflanze **nichts** für den Gebrauch durch Kinder, Jugendliche oder Frauen im gebärfähigen Alter!!! Auf meinen Reisen kam ich zu Naturstämmen, in denen Cannabisrauchen Brauch ist. Diese Stämme wissen um die heilenden, aber auch schädlichen Wirkungen der Pflanze. Ich habe dort nie Kinder, Jugendliche oder Frauen im gebärfähigen Alter Cannabis rauchen sehen.

Von all den Menschen in meinen Kursen wusste die letzten 4 Jahre zudem niemand, dass das THC der Cannabispflanze auf Tiere toxisch wirkt. Sie können kleine Videos im Internet finden, in denen Tiere, wie z.B. Hunde, Katzen oder Vögel im Kreis laufen. Jugendliche haben mir öfters solche Filmchen gezeigt. Oft hört man ein Lachen der TierhalterInnen im Hintergrund. Die TierhalterInnen denken, die Tiere wären 'high' und nebeln die Tiere weiter mit Cannabisrauch ein. Weit gefehlt. Die Tiere zeigen wegen des THC-Anteils Anzeichen einer Vergiftung auf und sollten umgehend zum Tierarzt gebracht werden.

Dieter Braus, Prof. für Psychiatrie und Klinikdirektor, geht in einem seiner Vorträge zur digitalen Gesundheit von Kindern und Jugendlichen auf das Thema ebenfalls mit ein. Er beschreibt auch die hohe Anzahl Betroffener mit negativen Auswirkungen, sowie das Zusammenspiel mit anderen Drogen. Ich empfehle Ihnen 50 Minuten ihrer Zeit zu investieren und diesen Vortrag, gehalten in Luxemburg im Jahr 2017, anzuschauen: 'Einblick in das jugendliche Gehirn – Gesund erwachsen werden im digitalen Medienzeitalter' (DE):
https://www.youtube.com/watch?v=BqKi_x_tOyM

Jungen Menschen, bei denen ich über die letzten vier Jahre Kurse zu digitaler Gesundheit sowie Sicherheit abgehalten habe, sind in der Regel diese Informationen unbekannt. Sie sind durch die vielen positiv präsentierten Werbetexte, von Medienschlagzeilen zu Heilwirkungen und all den 'coolen' Fotos rund um Drogen geprägt, die im Netz kursieren.

Nicht wenig junge Leute stellen die Frage, die ich auch an Sie richten möchte: „Wieso wird darüber nicht berichtet? Wieso klären Medien und der Staat nicht 'ver*mehrt'* auf?“

Eine berechtigte Frage.

Aggression und sonstige Gewalt

Gegenüber 2007 bis 2010 sind nach meinen Erfahrungen vom Feld, Kinder und Jugendliche sehr viel impulsiver und aggressiver geworden. Es wird sehr viel geschlagen. Die Sprache unter Jugendlichen ist sehr viel negativer und gewaltorientierter geworden.

Eine große Anzahl der Cybermobbingfälle war für mich 2016 und 2017 geradezu schockierend, doch dann, irgendwann, gewöhnt man sich daran. Kinder und Jugendliche haben mir von gebrochenen Gliedmaßen, blutigen Nasen, blauen Flecken, Erpressungen und erpressten sexuellen Handlungen in manchmal fast unfassbarem Ausmaß berichtet. Irgendwie ist immer die Cyberwelt mit verstrickt.

Es ist heute wissenschaftlich erwiesen, dass das Leben in der Cyberwelt das Leben in der realen Welt beeinflusst. Wir holen die Cyberwelt, die weitestgehend gesellschaftlich humane Regeln vermissen lässt, in unsere reale Welt.

Haben Sie schon einmal geträumt? War für Sie alles Erlebte während des Traums real? Unser Gehirn unterscheidet nicht zwischen realer Welt und einem Traum. Unser Gehirn unterscheidet nicht zwischen realer und virtueller Welt. Das haben Sie sicher schon einmal selbst erlebt, wenn Sie eine virtuelle Brille aufgesetzt haben. Es kommt zu allen körperlichen Reaktionen und Gefühlsregungen.

Und, wie Herr Prof. Gerald Hüther, Neurobiologe, beschreibt und wie schon öfters in diesem Buch zitiert wurde, das Gehirn vernetzt und verknüpft sich danach, wie und wofür eine Person sein Gehirn benutzt.

Wie die Expertise der Universitätsklinik Ulm von 2011 bezüglich sexueller Gewalt unter Kindern und Jugendlichen schlussfolgert, sind mehrere Faktoren für diese Art von Gewalt prägend, einer ist jedoch die Darstellung sexueller Gewalt und ihre leichte Verfügbarkeit für Kinder und Jugendliche. Dies hat nachweislich Auswirkungen auf das Denken, Verhalten und die Erwartungen. Was anderen Formen von Gewalt und Manipulationen betrifft, ist dies nicht anders. [56]

Hinzu kommen die jeweils unterschiedlichen Entwicklungsphasen des Gehirns eines Kindes. Wie bereits beschrieben, sind diese Entwicklungsphasen sehr wichtig, wenn es um Diskussionen möglicher Einflüsse digitaler Inhalte geht.

Mir fiel die letzten vier Jahre auf, dass dieser grundlegende Fakt eigentlich nie Gegenstand gesellschaftlicher Debatten rund um die Digitalisierung im Großraum Luxemburg war und ist. Dieser Aspekt wurde kaum thematisiert und ist der größten Zahl der Erwachsenen in meinen Kursen unbekannt.

Führen Sie bezüglich des Themas Gewalt und z.B. Inhalte sowie Gewalt in Computerspielen selbst die Risikoanalyse durch.

3.2.4. Youtuber, Influencer, Gamer ...

Spätestens seit dem Video 'Die Zerstörung der CDU' des deutschen Youtubers Rezo im Mai 2019, im Vorfeld der EU-Wahlen, ist vielen

[56] Siehe z.B. auch die Ereignisse am 06.01.2021 rund um das Kapitol, Washington, USA.

Erwachsenen bewusst, welchen Einfluss YoutuberInnen haben können. Ich weiß nicht, ob den Youtuber Rezo davor viele Erwachsene über 25 Jahre alt in Deutschland kannten. Sein Video wurde bis zum Verfassen dieses Buches weit über 16 Millionen Mal geklickt, dabei mit 1,2 Millionen Likes.

Doch, nicht jede(r) Youtuber(in) setzt sich kritisch mit der Gegenwart auseinander. Ich will meine Erfahrungen vom Feld, aus dem Großraum Luxemburg, am Beispiel der Youtuberin Katja Krasavice und des Genres, dass sie bedient, sowie den Einfluss auf einen Großteil der Kinder und Jugendlichen vertiefen. Wie ich bereits beschrieben habe, wussten bis Ende 2019 nur ein paar Erwachsene von der Youtuberin, geschweige denn hatte eine erwachsene Person ihre Videos angeschaut oder ihre Lieder gehört bzw. gesehen, dafür der Großteil der älteren Kinder und Jugendlichen.

Aus dem Internet entnahm ich, nachdem ich sie entdeckt hatte, dass sie ihren Kanal bereits 2014 gründet hatte. Ich begann mich durch ihre Videos und das entsprechende Genre zu arbeiten. Die Youtuberin bedient Themen rund um Lifestyle und Sexualität. Sie ist sehr freizügig in Sprache und Kleidung. Sie erklärt in Videos wie man z.B. richtig fremd geht oder sie erzählt davon, wie 'sie sich bearbeiten lassen hat', daher von all ihren Schönheitsoperationen. Manche ihrer Videos erhielten weit über eine Million Klicks. Wie konnte ich als Expertin diese Youtuberin zwei Jahre lang übersehen? Ich machte mir Sorgen, denn wenn mir dies bei ihr geschah, was alles noch übersah ich?

Eigentlich frage ich Kinder und Jugendliche immer wieder, mir alle YoutuberInnen, InfluencerInnen etc., die sie gerne schauen, auf ein Blatt Papier zu schreiben. Diese Youtuberin ging mir jedoch bis zur Veröffentlichung ihres zweiten Liedes 'Dicke Lippen' im Jahr 2018 durch die Lappen.

Für gewöhnlich schaue ich immer alle YoutuberInnen und InfluencerInnen kurz durch, im Großraum Luxemburg gibt das einen schönen internationalen Überblick, da hier so viele Menschen aus unterschiedlichsten Nationen leben. Ich war zu naiv. Es lag an mir. Kinder um die 11 bis 12 Jahre alt, malten mir 3-4-mal ein Bild mit einem Mädchen mit langen Haaren und schrieben Doggy dazu. Ich dachte an einen Schreibfehler und eine Youtuberin, die wohl Tiere gerne hat und legte aus Zeitmangel Ende 2017 die Sache erst mal auf den Stapel 'zu bearbeiten'.

Wie ich später herausfand, handelte es sich um das erste Lied der Youtuberin im Jahr 2017. Es hieß Doggy. Das Musikvideo zu Doggy war bereits über 20 Millionen Mal geklickt, bis ich schließlich 2018 förmlich darauf gestoßen wurde, durch die Bananengeschichte, von der ich schon erzählte.

Sicher interessieren Sie sich dafür, mit was sich die Kinder heutzutage beschäftigen, was ihnen unter die Haut geht, was sie interessiert. Ich möchte keine Werbung machen, doch wenn Sie die Gelegenheit finden, schauen Sie sich wenigstens die drei Lied-Videos der Youtuberin an. Im Großraum Luxemburg hat der größte Teil der älteren Kinder und Jugendlichen bis hin zu jungen Erwachsenen von ca. 20-22 Jahre die Lied-Videos vermehrt angeschaut bzw. gehört.

Wie bereits beschrieben, belegt die Neuroforschung, dass das Gehirn sich nach dem verknüpft, was Ihnen in ihrer jeweiligen Lebenswelt besonders wichtig erscheint, worauf Sie sich einlassen, woran Sie Freude haben, wonach Sie suchen, was Sie gerne erreichen möchten.

Die meisten Kinder und Jugendlichen summten und sangen Textausschnitte der Lieder der Youtuberin in der Schule, in der Freizeit, in Kindertagesstätten und teilten die Videos. Kein Erwachsener hatte je nachgefragt, keiner kannte weder Lieder noch Videos der Youtuberin.

Ich rief meine KollegInnen an, die im Namen von staatlichen Trägern oder für Technologiekonzerne präventiv in Schulen unterwegs waren. Keiner kannte die Youtuberin, noch das Genre. Ich rief behördlich zuständige Stellen direkt an. Hier das gleiche, „unbekannt".

An jenem Tag, als ich via fragwürdigen Umgang mit Bananen durch Kinder auf die Youtuberin gestoßen wurde, hatte ich noch einen Abendkurs in der Mitte des Landes Luxemburgs mit ca. 150 Erwachsenen. Weder Lehr- noch Erziehungspersonal noch Eltern hatten je von der Youtuberin gehört.

Anderntags hatte ich einen Stand auf einem Schul- und Kindergartenfest, eher im Süden des Landes. Als ich ankam wurden gerade Bänke und Tische aufgebaut. Der Grill wurde angeschmissen. Die Feuerwehr war für eine Animation vor Ort. Die fünften und sechsten Klassen halfen beim Aufbau, wohl so um die 50 Kinder. Ich fragte einen jungen Lehrer und zwei seiner Kolleginnen, ob ihnen der Name der Youtuberin etwas sagen würde, und erhielt verneinendes Kopfschütteln. Ich spielte ihnen das Musikvideo Doggy vor. Der junge, sehr engagierte Lehrer erkannte Textausschnitte des Liedes: „Das singen die Jungs nach dem Sport unter der Dusche“. Er schlug vor, einen Test zu machen und lief über den Schulhof in Richtung zu den helfenden Kindern. Ich folgte. Er rief der Menge zu: „Kennt jemand von Euch Katja Krasavice?“ Bänke und Tische wurden schnell abgelegt. Gut zwanzig Kinder rannten aufgeregt und voll Freude auf uns zu mit der Frage: „Kommt die heute? Super!“.

An jenem Schul- und Kindergartenfest sprach ich sicherlich mit 200 Eltern. Niemand der Erwachsenen kannte die Youtuberin. Alle waren jedoch schockiert, als sie Inhalte ihrer Videos sahen und die Lieder.

Ich will hier einen Textausschnitt von Doggy wiedergeben:

Mach's mit mir doggy, doggy, doggy, doggy

Der erste Blick und der erste Kontakt

Ich schau' in deine Augen, wie du merkst,

werd' ich schwach (ah)

Ich laufe aus und ich will's jetzt

Ich bin in Stimmung und ich will Sex

Ich lad' dich ein, also komm jetzt

Ohne Druck, denn das hier ist kein Contest

Aber komm nicht zu früh, denn sonst verpasst du das ganze Menü

Und das, was du willst, ist das, was ich brauch'

Gib's mir doggy, gib's mir doggy, gib's mir doggy

…

Mach's mir doggy, mach's mir doggy, mach's mir doggy

Mach's mit mir doggy, doggy, doggy, doggy

Doggy ist mein Hobby, du weißt, dass ich Sex will

Es wird jetzt wild, so wie im Sexfilm

...

Und das, was du willst, ist das, was ich brauch'

Quelle: LyricFind

Songwriter: Boris Fleck / Robin Ralf Wick

Ab diesem Zeitpunkt, wenn z.B. das ein oder andere Mädchen mir ihre etwas freizügigen Videos zeigte, die sie selbst auf der App TikTok erstellt hatte, fragte ich sie nach einer deutschen Youtuberin. Die meisten Mädchen nannten mir Katja Krasavice und ähnliche YoutuberInnen sowie deren viele Klicks, deren Erfolge.

In meinen Kursen begann ich nach einer deutschen Youtuberin zu fragen. Immer wieder das Gleiche. Der größte Teil älterer Kinder und die Jugendlichen kannten sie, ihre Videos und ihre zwei Lieder. So ging das die nächsten Monate. Dabei war ich vorsichtig. Ich nannte nie ihren Namen. Ich ließ die Kinder und Jugendlichen z.B. in einem Spiel YoutuberInnen aufschreiben, die sie kannten, deren Lieder sie hörten und die mit unterschiedlichen Buchstaben begannen, wie A, S oder K. Ich wollte in jedem Falle keine Werbung für dieses Genre, sowie die Youtuberin machen. Bei Kursen für Erwachsene kannte die Youtuberin faktisch, durch die Reihe, auch weiterhin niemand. Hier fragte ich direkt nach ihrem Namen und den Liedern 'Doggy' oder 'Dicke Lippen'. Immer Staunen und Schock, immer die Frage, wieso so etwas erlaubt sei.

Noch im Jahr 2018 veröffentlichte die Youtuberin ihr drittes Lied 'Sex Tape'. In wenigen Tagen erreichte es über 20 Millionen Klicks. Der größte Teil der Kinder und Jugendlichen hatte das Video innerhalb der ersten 5 Tage nach Veröffentlichung mindestens 1 Mal gesehen.

Gegenüber den Lyrics von 'Sex Tape' ist der Text von Doggy noch sehr harmlos. Die Youtuberin arbeitet im Video mit Emoticons, integriert Assoziationen zu Märchen und wie auch im Musikvideo Doggy macht alles Spaß und es gibt den Aufruf zum Filmen.

Anbei ein Textausschnitt aus dem Lied:

Ich weiß, Du willst Sex, Babe, ey

Will, dass du mich leckst, Babe,

du darfst bei mir Backstage

Wir machen ein Sextape e-ey

Und wir treiben es die ganze Nacht

...

Ah, ich weiß, Du magst meine Pussy, Pussy

Mein erstes Wort als Baby war Gucci, Gucci

So dreckig und beim Sex so verspielt

Will ne große Toblerone, sei mein Lexington Steele

Männer schau'n mich an wie diese Smiley mit Herzchen

Bin nicht Pocahontas, doch will reiten wie im Märchen

Ich werd' dein Schneeflittchen, die Schönste weit und breit

....

Quelle: YouTube, LyricFind

Meine Erfahrungen bezüglich dieser Youtuberin im Großraum Luxemburg: Die Erwachsenen unwissend, die Kinder und Jugendlichen schauend, nachsingend und nachahmend.

Ob die YoutuberInnen wissen, welchen Einfluss sie teilweise auf Kinder haben?

Ich habe in jener Zeit sicherlich Kurse mit ca. 2.000 Erwachsenen abgehalten. Nur 7 Erwachsene kannten diese Youtuberin. Immer wieder kam die Frage nach dem Luxemburger Programmrat auf, der Medieninhalte sichtet oder den Medienaufsichten der einzelnen Bundesländer in Deutschland bzw. den Kontrollgremien in Frankreich bzw. Belgien. Sowas müsse doch kontrolliert bzw. verboten werden, waren sich der Großteil der Erwachsenen einig. Immer wieder erklärte ich, dass diese Videos und Lieder nicht übers Fernsehen zu sehen oder per Radio zu hören wären, Erwachsene kaum Bescheid wüssten, die Kinder und Jugendlichen zudem heute ganz andere Kanäle als die Erwachsenen benutzen würden. Ich erklärte auch, dass die sozialen Medien, Digitalunternehmen, YoutuberInnen, die Spieleindustrie etc. nicht selten die Grenzen der Gesetze austesten, Gesetze, die unter ganz anderen Voraussetzungen geschaffen wurden.

Ich möchte Ihnen anhand dieser Youtuberin auch die Geschwindigkeit aufzeigen, mit der jüngere Kinder via Internet erreicht werden, weil ich es auf dem Feld bei den Kindern in auffälliger Form miterleben konnte.

Hierzu stelle ich Ihnen eine zweite deutsche Youtuberin vor. Es handelt sich um eine eher moderate Youtuberin mit Namen Dagy Bee, die im Kosmetikbereich unterwegs ist. Sie ist im Großraum Luxemburg durchaus schon bei den unter 10- bis 11-Jährigen bekannt. Es ist eine Youtuberin, die schon so manche Eltern nach Deutschland zum Einkauf fahren ließ. Wenn Eltern davon erzählen, muss ich immer schmunzeln. Hier sieht man schön, wie die digitale Welt Einfluss auf die reale nimmt, denn Dagy Bee vertreibt via Drogeriemarktkette DM unter anderem ihre eigene Kosmetikmarke.

Es war der 04.03.2019. Katja Krasavice streamte zwei Videos zusammen mit Dagy Bee, in denen sie Kinderspiele für Kleine spielen und kommentieren. Katja Krasavice verhält sich in den Streams manchmal etwas obszön. Es wird auch kurz ein Ausschnitt des Videos ihres Songs Sex Tape eingeblendet. Innerhalb einer Stunde gibt es auf Instagram über 220.000 Likes. Ich sehe 'live' per Handy, wie die Likes nach oben schießen. Nach grob 24 Stunden sind es bereits 1 Million Likes. 30 Stunden nach dem Stream halte ich einen Kurs bei einer Gruppe von zirka 40 Kindern von ca. 6-9 Jahren. Manche hatten bereits morgens ihre ErzieherInnen nach Katja Krasavice angesprochen und sprachen auch mich auf die Youtuberin an. Den ErzieherInnen war diese Youtuberin, dieses ganze Genre, bis dahin unbekannt und sie waren schockiert. Die Youtuberin war jetzt auch bei den Jüngeren angekommen. Zwei Video-Streams, veröffentlicht am 04.03.2019, reichten.

Jedoch Vorsicht, diese Youtuberin steht hier nur als Beispiel für ein ganzes Genre von Inhalten.[57] Es geht nicht darum eine Youtuberin zu verurteilen. Es geht um unser 'Nicht-Wissen', 'die Ist-Situation auf dem Feld', 'die möglichen Auswirkungen digitaler Inhalte, kurz- und langfristig' und

---

[57] Es gibt auch männliche Youtuber, die in diesem Genre tätig sind.

um 'Kinderschutz, mit dem Recht gesund (aufzuwachsen) in einer digitalen Welt'.

In diesem Kapitel möchte ich außerdem näher auf Gaming und Gamer-Youtuber eingehen. Es ist 'in' geworden, dass Kinder und Jugendliche bei Computerspielen gerne zusehen. Sie sind Fans von bekannten Computer-Spielern, so wie Sie vielleicht Fan von Spielern des Fußballklubs VfB Stuttgart sind. Diese Gamer-Youtuber haben teils einen sehr hohen Einfluss auf Kinder.

Mich unterstützte über ein Jahr lang ein junger Mann, der mit 7-8 Jahren zu spielen begann. Er ahmte seinen großen Bruder nach. So kam er zu den Computerspielen. Es dauerte nicht lange, da spielte er 6 bis 10 bis 14 Stunden am Tag und immer öfters die Nächte hindurch. Er dachte nur noch ans Spielen, an nichts anderes mehr. Es begannen die Schulprobleme, Klassenwiederholungen, der Streit in der Familie und der Schulabbruch mit ca. 16 Jahren, eben ein typischer Werdegang, wie ich ihn so oft die letzten vier Jahre erlebe. Der junge Mann erzählte mir, wie er in der Schule ruhig und zu Hause unheimlich aggressiv sein konnte. Er berichtete mir vom Schule schwänzen, krank simulieren vor den Eltern und all den Lügen. Es zählte nur das Spiel. Die Eltern waren machtlos und je älter er wurde, umso ohnmächtiger wurden sie.

Als ich das erste Mal seiner Mama begegnen durfte, hatte sie Tränen in den Augen. Ich sagte ihr, dass sie sehr stolz auf ihren Sohn sein könne, ihr Sohn sei sehr mutig. Ich erzählte ihr, wie er mir in Kursen half, damit andere vielleicht nicht jene Straße betreten würden, die er so lange eingeschlagen hatte. Sie vertraute mir an, „wie schwer alles sei", doch auch, dass sie ihren Jungen nie aufgegeben habe. Die Computerspielerei sei eine sehr große Last für ihre Familie.

Dieser junge Mann ist für mich ein Experte, den ich zudem sehr schätze, denn er hat eine vieljährige digitale Erfahrung gemacht, die ihn geprägt hat. Er hat daraus gelernt. Er versucht, heute mit seinem jungen Erwachsenenleben zurechtzukommen und einen Weg in eine glückliche und erfüllte Zukunft zu finden. Eine Arbeit und eine Familie sind sein Wunsch, wobei ihm die Arbeit mit Kindern Spaß macht.

Wieso erzähle ich gerade von diesem jungen Mann? Er war zu Beginn des Spiels Fortnite ein sehr guter Spieler. Immerhin waren 2018 nach den

Angaben des Entwicklers Epic Games 200 Millionen SpielerInnen registriert. Wenn ich irgendwo erzählte, dass er mit zum Kurs kommen würde, konnten sich Kinder im Grundschulalter kaum bremsen. Wenn er mit Kindern und Jugendlichen sprach, kam es von Herzen. Er wusste, wovon er redete. Alle lauschten gespannt seinen Erfahrungen, auch dass er zum Zeitpunkt eine Abendschule besuchte, versuchte vieles nachzuholen. Außerdem, so erzählte er den Kindern ehrlich, ist mit dem Besuch einer Abendschule die Versuchung nicht so groß, abends noch zu zocken. Er ginge jetzt, mit 18 Jahren, wieder mehr unter die Leute. Fast zehn Jahre verbrachte er faktisch nur vor der Spielekonsole. Seinen Konsum versuchte er, ein Jahr nachdem ich ihn kennen lernen durfte, auf 4-5 Stunden am Tag zu beschränken. Manchmal schaffte er es auch auf nur 2-3 Stunden.

Der junge Mann gehört z.B. nicht zu jenen 6% in Presseartikeln genannten Zahlen Luxemburgs potenzieller Spielesüchtiger wie viele weitere junge Leute, die ich die letzten Jahre kennen lernen durfte.

Dieser junge Mann weiß jedoch, beim Blick auf seine Kindheit und Jugend, dass er diese zum größten Teil verpasst hat. Er spürt auch, dass wichtige Zeitfenster seines Lebens verloren sind, in denen seine Potentiale Entfaltung hätten finden sollen. Er blickt mit Angst und Sorge in die Zukunft, denn seine Arbeitssuche gestaltet sich schwierig. Die Schule ist sehr anstrengend, doch es ist eine Chance auf einen Schulabschluss. Und dann ist da das Verlangen nach dem Spiel. Auch die Gesundheit hat gelitten. Immer wieder plagen ihn die Rückenschmerzen.

Was für ein Verlust! Was für ein Preis! Entfaltet sich so digitales Potential junger Menschen eines Landes? Meine Antwort kann klarer nicht ausfallen: „*Nein*".

Er und viele andere tauchen nirgendwo in Berichten und offiziellen Zahlen rund um das Thema Spielesucht auf. Natürlich lässt sich mit Suchtdefinitionen und Zahlen spielen. Aufgrund meiner Erfahrungen vom Feld verweise ich auf meine Ergebnisse potenziell Suchtgefährdeter durch Computerspiele und den enormen Auswirkungen langer Spielzeiten, die im zweistelligen Bereich liegen, ca. 15%.[58] Die Tendenz ist

[58] Meiner Felderfahrung nach sind zudem weitere ca. 16-18 Prozent Kinder und Jugendliche potenziell suchtgefährdet, was die Bildschirmsucht durch soziale

steigend und schnell wachsend in Richtung immer jüngere Alterssegmente. Das bereitet mir große Sorge.

Haben Sie schon einmal darüber nachgedacht, wie ein Teil des Geschäfts in der Computer-Spielewelt funktioniert? Was haben Gamer für eine Rolle?

Gaming-Youtuber werden z.B. direkt von Spieleherstellern nach ihren Empfehlungen an die Zuschauer, die oft noch Kinder sind, bezahlt, und zwar nach Klicks und Einkäufen. Bei Fortnite z.B. sind es Skins etc., die von Kindern und Jugendlichen eingekauft werden. Anfangs folgten z.B. die Zyklen neuer Skins und sonstiger Tools im Spiel Fortnite in mehrwöchigen Rhythmen, dann wurden die Zeitabstände immer kürzer, bis hin zu Stunden. Gamer-Youtuber heizen das Ganze mit an. Es ist nicht einfach, solche Geschäftsmodelle Kindern zu erklären, insbesondere, da sie Fans dieser Youtuber sind.

Ich habe liebe Kinder erlebt, 9 bis 10 Jahre alt, die von Oma, Opa, Tante oder Onkel die Kreditkartennummern und Passwörter notiert haben, um an Skins, digitale Rüstungen im Spiel Fortnite zu kommen. Sie haben die eigene Familie bestohlen. Das waren keine Einzelfälle. Eine mächtige Verhaltensänderung, ausgelöst durch die digitale Welt!

Ebenfalls interessant, das Spiel Fortnite wurde gratis auf den Markt gebracht. Die Kinder denken anfangs immer in einem Trugschluss: „Juhu, ich habe ca. 60,- Euro gespart, da das Spiel gratis ist. Ein anderes Spiel kostet Geld. Ich kann dieses Geld innerhalb des Spiels ausgeben“. Schon geht die Spirale los und die Kinder hängen am Haken. Monatliche Einkäufe von bis zu über 1.000, - Euro gaben die Kinder öfters an und bestätigten auch Eltern.

Sie sollten ebenfalls wissen, dass internationale Gaming-Wettbewerbe ganz gezielt veranstaltet werden. Tritt ein Konkurrenzspiel auf, so schießen die Preisgelder plötzlich nach oben, um die SpielerInnen zu halten.

Medien betrifft (Snapchat, Instagram und Co.). Einmal mehr sind die Auswirkungen langer Bildschirmzeiten enorm. Auch hier ist die Tendenz steigend und schnell wachsend in Richtung immer jüngere Alterssegmente bis hin zu Kleinkindern. Diese Entwicklung betrachte ich ebenfalls mit größter Sorge was die Auswirkungen auf die Gesundheit, unsere Gesellschaft und die Wirtschaft betrifft.

Das Spiel ist plötzlich wieder in aller Munde. Einmal mehr träumen die Kinder und Jugendlichen vom schnellen Geld, von der Karriere als Gamer, von einer Welt, wie sie in sozialen Medien beworben wird.

Allein durch Zukäufe von Kindern und Jugendlichen in Form von Skins etc. im Spiel 'Fortnite Battle Royal' stellte der Spielehersteller Epic Games im Jahr 2018 einen Umsatzrekord auf, über zwei Milliarden Dollar.

Wie bereits erwähnt, machte das Spiel in China dadurch auf sich aufmerksam, dass es auf eine Verbotsliste kam mit den Gründen zu vulgär, blutig und gewalttätig. Bei uns spielen schon die Kleinen dieses Spiel. Für China gab es Abänderungen am Spiel.

Aus meinen Erfahrungen kann ich sagen, dass es zu einem Anstieg an Aggressionen in Schulen und Einrichtungen kam, in denen viele Kinder Fortnite spielten. Ich wurde deswegen öfters zu Gruppen von Kindern gerufen. Ob es nun an den langen Spielzeiten, am Spiel selbst, an seinen Inhalten, an den vielen aggressiven Chats oder an der Übermüdung der Kinder selbst liegt, überlasse ich der Gewalt-, Verhaltens- und Neuroforschung.

Nicht wenig Kinder berichten mir von zerschmetterten Controllern, sie zeigen mir die Live-Chats, in denen geflucht und geschrien wird. Kinder berichten mir von einer gebrochenen Hand, einem gebrochenen Arm, weil sie damit zu fest auf den Schreibtisch oder gegen die Wand geschlagen hatten. Bei den Wutausbrüchen und Aggressionsanfällen handelt es sich um keine Einzelfälle. Eltern berichten mir, wie ihre Kinder plötzlich die Hand gegen sie erheben wollen, weil die Eltern sie ermahnen, z.B. Hausaufgaben zu machen anstatt am Spiel zu hängen.

Mehrmals berichteten mir Erwachsene, dass Kinder versucht hätten, gefährliche Wände hochzuklettern, um Fortnite nachzuspielen. Komme ich manchmal zu Gruppen von Kindern zwischen sechs und acht Jahre alt und lasse das Stichwort „Fortnite“ fallen, so ändert sich sofort das Verhalten dieser Kinder. Plötzlich sind manche ganz aufgeregt, verkrampfen sich geradezu. Mehrmals durfte ich Szenen miterleben, in denen sich Kinder plötzlich auf den Boden warfen oder hinter einen Tisch rannten und anfingen zu schießen.

Wie bereits erwähnt, nach den Ergebnissen der Neuroforschung hinterlässt alles Spuren in unserem Gehirn.[59]

Wenn ich eine Risikoanalyse vornehme, so fällt das Risiko hier eindeutig sehr hoch aus. Das trifft nicht nur Kinder, sondern auch Jugendliche.

Als Basis rund um die Diskussion digitaler Medien sind bei Jugendlichen die folgenden drei Phasen der Gehirnentwicklung zu unterscheiden: frühe, mittlere und späte Pubertät. Dies gilt bezüglich Bedrohungen, Schwachstellen und Auswirkungen. Ohne diese Basis machen Diskussionen rund um die Benutzung digitaler Medien eigentlich kaum Sinn.[60] Das betrifft auch Gaming.

Mir ist bewusst, dass ich mit diesen Zeilen gegen den vielleicht gängigen Strom schwimme und in Gefahr laufe einen Multi-Milliardenmarkt gegen mich aufzubringen, nämlich den des Gamings und viele Gamer selbst. Jede(r) sollte jedoch bedenken, dass ich hier lediglich meine Erfahrungen des Feldes beschreibe. Diese sind mit den Jahren 2007-2010 unvergleichbar, was ihr negatives Ausmaß und die immer jünger betroffenen Alterssegmente betrifft. Damals hatte die Universität Luxemburg zudem über einen Zyklus von einem Jahr weltweit bekannte GewaltforscherInnen eingeladen.

Neben der Zusammenarbeit mit Viel-Gamern, zwischen 16 und 25 Jahre alt, die aus diesem Grund die Schule abgebrochen haben oder dadurch in schulische Schwierigkeiten gerieten, habe ich ab 2016 neben Forschungsliteratur auch nach Literatur von Gamern selbst gesucht. Einen sehr interessanten Einblick aus Sicht eines Gamers bietet hier Adrien Sajous, ehemaliger Gamer, in seiner Veröffentlichung von 2016. Er schaffte den Ausstieg aus den Computerspielen, machte den Schulabschluss und schloss ein Bachelor-Studium in Soziologie ab. In seinem Buch 'Sociologie du Gamer', erschienen im Kontre Kulture Verlag, beschreibt er seine eigenen Gaming-Erfahrungen, seinen eigenen

[59] Alcino J. Silva, Direktor des Integrative Center for Learning and Memory, University of California, Los Angeles, USA

[60] Herr Prof. Dieter Braus erklärt detailliert neurologisch Zusammenhänge in seinem Vortrag 'Ein Blick in das jugendliche Gehirn – Gesund erwachsen werden im digitalen Medienzeitalter': https://www.youtube.com/watch?v=BqKi_x_tOyM.

Werdegang aus soziologischer Sicht. Er wundert sich, wieso dies vorab noch nie gemacht wurde, insbesondere, da so viele Kinder und Jugendliche heute betroffen sind. Leider habe ich sein Buch nur in französischer Fassung gefunden, trotzdem möchte ich es allen, die dieser Sprache mächtig sind, sehr ans Herz legen.

Ich weiß, wie faszinierend digitale Spiele sind und ich weiß um all die Möglichkeiten, wie manche Spiele im Guten nutzbar wären, es sind mir diese letzten Jahre nur keine Kinder und Jugendlichen begegnet, die nicht doch irgendwann in eine negative, unverhältnismäßige Konsumnutzung abdrifteten mit z.B. allen Folgen für ihr Gehirn. Ebenfalls ist mir persönlich aufgefallen, dass z.B. viele Kinder und junge Leute ihr aggressives Verhalten gegenüber ihrem direkten Umfeld gar nicht mehr wahrnehmen.

Wenn Erwachsene in meinen Kursen digitale Spiele spielen, die bei den Kindern und Jugendlichen ganz oben auf der Präferenzliste stehen, wie GTA, Call of Duty, Apex Legends, Fortnite, God of War ... so ist ein guter Teil der Erwachsenen fasziniert von der graphischen Realitätsabbildung der digitalen Welt und seiner Avatare, auch von der Musik. „Wie echt“, „wie im Kino, wow“, höre ich öfters und sehe staunende Gesichter. Ca. 95% der Erwachsenen in meinen Kursen sind jedoch schockiert über die brutalen und teils vulgären Spielinhalte.

Nur weil viele etwas machen, es riesigen Spaß macht, Gamer zusätzlich dazu animieren und ein großer Markt dahintersteckt, heißt das noch lange nicht, dass es gut für uns ist, insbesondere für die Kinder.

Im Jahr 2002 wurde wissenschaftlich bereits folgendes bezüglich 'Aggression' nachgewiesen (Auszug aus dem Fachbuch für Ärzte ‚EinBlick ins Gehirn‘ von Prof. Dieter F. Braus, S. 31, ein Fachbuch für Psychiater, Neurologen, klinische Psychologen, Psychotherapeuten und Mitarbeiter anderer Medizinfachberufe):

... Von anderen Faktoren unabhängiger Einfluss der Dauer des täglichen Fernsehkonsums Jugendlicher auf ihr Verhalten (durchschnittlich 14 Jahre alt):

- *< 1 Stunde Fernsehen täglich -> 10% der Jungen und 5% der Mädchen zeigen aggressives Verhalten*

- *1-3 Stunden Fernsehen täglich -> 50% der Jungen und 25% der Mädchen mit bereits früherem aggressivem Verhalten sind gewalttätig*
- *> 3 Stunden Fernsehen täglich – vor allem bei Jungen scheint es ein noch stärkeres Maß an Aggression auszulösen, und zwar unabhängig von anderen Variablen wie z.B. Vernachlässigung, Familieneinkommen, Gewalt im Wohnviertel oder Bildungsstand der Eltern.*

Es wurde eindeutig festgestellt, dass Fernsehkonsum und computerbasierte Videospiele die Hirnfunktion und das Verhalten von Kindern und Jugendlichen enorm beeinflussen.[61] ...

Wie sieht das wohl bei heutigen Computerspielen aus? Wie sieht es aus in Kombination mit Techniken der virtuellen Realität etc.?

Ich überlasse es jeder Leserin, jedem Leser selbst, die Risikoanalyse zu machen.

Anbei für Sie zum Abschluss ein paar bei Kindern sehr bekannte und beliebte deutsche Gamer-Youtuber. Gamer-Youtuberinnen sind weniger bekannt. Sie können prüfen, ob Sie den einen oder anderen kennen:

Gronkh, Standart Skill, Sarazar, Rwinside, iCrimax, Paluten, GermanletsPlay, SpntanaBlack, Zombey, PietSmiet.

In Luxemburg sind z.B. Standart Skill, iCrimax und Gronkh bei Kindern und Jugendlichen, hauptsächlich Jungs, sehr bekannt. In Deutschland hat Gronkh weit über 4 Millionen Abonnenten gefolgt vom Gamer-Youtuber Paluten mit weit über 3 Millionen.

Fragen Sie ihre Kinder, ob sie den einen oder anderen dieser Youtuber kennen. Schauen Sie sich ein paar Videos der Youtuber an. Interessieren Sie sich. Sprechen Sie mit Ihren Kindern. Fragen Sie, wie es heute so im Internet war.

Sie können sich selbst zusätzlich die Frage stellen, ob der Gaming-Konsum Ihres Kindes eine oder mehrere Kompetenzen von jenen Kompetenzen fördert, die in der digitalen Welt nötig sind.

---

[61] Johnson JG., Cohen P. Smailes EM et al Television viewing and aggressive behaviour during adolescence and adulthood.

3.2.5. Bildschirmzeiten

Wie bereits beschrieben, sprachen in den Jahren bis 2010 ich und so manche staatlichen EntscheidungsträgerInnen mit vielen ExpertInnen und ÄrztInnen. Zudem war uns bewusst, dass der Brainpool das Wichtigste ist, was ein Land besitzt. Zusammen mit den Ministerinnen und Ministern von Wirtschaft, Familie, Bildung und Gesundheit waren wir uns im Klaren, dass eine optimale Förderung jener Kompetenzen erfolgen sollte, die in der digitalen Welt nötig sind, die digitale Entwicklung jedoch für den Menschen und nicht gegen ihn arbeiten soll!

In Kapitel 3.1. habe ich bereits beschrieben, wie einfach es ist, Kinder und sogar Erwachsene mit spezifischen Tricks an Bildschirmen zu halten. Dabei kennt die Digitalindustrie sehr genau die Funktionsweise unserer Gehirne sowie die einzelnen Entwicklungsphasen.

In den letzten Jahren durfte ich erleben, wie Südkorea, ein Land mit führend in der Robotik, ein strenges Gesetz zur Aufsichtspflicht von Eltern vorbereitete, was digitale Mediennutzung von Kindern und Jugendlichen betrifft. China begann eine mehr als fragliche, generelle Überwachungsstruktur mit Belohnungspunkten für gutes Verhalten aufzubauen. Viele Kinderärzte in Frankreich schlossen sich Serge Tisseron an, der, ähnlich wie ich, klare Regeln der digitalen Nutzung für Kinder und Jugendliche aufgestellt hat. Manche Länder, wie Belgien, reichten Klagen gegen Spielehersteller von Spielen wie z.B. FIFA ein. Dies aufgrund der vielen Loot-Boxen. Weitere Länder bereiteten strenge Gesetze für digitale Unternehmen vor. Zwei große Apple Investoren, die auch ins Gesundheitswesen investiert hatten, übten Druck auf Apple aus, um etwas gegen die übermäßigen Bildschirmbenutzungszeiten zu machen, ansonsten würden sie ihre Gelder abziehen. Das California State Teachers' Retirement System und Jana Partners, zwei große Fonds die damals zusammen ca. 2 Milliarden Dollar in Apple-Aktien (AAPL) hielten, verlangten, dass der Technologieriese eine entschlossenere Haltung bezüglich der Auswirkungen der übermäßigen Nutzung von Smartphones durch Kinder und Jugendliche einnimmt. Die Investoren hoben eine Reihe von Studien hervor, die die schädlichen Auswirkungen der Sucht nach Inhalten auf Smartphones aufzeigen. Zu diesen Auswirkungen gehören eine geringere Aufmerksamkeit im Unterricht, Schlafmangel und ein höheres

Risiko für Depressionen und Selbstmord. Die Investoren schrieben einen öffentlichen Brief, den sie online veröffentlichten. Apple integrierte Mitte 2018 die Funktion 'Screen time' in iPhone und iPad. Parallel zu all dem wurde ich auf dem Feld Zeugin der möglichen realen negativen Folgen der virtuellen Welt für viele Kinder und Jugendliche.

Die Macher von Snapchat versuchten in der gleichen Zeit, ihre Nutzer regelmäßig bei Laune zu halten und immer enger an die App zu binden. Sie fügten immer wieder neue Funktionen hinzu. Neben dem Sammeln von Trophäen war es alsbald möglich, Punkte in Snapchat zu sammeln. Wollen Kinder oder Jugendliche bis zum Verfassen dieser Zeilen im Jahr 2020 neue Snapchat-Punkte bekommen, müssen sie regelmäßig Fotos / Snaps mit 'Freunden' austauschen. Für jedes versendete Foto gibt es einen Punkt. Sie erhalten auch Punkte, wenn sie Snaps von Freunden zugeschickt bekommen. Gleiches gilt für Videos. Um schnell neue Punkte zu bekommen, verschicken Kinder und Jugendliche z.B. ein Bild gleichzeitig an mehrere Kontakte. Je aktiver man Snapchat benutzt, desto schneller erhöht sich der Punktestand. Bereits 2018 waren in einer durchschnittlichen Klasse von 12-13-Jährigen, wie bereits erwähnt, 700.000 'Scores' (Punkte) keine Seltenheit, daher empfangene und verschickte Fotos. 1-2 Jugendliche erreichten diese Zahl pro Klasse eigentlich fast immer. Ich erwähnte dies bereits.

Über jene SchülerInnen, die iPhones besaßen, konnte ich ab Mitte 2018 anfangen, die täglichen Benutzungszeiten zu erfragen. Pro Klasse mit ca. 20 Kindern lagen eigentlich immer 1-3 Kinder über einer tägliche Bildschirmbenutzungszeit von 7 Stunden, ohne die Zeit vor Spielekonsolen, auf Netflix oder sonst vor den Fernsehgeräten eingerechnet. Es kamen dann noch 1-2 Kinder pro Klasse hinzu mit über 5 Stunden täglich. Diese Zeiten beinhalteten **nicht** Videos schauen und Musik hören oder Computerspiele spielen. Instagram und Snapchat Benutzungszeiten korrelierten. Wer Snapchat benutzte, benutzte auch Instagram, wer einen hohen Score auf Snapchat hatte, hatte auch eine hohe Instagram-Nutzung. Dies galt auch 2019.

Natürlich kommen Snaps auf Snapchat fast die ganze Nacht hindurch, teils im Minutentakt, und viele Kinder haben das Verlangen, diese sofort anzuschauen und zu beantworten. Das gilt auch während der Schulzeit. Auf den Kindern liegt ein sehr hoher Druck sofort zu agieren. Viele

Kinder empfinden 'Angst' etwas zu verpassen. So manch jungem Menschen steht der Schlafmangel geradezu ins Gesicht geschrieben.

Die Jugendlichen gaben und geben mir an, nichts verpassen zu wollen, sofort zu antworten. „Es ist wie eine Art Zwang, bei jedem Brummen des Handys sofort danach zu greifen", so ihre Worte.

Wenn ich in meinen Kursen 2018 bis 2020 mit Jugendlichen von 14-15 Jahren arbeitete, lagen die digitalen Konsumzeiten noch höher. Dies, was Snapchat- und Instagram-Benutzung betrifft. Zudem konnte ich eindeutig feststellen, dass, ähnlich einem Hochgeschwindigkeitszug ohne Bremsen, immer jüngere Kinder in diesen Sog gerissen wurden und zum Ziel von App-Herstellern werden.

Meine Erfahrungen vom Feld zeigen auch sehr deutlich auf, dass pro Gruppe von Kindern immer 2-3 junge Menschen angeben, eigentlich immer am 'Spiel' zu hängen, daher durchschnittlich ebenfalls 6-10 Stunden täglich, an Wochenenden ganze Nächte hindurch. Es ist für sie zum Beispiel nötig nachts zu zocken, denn die Spiele sind online und es wird mit Spielern aus anderen Zeitzonen gespielt. Auch hier war in allen meinen Kursen der Hochgeschwindigkeitszug ohne Bremsen mit immer jüngeren Kindern auf voller Fahrt unterwegs.

Es gibt eigentlich auch immer mindestens einen jungen Menschen pro Gruppe, der nicht von den Serien lassen kann.

Sehr beunruhigend für mich ist die rasante Entwicklung erhöhter Bildschirmnutzungszeit hin zu jüngeren Kindern, 5-6 Jahre alt und jünger.

Machte ich mit jungen Leuten der Altersgruppe 12 bis 14 Jahre 2018 / 2019 z.B. den Internetsuchttest der deutschen Krankenkasse DAK, so waren stets gut 20% einer Klasse hoch gefährdet, sollten Beratungsangebote aufsuchen und gut 30-40% sollten ihren Internetkonsum einschränken.

Ich erlebte zeitgleich so manche Diskussion rund um das Thema Sucht, nicht Sucht, wann fängt Sucht an und digitale Welt als Teil der jungen Generationen. Wie bereits erwähnt, gab es bezogen auf das Land Luxemburg z.B. 2019 Publikationen, die angaben, dass 6% der Kinder und Jugendlichen von potentiell eigentlicher Sucht betroffen seien, klinischer

Behandlungsnotwendigkeit. Auf dem Feld erlebe und erlebte ich die letzten 4 Jahre viel höhere Zahlen in Bezug auf Auswirkungen.

Wie wurden die 6% ermittelt? Welchen Suchtgrad spiegeln die 6% wider? Welche Definition von Sucht wurde zugrunde gelegt? Wer hat die Studien finanziert? Warum liegen meine Erfahrungswerte vom Feld mit 20.000 Kindern und Jugendlichen in Bezug auf hoch gefährdete Kinder und Jugendliche mit negativen Auswirkungen in zweistelliger Größenordnung? Fragen, die eine nähere Analyse wert sind, insbesondere im Zuge der Digitalisierung und des Digitalisierungsdrucks.

Meines Erachtens sollte sichergestellt sein, dass wir nicht einen Großteil der Kinder aufgrund falsch verstandener Digitalisierung opfern.

Schauen wir uns die Zahl 6% etwas näher an.

Wie wirkt diese Zahl auf Sie? In den Jahren 2001 aufwärts pflegten wir zu sagen, dass bereits ein Fall von hundert Kindern und Jugendlichen einer zu viel sei. Stellen Sie sich vor was wäre, wenn 6 von 100 Kindern durchschnittlich auf ihrem Schulweg von Autos angestoßen würden und dies so schwer, dass lange Krankenhausaufenthalte nötig wären?

Ich denke, dass es einen Aufschrei der Erwachsenen in der betroffenen Gemeinde, im entsprechenden Landkreis und auch insbesondere von den Eltern geben würde. Es würden die Ursachen genaustens analysiert und sofort behoben. Verantwortungen würden geprüft!

Wie bereits erwähnt, arbeite ich immer wieder mit jungen Leuten, die die Schule abgebrochen haben, immer wegen zu hohem Bildschirmkonsum, entweder aufgrund von Snapchat, Instagram, etc. oder infolge digitaler Spiele. Keiner von ihnen war je in einer klinischen Behandlung.

Trotzdem erleben sie enorme Auswirkungen. Sie erzählen von der Verschlechterung ihrer Noten, der Flucht in die digitale Welt, den Abbruch der Schulen und Lehrstellen, dem Mangel an realen Freunden, den sie erst jetzt versuchen wieder aufzubauen, ihr Leben, den Streit zuhause, ihren Ängsten, ihres Gefühls der Perspektivlosigkeit, ihren Aggressionen und den Trümmern, vor denen sie gerade stehen, das Gefühl ohne Zukunft, den Rückenschmerzen, dem Vitaminmangel, hohem Zucker, hohem Blutdruck etc. und immer noch, dem Verlangen online zu gehen, um nichts zu verpassen, die reale Welt zu vergessen. Sie berichten von

Freunden, die wie sie Integrationsprogramme besuchen bzw. besuchten und abbrachen, alles abbrechen, nichts mehr durchziehen können, den Mangel an Konzentration etc. Sie erzählen von all den Gedanken und Erfahrungen anderer Jugendlicher, die wie sie selbst, heute junge Erwachsene sind und nicht in den digitalen Abhängigkeitssog gerissen wurden. Sie vergleichen sich. Sie selbst konnten all die Jahre nur an z.B. Apps wie Snapchat oder Computerspiele denken.

Diese jungen Erwachsenen mit 17, 18, 19 Jahren bekamen digitale Geräte mit ca. 10-12 Jahren und blieben an den digitalen Angeboten hängen. Es sind für mich ExpertInnen, denn sie haben etwas erlebt, durchlebt und versuchen heute Lösungen für ihr Leben zu finden. Ich frage Sie als Leserinnen und Leser, wer wird diesen jungen Menschen einmal Arbeit geben? Wer wird die Verantwortung für ihre verpasste Kindheit und Jugend übernehmen? Wer hat diese jungen Menschen in den Sog gezogen und für welchen Preis? Wo ist unsere gesellschaftliche Fürsorgepflicht? Wer übernimmt die Kosten für die langfristigen gesundheitlichen Folgen, sowohl mental wie auch körperlich? Wer kommt für die gesellschaftlichen Auswirkungen auf und wer für die wirtschaftlichen? Diese jungen Leute wurden mit 10-12 Jahren in die digitale Welt gerissen. Die Kompetenzen, die in der digitalen Welt benötigt werden, haben sie, nach meinen Erfahrungen, entweder gar nicht oder nur kaum ausgebildet. Sicher, man könnte argumentieren, dass sie noch Glück hatten, denn sie gehören nicht zu jenen 6%, die eine klinische Behandlung benötigen.

Die Zahlen sind nach meinen Erfahrungen weiter ansteigend. Alarmierend sehe ich heute ein Einstiegsalter der Kinder mit 5-6 Jahren und jünger, nicht erst mit 10-12 Jahren.

In den Jahren 2018 bis 2020 nahm ich betroffene junge Leute möglichst mit in Weiterbildungen, damit sie ihr Erlebtes und ihre Empfindungen den Erwachsenen selbst mitteilen konnten. Eine Zahl zu hören, eine Statistik zu schauen, einen Artikel zu lesen, in dem das Wort 'Sucht' in seinen vielfältigen Definitionen fast endlosen Spielraum lässt, ist etwas ganz anderes als einem jungen, betroffenen Menschen, der aus dem Herzen heraus spricht, zuzuhören, der seinen Werdegang aufgrund hoher Bildschirmnutzungszeiten erzählt, seine Erfahrungen, seine Gedanken, was die hohen Bildschirmzeiten mit ihm machen, wie es seiner Peergruppe[62] ergeht und dem die Erwachsenen Fragen stellen können.

Sicherlich, das 'live' zeigen ihrer virtuellen Welten, sowie jener ihrer Peers ist durchaus für Erwachsene ein Schock. Doch sollen wir lieber die Augen verschlossen halten?

In Weiterbildungen für Lehr- und Erziehungspersonal gab es für die jungen Leute regelmäßig viel Lob bis hin zu respektvollem stehendem Applaus. Nach meiner Sicht leisteten diese jungen Menschen Außerordentliches. Sie wollten etwas tun, sie wollten, dass es anderen Kindern nicht wie ihnen ergeht. Meines Erachtens leben sie, neben ihrem Mut, eine große Verantwortung vor.

Die Nachfrage nach Kursen war sehr groß. Auch bei Eltern fand dieser Ansatz riesigen Anklang. Gerade Eltern konnten sehr persönlich mit den jungen Leuten reden, hatten sie doch zuhause teils ähnliche Situationen oder wollten wissen, wie es gelingen könnte, die reale und die digitale Welt für ihre Kinder zu vereinbaren. Elternabende von bis zu 150 Eltern und mehr waren keine Seltenheit. Das Feld im Großraum Luxemburg nahm klar wahr, dass etwas in eine fragliche Richtung unterwegs ist.

Die jungen Leute hatten vor dem freien Zugang zur digitalen Welt keinerlei schulische Leistungsprobleme, nicht mehr oder weniger wie andere Kinder es hatten. Auch diese jungen Leute haben sich und mich öfters gefragt, wieso sie niemand geschützt hat. Eine gute Frage. Ihr Anliegen an mich, so wie von vielen Kindern: „Bitte, tu was!“

Es ist nicht einfach für diese jungen Leute, mit denen ich gearbeitet habe. Sie tun sich schwer. Sie versuchen es trotzdem, brechen teils knapp vor dem Ende doch wieder die Abendschule, das freiwillige Jahr, die begonnene Lehrstelle ab. Manche treffen sich öfters vor Bahnhöfen oder hängen in der Stadt ab. Mit der digitalen Welt geht es manchmal besser, manchmal schlechter. An manchen Tagen sind es nur noch 2 Stunden, an anderen wieder 7 bis 10 oder mehr.

---

[62] Eine Peergroup ist eine Gruppe mit großem Einfluss, der sich ein Individuum zugehörig fühlt. Die Peergroup ist insbesondere im Jugendalter von Bedeutung, dort ergibt sich das Gefühl der Zugehörigkeit oft durch eine Altersgleichheit. Quelle: Wikipedia

Noch ein Faktor kommt hinzu, der eine fatale Wirkung ausübt. Die Vernetzung dieser Jugendlichen durch Apps, wie z.B. Snapchat. Ich habe sehr oft erlebt, dass sich Jugendliche über mehrere Monate sehr anstrengen, versuchen wieder Fuß zu fassen. Leider reicht oft schon ein strengeres oder falsch verstandenes Wort einer vorgesetzten Person bei der Arbeit bzw. einer Bezugs- oder Aufsichtsperson, um alles mühsam Aufgebaute ins Wanken zu bringen und abzubrechen. Ähnliches Gesamtverhalten konnte ich auch in Bezug auf eine z.B. nicht erwiderte oder ausgenutzte Liebe feststellen. Was jetzt fatal wirkt sind andere Jugendliche, die selbst abgebrochen haben oder denen langweilig ist. Sie ermutigen, z.B. via Snapchat, in einem 24-Stundenrythmus zum Drogenkonsum oder zum Abbruch, zum Abhängen, es wäre ja alles sowieso egal. Dieses Zünglein an der Waage, das bald minütlich auf das Handy niederprasselt führt dann zur fatalen Entscheidung des Abbruchs, trotz teils monatelanger Anstrengung wieder ins reale Leben zu finden.

Dies sind Erfahrungswerte vom Feld, die ich aus den Jahren 2007 bis 2010 in dieser Form überhaupt nicht kannte.

Die psychische Widerstandskraft vieler junger Leute ist nach meinen Erfahrungen vom Feld sehr schwach. Mit ursächlich hierfür ist der hohe digitale Konsum.

Die digitale Welt führt dazu, dass unser Gehirn ständig mit Belohnungsschüben in Form des Hormons Dopamin bombardiert wird. Das gibt ein gutes Gefühl und verlangt nach immer mehr. Unser Gehirn wurde über Jahrmillionen entwickelt. In der realen Welt, lange vor der Digitalisierung, gab es einen Dopaminschub, wenn wir z.B. Honig im Wald fanden, später war es dann vielleicht der Sonntagskuchen. Unser Gehirn ist nicht für 24stündige Dopaminpumpen, wie z.B. durch das Handy gebaut. Das Belohnungssystem in unserem Gehirn wird überreizt.

Es wurde wissenschaftlich nachgewiesen, dass viel Dopamin im Gehirn ähnlich der Droge Heroin wirkt, siehe z.B. Prof. Dr. Gary Small, Psychiatrie Universität Kalifornien. Hohe Bildschirmbenutzungszeiten führen zu Gehirnschäden im frontalen Kortex. Die graue Gehirnmasse reduziert sich und höhere Impulsivität als auch Aggression entstehen. Die Gehirnverbindungen logischen Denkens sind beeinträchtigt, was zu falschen

Entscheidungen führt. Der Frontallappen des Gehirns wird geschwächt und weitere Symptome wie z.B. Bipolarität können auftreten.

Alarmierend für mich ist auch der Zusammenhang zwischen Sucht und Depression. Rainer Thomasius, ärztlicher Leiter am Deutschen Zentrum für Suchtfragen des Kindes- und Jugendalters betont, dass, wer von sozialen Medien abhängig ist, ein weit über vier Mal höheres Risiko hat, an einer Depression zu erkranken.

Ich möchte den Blickwinkel deutlich auf das richten, was ich täglich auf dem Feld erlebe, nämlich die persönlichen, gesellschaftlichen, gesundheitlichen und wirtschaftlichen negativen Ausmaße langer Bildschirmnutzungszeiten von Kindern und Jugendlichen. Diese treten bei weitem über eine klinische Suchtbehandlung hinaus.

Ich schreibe diese Sätze insbesondere für all jene nieder, die in entsprechenden Entscheidungspositionen rund um die digitale Welt arbeiten, in der Industrie und beim Staat. Das Wissen um Schwachstellen, Bedrohungen und Auswirkungen steht zur Verfügung. Dank digitaler Welt ist es mit wenigen Klicks zudem abrufbar. Im Namen aller Kinder, mit denen ich arbeiten durfte, und all jenen Kindern und Jugendlichen, deren Erfahrungen in diesem Buch zu Papier gebracht wurden: „Nehmen Sie als Führungskraft ihre Verantwortung war. Nehmen Sie sich ein Beispiel an den jungen Leuten, die mich zu Kursen begleitet haben. Es geht um die Gesundheit unserer Kinder und die Entfaltung ihres Potentials, sowohl in der realen als auch in der digitalen Welt, mit allen gesundheitlichen, gesellschaftlichen und wirtschaftlichen Folgen, kurz und langfristig."

Zur klinischen Suchtbehandlung im digitalen Bereich möchte ich noch anmerken: Mir ist nicht bekannt, dass, während ich dieses Buch schreibe, z.B. im Land Luxemburg, ein Angebot an Therapieplätzen für Kinder gegeben ist. Es wäre sicher interessant, die Anzahl von Plätzen in anderen Ländern einmal für Kinder und einmal für Jugendliche festzuhalten. Mir ist auch nicht bekannt, dass es bewährte Behandlungsmethoden für Kinder gibt, die aus digitalen Suchtverhalten und dem Verlangen danach herausführen. Ich rege Suchtverbände an, hier ihre Zahlen und ihr Feedback weiterzureichen.

Was ich sicher weiß, ich hatte persönlich die letzten vier Jahre jährlich weit über 100 Eltern, die schwer betroffen waren und mit denen ich

Gespräche führte. Die meisten Eltern dachten, sie würden ihren Kindern eine Freude machen, etwas 'Gutes' tun, mit dem Kauf von Geräten und Apps, ähnlich dem Kauf eines Fahrrads. Manche dachten auch, dass es die Kinder besser haben sollten als sie selbst.

Wie bereits erwähnt, in der realen Welt erkennen wir viel leichter Gefahren. Wir sehen, fühlen, schmecken, riechen sie geradezu. Diese Schutzmechanismen haben sich über hunderte von Millionen Jahren entwickelt. Ganz anders sieht das für die virtuelle Welt aus.

In den Jahren 2016–2020 führte z.B. Luxemburg immer mehr Tablets in Schulen und Grundschulen ein. Die Zeitungen und Medien berichteten darüber. Aus meinen Gesprächen mit sehr vielen Eltern kristallisierte sich heraus, dass sie den Kindern schon vorab entsprechende Geräte kauften und kaufen, damit diese in der Schule nicht nachhängen. Leider ist das, nach meinen Erfahrungen des Feldes, ein Trugschluss. Ich verwende zur Erklärung wieder ein bildliches Beispiel rund um das Auto. Es käme niemand auf die Idee, Kindern mit 4 bis 6 Jahren die Autoschlüssel in die Hand zu drücken und diese losfahren zu lassen, damit sie in der Schule nicht hinterherhinken, wenn das Thema Verkehr durchgenommen wird.

Ich fand diese Beobachtung sehr interessant und sehr wichtig für Länder, die gerade an der Schwelle zur Digitalisierung von Schulen stehen, insbesondere auch im Zusammenhang mit Corona. Meines Erachtens ist hier sehr auf die Art und die Klarheit der Kommunikation zu achten. Das hilft, solche Trugschlüsse zu vermeiden.

Eltern erzählten mir auch, dass ihr Kind sich gut in der digitalen Welt auskennen würden, besser als sie selbst. Meine Erfahrung hier ist eine andere. Viele Kinder und Jugendliche kennen sich auch nach intensivstem jahrelangem Internetkonsum kaum aus. Sie sind Konsumenten. Sie können das Spiel oder die App bedienen, verfügen jedoch leider nicht über jene Kompetenzen, die in der digitalen Welt so dringend von Nöten sind.

Weiter fiel mir in den letzten Jahren auf, dass betroffene Eltern meist denken, nur ihr Kind hätte Probleme, bei allen anderen wäre alles gut. Sie suchen den Fehler bei sich. Dieses Phänomen fällt mir auch bei Lehr- und Erziehungspersonen auf.

Manche Eltern machen sich zudem Vorwürfe, da sie viel arbeiten müssen und damit wenig Zeit für die Familie bleibt. Ich könnte von hunderten erschreckenden, traurigen, auch zum Glück gut ausgehenden einzelnen Fällen berichten. Nicht selten haben mir Eltern erzählt, dass Kinder, teils sehr jung, ihre Hand gegen ein Elternteil erhoben haben, weil Mama oder Papa beim Computerspiel störte oder das Surfen im sozialen Netz als zu exzessiv empfand, zum Hausaufgaben machen oder zum Schlafen gehen mahnte. Ich will einen Fall herausgreifen, weil diese Mutter mich in meinem Innersten berührte. Sie rief vor und zu Beginn des Kurses mehrmals an, entschuldigte sich, dass sie sich verspäten würde. Die Teilnahme am Kurs war ihr sehr wichtig. Abgehetzt kam sie dann ungefähr 40 Minuten nach Kursbeginn hinzu. Ich erklärte gerade die Funktionsweise digitaler Geräte auf das Gehirn von kleinen Kindern. Plötzlich brach die Dame in Tränen aus und all ihre Sorgen sprudelten aus ihr heraus. Sie und ihr Mann hatten ihren Kindern die digitalen Geräte gekauft, um ihnen eine Freude zu machen. Sie dachten, die Kinder würden sich dadurch die digitalen Kompetenzen aneignen, in der Schule besser Bescheid wissen. Leider verschlechterten die Noten sich zusehends und die Kinder wurden aggressiv. Eines der Kinder von 16 Jahren wurde gegenüber der Mama sogar körperlich gewalttätig, als diese nach einer Operation Hilfe benötigt hätte. Die Bitte um Hilfe hatte die jugendliche Person beim Computerspiel gestört. Sie konnten auch den älteren Geschwistern nicht das kleinste Geschwisterchen anvertrauen. Sie hatten Angst vor einem möglichen Schütteltrauma für das Kleinste, denn die älteren Geschwister waren unberechenbar, wenn sie sich in ihrer digitalen Welt gestört fühlten. Sowohl der Vater als auch die Mutter wussten nicht mehr, was sie tun sollten.

Lehr- und Erziehungspersonal, die meine Kurse mitbegleiten, sind eigentlich immer erstaunt über die exzessive Nutzung vieler Kinder von digitalen Geräten und die Art der Inhalte von Apps und Spielen. Manche sagen sogar, dass sie ursprünglich dachten, die Kinder sehr gut zu kennen, doch das sei bezüglich der digitalen Welt gar nicht der Fall.

Nach meinen Erfahrungen, nach all den Gesprächen mit Eltern, Lehr- und Erziehungspersonen, korrelieren abnehmende Leistungen der Kinder sowie z.B. zunehmende Aggression eindeutig mit der exzessiven Nutzung digitaler Geräte. Auch bezüglich Konzentrationsschwächen,

Übermüdungserscheinungen und sonstigen Verhaltensauffälligkeiten gibt es eine hohe Korrelation mit dem Abtauchen der Kinder in die digitale Welt.

Kommen die Erzieh- oder Lehrpersonen mit Kindern nicht mehr zurecht, so meine Erfahrung, suchen sie oft den Fehler bei sich. Sie können sich nicht vorstellen, dass z.B. 8-9-Jährige Stunden lang und ohne Pause sowie noch nachts um 02:00 Uhr Fortnite spielen oder von der App Snapchat in Bann gehalten werden.

Ich möchte zur Veranschaulichung den Vergleich mit Autoschlüsseln aufgreifen. Ich glaube, niemand drückt einem Kind oder Jugendlichen die Schlüssel eines Porsche GT 3 mit über 380 PS oder einer Corvette C5 mit 420 PS in die Hand und lässt das Kind losdüsen. Es käme auch niemand auf die Idee das Argument heranzuziehen, dass sich die Kinder und Jugendlichen sehr gut auskennen würden, nichts passieren würde, schließlich würden sie schon seit vielen Jahren die Straßen benutzen.

Gewiss würden sich Kinder und Jugendliche freuen, wenn sie solch einen Autoschlüssel in die Hand gedrückt bekämen. Die Kinder würden sich auch sicherlich noch mehr freuen, wenn die Nachbareltern das gleiche täten. Es wäre anzunehmender Weise eine große Freude, wenn viele Erwachsene ihre Autoschlüssel den Kindern und Jugendlichen geben würden. Die Kinder würden zudem sicherlich die Autoschlüssel nicht mehr hergeben wollen. Wir hätten eine Art gesellschaftlichen Gruppendruck geschaffen. Es gäbe noch einen zusätzlichen Nebeneffekt, wir Erwachsenen, müde von der Arbeit, hätten unsere Ruhe. Doch, es bliebe trotzdem alles andere als vernünftig.

So bildlich vereinfacht der Vergleich auch sein mag, genau dies passiert mit den Smartphones und Spielekonsolen. Im Großraum Luxemburg verfügen schon viele Kinder von 8-9 Jahren über die neuesten Modelle von Hochleistungsrechnern in Form von Smartphones und Spielekonsolen. Es handelt sich um Rennmaschinen der digitalen Welt mit direktem Zugang ins Netz.

Auch Schlussfolgerungen ähnlich derer, dass 11-Jährige, die einen Porsche-Autoschlüssel in die Hand gedrückt bekommen dadurch einmal gute Ingenieure werden, die eines Tages an neuen Antrieben wie z.B. dem Wasserstoffantrieb arbeiten, sind ebenfalls nicht nachvollziehbar.

Nehmen wir uns selbst als Beispiel. Hand aufs Herz. Sie fahren Auto. Wissen Sie, wie der Verbrennungsmotor ihres Autos funktioniert? Wie viele LeserInnen dieser Zeilen wissen es? Könnten Sie den Motor ihres Autos auseinander- und wieder funktionsfähig zusammenbauen? Weder wissen noch können es die meisten von uns. Wir sind Konsumenten. Das gilt auch für die Kinder, was die digitale Welt betrifft. Immer wieder erlebe ich jedoch, dass wir Erwachsenen derlei Fehlschlüsse ziehen, wenn wir Kindern und Jugendlichen unbegleitet Smartphones und Spielekonsolen in die Hand geben. Zu oft habe ich Erwachsene und EntscheidungsträgerInnen erlebt, die denken, wir würden dadurch gute Programmierer hervorbringen oder junge Genies, die wüssten, die Potentiale der digitalen Welt für uns Menschen zu erschließen. Meine Erfahrungen auf dem Feld zeigen, dies sind Trugschlüsse.

Sehr interessant in diesem Zusammenhang, so manche Lehrperson über 45 Jahre zeigte mir die letzten vier Jahre bewerkstelligte Aufgaben von Schülerinnen und Schülern vor mehr als 10 Jahren, egal ob handwerklich, mathematisch, textlich, räumlich, künstlerisch oder musikalisch. Sie zeigten mir auch Ergebnisse der letzten Jahre. Ihre Schlussfolgerung: „Aufgaben, die wir vor 10-15 Jahren 14 und 15-Jährigen stellten, können heute teils 17 oder 18-Jährige kaum noch bewältigen und mit viel schlechteren Resultaten. Bei 14 und 15-Jährigen ist es faktisch nicht mehr möglich, die Aufgaben zu stellen."

Wissenschaftlich wurde zudem festgestellt, je mehr elektronische Geräte, desto weniger Schlaf haben die Kinder und desto mehr Gewicht.

Gerade der Schlaf hat jedoch sehr wichtige Auswirkungen auf

- die Gehirnreifung,
- die neuronale Plastizität,[63]
- die Lernprozesse und
- die Gedächtniskonsolidierung.

[63] Die Eigenart von Synapsen, Nervenzellen oder auch ganzen Hirnarealen, sich zwecks Optimierung laufender Prozesse in ihrer Anatomie und Funktion zu verändern.

Zu beachten ist auch, dass vor allem während des Schlafs das glymphatische System[64] mit dem Liquor[65] gefährliche Abfallprodukte aus dem Gehirn spült. Es fallen täglich ca. 7 Gramm Abfallstoffe an. Damit der Körper diesen Funktionen korrekt nachkommen kann, wird empfohlen, vor 23:00 Uhr abends schlafen zu gehen.

Sie können sich eine einfache Regel merken: Wer morgens einen Wecker braucht schläft zu wenig. Das gilt auch für uns Erwachsene.

Sie sollten zudem wegen den Wellenfrequenzen im Gehirn ca. zwei Stunden vor dem Schlafen gehen Bildschirmzeit vermeiden, daher z.B. nicht mehr auf einem e-Book lesen. Natürlich verfügen manche Geräte heute über entsprechende Lichteinstellungen, diese sind jedoch von den Benutzern zu aktivieren, genauso wie der Knopf 'Flugmodus' vor dem Schlafen gehen.

Aus meinen Erfahrungen vom Feld verfügen leider viele Erwachsene und noch weniger Kinder oder Jugendliche über diese wichtigen, grundsätzlichen Schutzreflexe.

Haben Kinder und Jugendliche Geräte auf ihrem Zimmer, so ist nach meinen Erfahrungen der Drang nach App-Nachrichten oder der Angst etwas zu verpassen so hoch, dass sie, trotz eventuellem Schutzreflex den Flugmodus deaktivieren und teils rund um die Uhr Nachrichten checken, kommentieren und versenden, siehe z.B. Snapchat. Bedenken Sie, die digitalen Systeme versuchen Sie und ihre Kinder mit allen Mitteln in Bann zu ziehen und am Bildschirm zu halten, zu Aktivitäten zu animieren und dazu zu verleiten, mit 300 bis 1.000 und mehr digitalen Freunden im 24-Stundenrythmus zu interagieren. Das gilt auch für Spielekonsolen. Für Kinder und Jugendliche ist es kaum möglich, diesen Versuchungen zu widerstehen.

Wie bereits beschrieben, zeigen die Studien des Weiteren klar auf, dass Fernsehen, Computer, Handy, Spielekonsole und Co. **für Kinder unter drei Jahren nicht gut sind**. Erwachsene sollten die Geräte auch nicht vor den Kindern benutzen oder auf dem Tisch liegen lassen etc., da

[64] Entsorgungssystem für Abfallstoffe im Zentralnervensystem (ZNS) der Wirbeltiere, also in Gehirn und Rückenmark.

[65] Körperflüssigkeit, die das Zentralnervensystem umgibt, daher Gehirn und Rückenmark.

Kindergehirne alles, wie bereits erwähnt, wie einen Schwamm direkt in das mächtige Unterbewusstsein aufsaugen und dadurch konditioniert werden.

Mir fiel auf, egal ob in Gesprächen mit Eltern, Lehr- und Erziehungspersonal oder ÄrztInnen, PädagogInnen, PsychologInnen, Polizei, jeder sieht nur seinen kleinen Teil des Puzzles. Einen interdisziplinären sowie horizontalen, fachlichen Austausch zwischen Ministerien, Gemeinden als auch Akteuren des Feldes zu 'Cyberweltbewusstsein', 'Gesund (aufwachsen) in der digitalen Welt' und 'technische Cybersicherheitsstrukturen' im Bereich Kinder und Jugend gibt es z.B. seit 2010 im Land Luxemburg nicht mehr.

Wie bereits erwähnt, ist auch ein Frühwarnsystem, das ein anonymisiertes Teilen von Bedrohungen ermöglicht, nicht gegeben. Ebenfalls fehlt für den Kinder- und Jugendbereich der Ansatz einer Risikoanalyse.

Warum?

Das ist für wirtschaftliche, staatliche oder kritische Infrastrukturen, was den Cyberbereich betrifft, bereits seit vielen Jahren ganz anders.

Wären diese Instrumente eingesetzt, so könnten unterschiedlichste Bedrohungslagen oder Schwachstellen effektiv und sehr schnell an involvierte Akteure wie ÄrztInnen, PsychiaterInnen, PsychologInnen, Schulen, Kinderbetreuungsstätten, Polizei, Gerichtsbarkeit, politische EntscheidungsträgerInnen etc. anonymisiert weitergeleitet werden, dies sogar einfach und schnell länderübergreifend. Ein schneller, effektiver Überblick zur Ist-Situation, zu Schwachstellen, Bedrohungslagen und Risiken wäre möglich.

Für mich ist das Fehlen solcher Instrumente erstaunlich, insbesondere da z.B. das von SMILE (Security Made In Luxembourg) entwickelte und international bekannte System MISP[66] (eine Open Source Threat Intelligence Platform), das weltweit in Industrie, Finanzwesen, sowie bei Staaten im Einsatz ist, meines Erachtens ohne größeren Aufwand entsprechend adaptierbar wäre. Gespräche dazu führte ich unter anderem

[66]Bei der Malware Information Sharing Platform (MISP) handelt es sich um eine Plattform zum Teilen, Korrelieren und Abspeichern von Indicators of Compromises (IoCs) [Schadensindikatoren] gezielter Cyberattacken.

persönlich mit den Entwicklern dieses Systems im Jahr 2017 auf dem MISP Tag der hack.lu.

Interessant ist das Fallbeispiel Luxemburgs, da dort bis 2010 ein entsprechender Weg ursprünglich beschritten wurde, daher eine risikobasierte, ganzheitliche Cybersicherheitsstrategie, die auch die Kinder- und Jugendlichen mit beinhaltete. Zu Beginn 2016 dachte ich, dass der Abbruch dieses Werdegangs eventuell am Lobbying digitaler Industrien liegen könnte, schließlich geht es um einen Multi-Milliarden-Markt und um die leichte Beeinflussung von Gehirnstrukturen. Dafür habe ich jedoch keine Anzeichen gefunden. Wieso erwähne ich dies? Ich finde, dass dies als Praxisfall sehr interessant und eine Untersuchung der Ursachen wert ist, insbesondere im Hinblick auf die Digitalisierungsdiskussionen in anderen Ländern, wie z.B. Deutschland, sowie dem Digitalisierungsdruck aufgrund des Coronavirus.

Als Volkswirtin möchte hier eine Frage vorbringen. Was wäre denn, wenn der Großteil der Zeit, den die Kinder und Jugendlichen als Konsumenten vor Computerspielen sitzen oder in sozialen Medien verbringen, anstatt dessen in den verständigen, spielerischen, kreativen Umgang mit digitaler Technik, in Cyberweltbewusstsein und in Programmiersprachen gesteckt würde?

Die wirtschaftliche Kraft durch Fokus, Kreativität und Innovation in Kombination mit dem Ausschöpfen des Potentials digitaler Möglichkeiten wäre in Milliarden wohl kaum zu beziffern, von den gesellschaftlichen Mehrwerten ganz zu schweigen.

Viele Kinder und Jugendliche hätten sehr viel Spaß. Sie müssten nicht von reichen Gamer-Karrieren träumen, sie bräuchten keine Angst vor der Zukunft zu haben. Ihre Gegenwart und Zukunft wäre auch nicht durch Cybermobbing, sexuelle Belästigungen, sonstige digitale Gewalt, Ritzen, Selbstmordgedanken oder dem Wunsch nach Schönheitsoperationen geprägt, der Furcht etwas zu verpassen, dem beständigen Streben nach Zerstreuung, dem Bedürfnis nach der digitalen Dopaminnadel, den Drogenangeboten via Apps, … denn vor ihnen lägen traumhafte Karrieren.

Wieso schlagen unsere Gesellschaften nicht solche Wege ein?

3.2.6. Selbstwertgefühl, Freude und Fokus

Nach meinem dritten oder vierten Kurs im Jahr 2016 mit 13-Jährigen sprach mich zitternd, mit Tränen in den Augen, ein Mädchen an. Sie wies mir ihre Ritzwunden, Selbstverletzungen, zeigte mir entsprechende Inhalte auf Instagram und sprach von der Sinnlosigkeit des Lebens. Ich konnte sie davon überzeugen, mit mir zu einem psychologischen Dienst zu gehen. Dieser sprach auch mit den Eltern.

Immer öfters lenkten Kinder und Jugendliche meine Aufmerksamkeit auf dieses Phänomen. Sie zeigten mir Hashtags auf Instagram mit teils sehr verstörenden Inhalten, sowie Fotos auf Snapchat. Ich las Forschungsmaterial, besuchte ein Symposium eines Krankenhauses und sprach mit ÄrztInnen.

2017 wurde ich in eine höhere Schule gerufen. In der Mittagspause lud mich die Vizedirektorin zu einem gemeinsamen Essen ein. Ich schnitt das Thema 'Selbstverletzung' und meine diesbezügliche Sorge an. Sie erzählte mir, dass ihre Schule erst vor ca. 6 Wochen eine Wohlfühlanalyse unter den SchülerInnen durchgeführt hätte, da sich die Schule ebenfalls Sorgen machen würde. Die Ergebnisse der Schule, damals noch nicht veröffentlicht, waren sehr ernüchternd. Einem Großteil der jungen Leute mangelte es an Selbstwertgefühl, an Zielen und Freude. „Die jungen Leute vergleichen sich mit den Inhalten im Netz“, seufzte die erfahrene Pädagogin.

Ich erzählte der sehr kompetenten und verantwortungsvollen Lehrerin, dass 2015 ein bekannter deutscher Wissenschaftsautor, Stephan Klein, Physiker und Autor des Buches 'Die Glücksformel', Luxemburg besucht hatte. Die Gemeinde Samen und die Universität Luxemburg hatten ihn eingeladen. Ich hatte seinen sehr aufschlussreichen Vortrag 'rund um das Training von Glück' besucht und mit ihm gesprochen.

Die Pädagogin und ich versuchten Antworten zu finden. Wir fragten uns beide: „Woher kommt der große Mangel an Selbstvertrauen, der Mangel an Glücksgefühl vieler Jugendlicher?“

Neben den wissenschaftlichen Erkenntnissen blicke ich dazu auf meine Erfahrungen vom Feld und halte in diesem Buch ein paar Punkte fest.

- Das erste iPhone war 2007 auf den Markt gekommen. Damals gab es noch keine Apps wie TikTok, ehemals musical.ly, Snapchat oder Instagram. Doch der Markt entwickelte sich schnell, ähnlich auch im Bereich der YoutuberInnen / InfluencerInnen.
- YoutuberInnen / InfluencerInnen sind heute oft Leitbilder von Kindern und Jugendlichen. Viele YoutuberInnen machen faktisch alles, um mehr Klicks zu erhalten. Die Auswirkungen auf das Verhalten vieler Kinder und Jugendlicher erlebe ich 'live' auf dem Feld.
- Apps wie TikTok sind geradezu eine Einladung zur Entwicklung von Narzissmus, Vergleichen und Selbstzweifeln. Dabei sind die Kinder, welche die App benutzen, noch sehr jung. Ich beobachte immer jüngere Benutzergruppen.
- Dann, die hohe Anzahl der Scores, daher verschickte und empfangene Fotos der Kinder und Jugendlichen auf Snapchat.
- Zusätzlich gehen mir die vielen Spiele und Videos, Lieder im Netz, sowie Netflix-Serien mit düstern, negativen und gewalterfüllten Inhalten durch den Kopf, als auch all das Werben um Konsum, perfekt gezeigte Körper, Filter auf Apps, das Bewerben einer immer schönen heilen Welt, in der jeder alles hat und sofort alles bekommt. Dabei rücken immer jüngere Kinder in den Fokus digitaler Unternehmen.

Noch während die erfahrene Pädagogin und ich damals zusammensaßen, wusste ich, dass ich in weiteren Kursen stets die Ermittlung des Wohlfühlfaktors von Jugendlichen integrieren würde. Es war mir damit noch leichter, auf das Selbstwertgefühl Jugendlicher zu schließen.

Meine Ergebnisse vom Feld waren sehr ernüchternd. Sicherlich 70% der jungen Leute meiner Kurse wiesen einen größeren Mangel an Selbstwertgefühl auf. Gut ein Viertel der Jugendlichen ab 13 Jahren fiel nichts ein, was am Tag vor Start meines Kurses irgendeine Freude bereitet hätte oder für was sie dankbar an dem Tag waren. Selbst nach Beispielen von Klassenkameraden, wie die Freundin hat an der Bushaltestelle gewartet, die Sonne hat geschienen, die Katze hat geschmust, fiel einem guten Fünftel von ihnen nichts ein. Im Hinblick auf kurzfristige und / oder langfristige Ziele sah es noch schlechter aus. Hier tappten manchmal bis zu 50% der jungen Leute, egal ob 15, 16, 17 Jahre alt oder gar älter im Leeren. Dies selbst nach Beispielen anderer junger Leute wie 'dieses

Schuljahr schaffen', 'eine liebe Freundin haben', 'den Führerschein machen', 'eine Stelle finden'.

Gut 5-15% der Jugendlichen erzählten mir von Schönheitsoperationen, die sie mit 18 Jahren machen lassen wollten, die Nase, die Lippen, die Stirn.

Für nicht wenige Jugendliche, 5-10%, war die Schule auch zu einer Art 'Squating-Platz'[67] geworden. Diese jungen Leute gehen nicht mehr zur Schule, um etwas lernen zu wollen, sondern nur noch, um FreundInnen zu treffen.

Dabei hat die Glücks- und Neuroforschung schon seit längerem nachgewiesen, dass 'sich wohl fühlen' sowie 'mit Freude und dem Herzen lernen' wie Flüssigdünger für das Gehirn sind. Die Neuronen verknüpfen sich.

Mir fiel zudem auf, dass viele Jugendliche einen unheimlichen Druck gesellschaftlicher Erwartungen an sie verspüren.

Nicht wenige geben des Weiteren an, dass Arbeiten etwas Schreckliches, etwas Negatives sei. Dies, obwohl die meisten noch keine Arbeitserfahrung gemacht haben. So manche und mancher träumen von einer Karriere als YoutuberIn, InfluencerIn oder GamerIn sowie vom schnellen Geld.

Nach meiner Erfahrung fühlten sich in meinen Kursen 2018-2020 gut 30-50% der jungen Leute ab 16 Jahre aufwärts verloren, den Ansprüchen der Gesellschaft nicht gewachsen. Ihr Weltbild, ihre Informationen wurden dabei vom Handy gefüttert, meist Instagram, Snapchat, sowie Netflix und von Spiele-Streamingdiensten bzw. Konsolen.

Es fiel mir auf, **dass die digitalen Inhalte massiv das Denken vieler Kinder und Jugendlicher beeinflussen und damit direkt ihr Handeln**. Es sollte jedoch genau andersherum sein, **unser Handeln sollte unser Denken bestimmen!**

Erneut suchte ich nach Forschungsliteratur. Im Mai 2018 erschien die britische Studie 'Status of Mind: Social Media and Young People's Mental Health and Well Being', der Royal Society of Public Health. Zum

---

[67] Ist Umgangssprache Jugendlicher in Luxemburg und als eine Art Treffpunkt des Abhängens zu verstehen.

großen Teil deckten sich meine Erfahrungen vom Feld mit den Forschungsergebnissen in England.

Noch ein Wort zum Thema 'Fokus & Zerstreuung'

In all meinen Berufsjahren habe ich nie erlebt, dass permanente Zerstreuung zu Produktivität führt. Im Gegenteil. Permanente Zerstreuung, permanentes Ablenken zerstört nach meiner langjährigen Berufserfahrung die Produktivität.

Die letzten Jahre stelle ich mir oft die Frage, ob neue Technologien und soziale Medien zu einer Erosion unseres schöpferischen Potentials führen? Ich habe diesen Eindruck, wenn ich meine Erfahrungen der letzten vier Jahre vom Feld betrachte. Viele Menschen verbringen kostbare Stunden mit sinnlosen Tätigkeiten als Konsumenten an digitalen Geräten. Theoretisch ist wenigstens vielen Erwachsenen dies bewusst, doch emotional können selbst wir Erwachsene der Versuchung manches Mal nicht widerstehen. Wir hängen am Haken.

Meines Erachtens kostet dieses Verhalten bereits heute die Unternehmen an entgangener Qualität und Produktivität Milliarden, gesellschaftlich wohl noch viel mehr. Die Leute sind nicht bei der Sache. Wertvolle Konzentration wird von einer fraglichen Nutzung der Technologien beschlagnahmt. Jungen Leuten wird die Fokussierung genommen. Dies vereitelt ihre Chance, ihr Potential zu entdecken und zu entfalten.

Ich schreibe dies, obwohl ich von Technik begeistert bin und sie gutheiße. Sie ermöglicht uns ein besseres und bequemeres Leben als vor 100 Jahren.

Zudem sollte uns allen bewusst sein, dass technische Entwicklungen nicht zu stoppen sind. Bildlich gesprochen macht es keinen Sinn sich vor einen Grashalm zu stellen und zu sagen: „Stopp, hör auf zu wachsen“.

Jedoch, es liegt an uns, in welche Richtung wir die technischen Entwicklungen und die Benutzung digitaler Medien lenken. Wir entscheiden,

- ob wir damit bei Kindern Kompetenzen entwickeln und Potentiale entfalten, welche den Chancen neuer technischer Möglichkeiten gerecht werden oder

- ob ein Großteil der Kinder Opfer einer eventuell falsch verstandenen Digitalisierung wird mit allen gesundheitlichen, wirtschaftlichen und gesellschaftlichen Folgen.

3.2.7. Wahrheit, Halbwahrheit, Fake?

In Gruppen von 14- bis 17-Jährigen frage ich regelmäßig, ob jemand dann und wann Zeitungen liest und welche? Meist bleiben 95% der Hände unten. Das trifft auch auf die kostenlos überall zur Verfügung stehende luxemburgische Zeitung 'Essentiel' mit Kurztexten zu. Ab und an berichten junge Leute, dass die Eltern noch eine Zeitung kaufen würden, z.B. die Bildzeitung, selten mal ein anspruchsvolleres Blatt. In privaten Schulen sieht es etwas besser aus. Dort gehen nach meinen Erfahrungen noch ca. 20-40% der Hände nach oben.

Wenn ich nachfrage, woher sie ihre Informationen beziehen, so kommt meist wie aus der Pistole geschossen 'Instagram'. Instagram gehört Facebook. Hierzu muss ich anmerken, Instagram ist die 'Fake News' Plattform im Netz der westlichen Welt. Immerhin, ein paar Tage vor Weihnachten 2019 gab Facebook bekannt, dass sie zukünftig NutzerInnen warnen wollten, wenn diese Falschinformationen zu sehen bekämen.

Sehr viele Jugendliche glauben an Verschwörungstheorien. Manche GeschichtslehrerInnen haben mich diesbezüglich fast schon verzweifelt angesprochen.

In diesen letzten Jahren blicke ich auf viele Jugendliche mit wenig Selbstvertrauen und großer Leichtgläubigkeit. Was tun?

Sollten Sie öfters mit Verschwörungstheorien konfrontiert sein oder einfach so, aus Interesse, möchte ich Ihnen folgendes Buch wärmstens empfehlen: 'Starrköpfe überzeugen – Psychotricks für den Umgang mit Verschwörungstheoretikern, Fundamentalisten, Partnern und ihrem Chef', Autor Sebastian Herrmann, Rowohlt Verlag, März 2017[68]. Hier finden Sie viele wertvolle wissenschaftliche Informationen zur Funktion rund um Glaubenssysteme, sowie wertvolle Tipps zum Umgang mit solch irrationalem Denken.

---

[68] Das Buch ist in deutscher Sprache.

Es gibt eine ganze Armada von Erkenntnissen aus den Neurowissenschaften und der Psychologie, die Ihnen helfen können. Möchten Sie Jugendliche erreichen, die in Verschwörungstheorien abzurutschen drohen, können Sie diese Erkenntnisse einsetzen. Hierzu für Sie das Beispiel 'Emotionen und Wahrheitsgefühl'.

Wir alle sollten wissen, dass Emotionen besonders wirkmächtig sind. Sie beeinflussen fundamentale psychologische Prozesse wie Aufmerksamkeit, Gedächtnis und die Verarbeitung von Informationen.

Eine ehemalige Cybersicherheitskollegin von mir, die heute für die Sicherheit einer Großbank zuständig ist, besuchte in der USA einen 'Social Engineering'[69]-Kurs. Für ihre Zertifizierung musste sie, ganz real, an wichtige Daten eines Systems eines Unternehmens herankommen. Eigentlich eine fast unmögliche Aufgabe. Das Unternehmen war gut geschützt. Die MitarbeiterInnen hatten entsprechende Sicherheitstrainings hinter sich. Über eine kleine Internetrecherche fand meine frühere Kollegin jedoch heraus, dass eine Angestellte in Schlüsselposition erst vor kurzem Mama geworden war. „Das könnte eine Schwachstelle sein", erzählte sie mir, „denn Eltern sind die ersten Monate übermüdet, haben Stress Beruf und Privatleben zu vereinbaren und sind emphatisch gegenüber anderen, denen es ähnlich geht".

Meine ehemalige Kollegin nahm das Schreien eines Babys auf. Sie rief im Unternehmen an und ließ sich zu jener Führungskraft durchstellen. Sie flunkerte und formulierte ihr Anliegen bezüglich der Daten, da sie Sicherheitsprüfungen vorzunehmen hätte, jedoch Teilzeit von Zuhause aus arbeiten würde. Die Führungskraft war kritisch. Meine ehemalige Kollegin gab nicht auf. Sie flunkerte weiter, dass sie zwei Kinder habe, das jüngste sei erst vor kurzem auf die Welt gekommen und mache viel Arbeit, da es Schlafprobleme hätte. Jetzt drückte sie den Abspielknopf und ließ die Aufnahme des schreienden Babys abspulen. „Moment, ich bin gleich wieder am Telefon", flunkerte meine Kollegin vor. Mit

---

[69] 'Social Engineering' bezeichnet eine Vorgehensweise, bei der die Schwachstelle Mensch benutzt wird. Bezüglich Cyberkriminalität werden dabei z.B. MitarbeiterInnen eines Unternehmens mit einem Trick überredet, die normalen Sicherheitsvorkehrungen zu umgehen und sensible Informationen preiszugeben.

vorgespieltem abgehetztem Atem griff sie nach ca. 20 Sekunden wieder zum Hörer. Die Führungskraft gab ihr die nachgefragten Daten.

Emotionen lassen oft die Vernunft in den Hintergrund rücken. Daher, am Anfang steht das Gefühl, dann erst kommt die Bewertung. Wenn wir etwas sehen, lesen oder hören, stellen wir uns meist die Frage: „Finde ich das gut oder schlecht?“ wobei die richtige Frage wäre eigentlich „Wie sieht die Faktenlage aus?“ Wir 'pfeifen' im Grunde auf die Fakten, wir 'glauben' einfach! Dabei gilt die folgende Regel: Wir glauben etwas Angenehmes lieber als etwas Unangenehmes.

Wir akzeptieren eine Aussage auch eher, wenn sie von positiven Gedanken begleitet wird. Menschen gelingt es zudem leichter Dinge zu glauben, von denen sie sich wünschen, dass sie wahr sind.

Dabei gilt, je weniger geistige Anstrengung die Verarbeitung von Informationen fordert, desto eher glauben wir diesen. Neue Informationen zu bedenken und zu bewerten, die eventuell auch noch den eigenen Einstellungen widersprechen, kostet Kraft.

Und schließlich, solange sich jemand, der z.B. in den Glauben einer Verschwörungstheorie abrutscht, im Zustand der Leichtigkeit und Entspannung befindet, wird er Informationen eher glauben. Wer daher überzeugen will, darf das Gefühl von Wahrheit bei seiner(m) DiskussionspartnerIn nicht abwürgen.

Zusammenfassend lässt sich sagen, es reicht nicht, sich auf wahre Aussagen zu berufen. Diese Aussagen müssen sich für unser Gegenüber auch 'wahr anfühlen'. Und wir müssen unser Gegenüber dort abholen, wo sie / er zum Zeitpunkt steht.

Ein zusätzlicher Tipp:

Kommunikation lässt sich in zwei Sprachsysteme einteilen[70]:

- Das vertikale Kommunikationssystem: Dieses spannt sich zwischen den Achsen Rang und Revier auf. Durchsetzungsstärke, Hierarchie und Entscheidungsfreude sind hier wichtig.

---

[70] Forschungen der amerikanischen Soziolinguistin Deborah Tannen, Georgtown Universität.

- Das horizontale Kommunikationssystem: Hier spielen Zugehörigkeit und inhaltliches Interesse eine zentrale Rolle. Es zählen Gleichberechtigung, Harmonie und Teamgeist.

Je nach dem, zu welchem Sprachsystem ihr Gegenüber gehört, ist eine andere Form von Kommunikation notwendig, sowie eine andere Form von Kommunikationseskalation, wenn erforderlich.

Wird die Unterschiedlichkeit im Sprachverhalten nicht berücksichtigt, kann es zu tragischen Entwicklungen kommen.[71]

Ich empfehle hierzu einen Blick in Dr. Peter Modlers[72] Publikationen zum Thema.

3.2.8. Fragwürdige Inhalte rund um Rassismus und Rassismus

2018 erlebte ich zum ersten Mal Hitlergrüße unter Grundschulkindern. Sie sagten: "Es ist nur Spaß. Wir haben das über das Internet gelernt". Zuerst dachte ich, dass dies mit dem Computerspiel Call of Duty zusammenhängen würde, da dieses von Kindern nach meinen Erfahrungen recht viel gespielt wird. 2018 stieß ich über Jugendliche jedoch auch auf z.B. Musik in den Sprachen des Großraumes mit rassistisch angehauchten Inhalten. Ich machte die Erfahrung, dass es sogar vereinzelt Kinder zwischen 6 und 11 Jahren gibt, die Hitlerreden schauen.

---

[71]Beispiele bis hin zur Demokratiegefährdung: (1) Rechtspopulisten, die durch ein vertikales Kommunikationssystem parlamentarische Hausregeln brechen können, weil andere ParlamentarierInnen und der / die ParlamentspräsidentIn das horizontale Kommunikationssystem pflegen sowie die Mechanismen vertikaler Kommunikationssysteme nicht kennen. (2) Inhaltliche Diskussionen werden unterdrückt, da ModeratorInnen ein horizontales Sprachsystem pflegen und Mechanismen vertikaler Sprachsysteme nicht kennen. Sie verlieren dadurch die Kontrolle über TeilnehmerInnen, die das vertikale Sprachsystem bedienen, siehe Aufeinandertreffen Trump / Biden im Wahlkampf 2020 in der USA. In beiden Beispielen (1) und (2) können Personen, die das vertikale Sprachsystem bedienen, gegebene Plattformen für 'sich' instrumentalisieren. Heutige digitale Medien entfalten dabei zusätzlich eine Hebelwirkung bezüglich der Auswirkungen.

[72]Dr. Peter Modler, Lehraufträge Universität Freiburg, Autor mehrerer Bücher zum Thema '2 Sprachsysteme'.

Im Großraum Luxemburg leben viele Nationen. Viele Kinder und Jugendliche verbringen sehr viel Zeit im Netz. Meine Erfahrungen der letzten Jahre haben mir aufgezeigt, dass es dort vieles gibt, was eine gesunde geistige Entwicklung von Kindern und Jugendlichen beeinträchtigt. Wie bereits erwähnt, die Erwachsenen wissen größtenteils nichts davon.

Ich empfehle auch bei diesem Phänomen anfangs einfache Übungen zu integrieren, um zunächst das Wertesystem einer Gruppe und der einzelnen Personen zu erkennen: Hauptakteure, Mitläufer, Verängstigte, Gegenläufer, Empathie-Verständnis der Gruppe, sowie Verständnis zum Wertesystem und zur Legislative unserer Gesellschaft.

Wie bei den Phänomenen 'Cybermobbing' und 'Sexuelle Übergriffe unter Kindern' ist eine längerfristige Begleitung der Gruppen, daher über mindestens 6 Monate und teils viel länger unabdingbar. Dies, um die Kinder und Jugendlichen wieder zurück zu unserer Legislative und den Werten unserer Gesellschaft zu führen und um, je nach Gruppenrolle, z.B. bei Opfern Selbstbewusstsein, bei anderen Zivilcourage etc. aufzubauen. All das benötigt Zeit und stete Begleitung.

Es ist insbesondere in Bezug auf neue Medien darauf zu achten, dass jene Werte, die unseren demokratischen Grundgesetzen zu Grunde liegen, nicht plötzlich unterlaufen werden, z.B. Auftreten 'rassistischer Werte', die von der Mitte der Gesellschaft getragen werden. Dies, da neue Medien eine enorme Hebelwirkung entfalten, international agieren, die Unternehmen dahinter heute faktisch nicht zur Verantwortung gezogen werden können und Inhalte sowie Gruppenbildungen oft über Monate hinweg, kaum sichtbar sind. Zusätzlich kommen, nach meinen Erfahrungen vom Feld, die leichte Beinflussbarkeit und Prägung von Kindern und Jugendlichen hinzu sowie der Mangel an Selbstbewusstsein und das Gefühl der Perspektivlosigkeit sehr vieler Jugendlicher.

Ebenfalls, sind einmal mehr, die 'Gehirnentwicklungsphasen der Kinder', sowie die 'erfahrungsabhängige Neuroplastizität' mit zu bedenken.

3.2.9. Darknet, Waffen

Zwei bis drei Mal jährlich zeigen mir Jugendliche Fotos von Waffen, wie z.B. Schlagringe oder Messer, die via Snapchat zum Verkauf angeboten werden. Bis dato waren es immer mehrere Tage oder Wochen alte Screenshots von Angeboten, die unter den Jugendlichen rumgereicht werden. In Kursen bin ich jedoch aus Zeitmangel noch nie auf das Thema schwerpunktmäßig eingegangen. Ich kann daher kaum Erfahrungswerte niederschreiben.

Ich frage Jugendliche und Kinder jedoch ab und an mal nach dem Darknet. Ich erkläre dann für gewöhnlich den Aufbau des Internets sowie Honeypots und Honeynets.[73]

Ich erzähle dann auch immer von der Sicherheitskonferenz hack.lu, die jährlich in Luxemburg stattfindet, auf der sich Hacker[74] treffen, daher SicherheitsexpertInnen.

Danach zeige ich den Kindern immer die Adressen der Hackerspaces für Kinder und Jugendliche. Ich empfehle ihnen dort mal, gerne auch mit den Eltern, vorbei zu schauen, wenn sie diese Welt interessiert. Wir brauchen talentierte junge Leute. Es ist dann eventuell möglich, bei der hack.lu mit dabei zu sein. Unbegleitet ist es nicht gut, das Darknet zu besuchen. Mit diesem Ansatz habe ich gute Erfahrungen gemacht. Ich tabuisiere das Darknet nicht und zeige Kindern und Jugendlichen Wege auf, wie sie mehr über Informationssicherheitsstrukturen lernen können.

3.2.10. Gangster Rap[75]

Ich möchte hier auf das Musikgenre 'Gangster Rap' eingehen. Es gibt sehr talentierte junge Leute, die Gangster Rap-Lieder und entsprechende Videos produzieren. Mir wurde auch bezüglich einer Gangster Rap-Gruppe von einer Lehrkraft bestätigt, dass es sich um Jugendliche mit sehr gutem Charakter handeln würde. Die Inhalte der Songs und die

---

[73] Honeypots und Honeynets sind Computersysteme oder Netzwerkteile, die gezielt Angreifer oder sonstige Kriminelle anlocken sollen. Wir können dadurch Angriffsmethoden studieren, Kriminellen eine Falle stellen oder sie von anderen Systemen ablenken.

[74] Nicht zu verwechseln mit den Crackern, diese sind kriminell. In Medien und umgangssprachlich werden diese beiden Gruppen oft vermischt.

[75] Gangster Rap, auch Gangsta-Rap genannt, ist ein Genre der Rapmusik, das gewaltorientiert und klischeehaft das Lebensumfeld eines Gangsters beschreibt, dies im Sinne von 'Mitglied einer Gang'. Quelle: Wikipedia

Videos haben jedoch, nach meinen Erfahrungen, Auswirkungen auf das Verhalten von so manch jüngerem Jugendlichen oder Kind. Zudem sind viele Inhalte mehr als fraglich.

Ich bin öfters mit Banden von Kindern in der Frühpubertät konfrontiert, ca. 11-12 Jahre alt, die Gangster Rap-Gruppen nachahmen, sich gleich anziehen, die entsprechenden Hashtags und Namen auf dem Körper tragen, Cannabis rauchen und sich mit anderen, ähnlichen Gruppen bekriegen. Natürlich kennen die Kinder auch Gangster Rap-Gruppen aus dem Ausland. In Gesprächen mit diesen Kindern hat sich bis dato jedes Mal herauskristallisiert, dass sie denken, dass es diese Gangs wirklich gibt, und es für sie teils sogar Vorbilder sind.

Ich denke nicht, dass solch eine Verhaltensänderung bei Kindern in der Absicht der Gangster Rap-Gruppen liegt. Dieses Beispiel zeigt jedoch in der Praxis einmal mehr auf, wie die virtuelle Welt der Kinder und Jugendlichen auf die reale Welt übergreift und diese verändert.

Es zeigt sich ein weiteres Mal, dass unser Gehirn sich nach dem verknüpft, was wir anschauen, was uns interessiert, was uns unter die Haut geht.

Einmal mehr zeigt es die Bedeutung von Gehirnentwicklungsphasen bei Diskussionen rund um die Nutzung von digitalen Geräten und deren Inhalte.

3.2.11. Phänomene am Beispiel 'anonyme Instagram-Konten'

2010 kam die App Instagram auf den Markt, ein Onlinedienst zum Teilen von Fotos und Videos. 2016 lernte ich persönlich die App Instagram kennen. 2017 zeigten mir Jugendliche zum ersten Mal, dass sie mehrere Konten haben, ein offizielles und ein geheimes. Das geheime Konto ist nur für die besten Freunde. Hier findet sich manchmal alles an Fotos, was man sich nur denken kann. Das offizielle Konto zeigt die oder den Jugendlichen nur von ihren / seinen vorteilhaftesten Seiten. Es ist sozusagen das professionelle Konto.

2018 zeigten mir Jugendliche zum ersten Mal sogenannte Crush-Konten (sich in jemanden verlieben Konten), wie sie z.B. schon seit längerem in Frankreich an manchen Schulen geführt wurden. Meist ein oder zwei

SchülerInnen einer Schule verwalten z.B. ein Crush-Konto anonym. Andere Schülerinnen und Schüler können dann auf dieses Konto posten. Nehmen wir als Beispiel einen Jungen, der sich in ein Mädchen verguckt, das er zufällig in der Mensa gesehen hat. Sie hat lange braune Haare, ist wohl 13 oder 14 Jahre alt und trägt eine orange Jacke. Der Junge postet diese Angaben in das Crush-Konto und fragt nach, ob jemand zufällig den Namen des Mädchens kennt, und ob sie nett sei. Er bekommt von anderen Schülerinnen und Schülern Feedback zurück.

Ich fragte die Jugendlichen damals, ob solche Konten nicht auch für Cybermobbing etc. genutzt würden. Die Jugendlichen gaben mir an, dass ihnen derlei Fälle nicht bekannt wären. KollegInnen von mir, die ebenfalls Cybersicherheitskurse gaben, und die ich fragte, hatten zu jenem Zeitpunkt noch nie von anonymisierten Instagram-Konten gehört, auch nicht KollegInnen, die für große Technikunternehmen Sensibilisierungen in Schulen durchführten.

Wie ich bereits erwähnte, mag dies nicht verwunderlich sein, da die KollegInnen genaue inhaltliche Vorgaben haben. Oft ist hier kaum bzw. sogar kein Raum für Kinder und Jugendliche. Dem externen Cybersicherheitssensibilisierungspersonal ist des Weiteren meist vorgegeben, welche Themen '*nicht*' anzusprechen sind, z.B. Gehirnentwicklung, was Kinder und Jugendliche mit den digitalen Geräten und in sozialen Medien machen, Schlaf, Ergonomie, Sexualität, sexuelle Übergriffe ... Dies gilt für KollegInnen dieses Bereichs in Luxemburg und haben mir auch KollegInnen der Industrie aus z.B. Deutschland und weiteren europäischen Ländern erzählt.

Für mich ist damit ein strategisches, strukturelles und konzeptuelles Problem gegeben. Dieses verstärkt sich weiter um ein Vielfaches, wenn von anderen Strukturen, EntscheidungsträgerInnen sowie der Bevölkerung angenommen wird, dass diese Dienstleister die Ist-Situation auf dem Feld erfassen und die Sicherheit von Kindern und Jugendlichen in Bezug auf die digitale Welt im Auge haben. Besonders fatal wirkt sich dies aus, wenn es um die Erfassung von Phänomenen geht, die schnelle und überlegte Reaktion darauf sowie proaktive Aktionen zur zukünftigen Vermeidung und Eindämmung verlangen. Ebenfalls bleiben nötige Aktionen rund um die Kommunikation mit betroffenen Strukturen aus sowie betreffend Prävention, Intervention, Investigation und Legislative.

Die Kinder sind einmal Opfer der digitalen Welt und einmal Opfer nicht funktionierender oder nicht gegebener strategischer, struktureller und konzeptueller Strukturen der realen Welt.

Zurück zu den anonymisierten Instagram-Konten, die hierfür durchaus als Beispiel herangezogen werden können. Es dauerte nicht lange, da tauchten im Großraum Luxemburg an Schulen und Einrichtungen Instagram-Konten auf, auf denen Kinder und Jugendliche z.B. Witziges, doch auch Beleidigendes über Lehr- und Erziehungspersonen posteten. Viele junge Leute konnten die Inhalte lesen, teilen, selbst posten.

Persönlich finde ich, dass der Lehrberuf sehr wichtig für unsere Gesellschaft ist. Im Verhältnis zu den Jahren bis 2010 konnte ich sehen, um wieviel schwerer der Beruf in Bezug auf Kinder und Jugendliche geworden war. Ich habe mich oft gefragt, wie sich eine betroffene Lehrperson fühlt, über die Kinder und Jugendliche per Netz, das nichts vergisst, ihre Späßchen reißen. Täterinnen und Täter erleben zudem faktisch keine Konsequenzen. Wie werden sich diese jungen Leute als junge Erwachsene in unserer Gesellschaft und z.B. in einem Unternehmen verhalten?

Ich fing an, über anonymisierte Instagram-Konten zu recherchieren. Sie wurden schon lange nicht mehr als Crush-Konten genutzt. In der digitalen Welt ist ein halbes oder dreiviertel Jahr sehr lange. Über die anonymisierten Instagram-Konten wurde auf schlimmste Art und Weise gemobbt und noch viele weitere Möglichkeiten des Missbrauchs waren denkbar.

Ende 2018 zeigten mir Jugendliche zusätzlich, wie z.B. bestimmte Software in anonymisierte Instagram-Konten integriert werden konnte, um dadurch möglichen TäterInnen von arglistigem Cybermobbing fast perfekte Anonymität zu gewähren.

2019 fing ich an, Kinder und Jugendliche um Hilfe zu bitten, mir anonymisierte Instagram-Konten zu zeigen, die es auf andere Kinder oder Jugendliche abgesehen hatten. Schon die erste 7. Klasse, die ich um Unterstützung bat, stellte mir sofort eine ganze Liste zusammen. An einer Schule gab es z.B. ein Konto, über das ein 13jähriges Mädchen auf perfide Art gemobbt wurde. „Das Mädchen ist schon ganz fertig“, so die Kinder. Sie erzählten mir von Inhalten, kannten das Konto, hatten jedoch keine Screenshots der Inhalte. Das Konto hieß auf Deutsch grob 'Huren und Hurensöhne'. Ich prüfte nach. Ja, das Konto gab es. Es wurde anonym geführt. Um Inhalte zu sehen, war es nötig von der Gruppe angenommen zu werden. Mein Instagram-Konto wies nicht das Profil einer jugendlichen Person auf, um in die Gruppe direkt aufgenommen zu werden. Die Aufnahme in die Gruppe gelang jedoch über das Profil einer dritten Person, denn ich sah in Bezug auf das 13jährige Mädchen Gefahr in Verzug. Es war der letzte Schultag vor den Ferien. Mit Schulleitung und Polizei war ich in Kontakt.

Ich möchte Ihnen einen kurzen Ausschnitt dieses anonymisierten Instagram-Kontos nicht vorenthalten:

Gruppenmitglieder tauschten sich zu den Posts aus, identifizierten willkürliche Personen.

Die Cyber-Polizei ließ zunächst das Konto einfrieren, so musste Instagram alles gespeichert behalten, was auf dem Konto passierte. Solange konnte die Schuldirektion, sehr kompetente und verantwortungsvolle Personen, das weitere Vorgehen reflektieren.

Die Sache mit den anonymisierten Instagram-Konten ist nämlich alles andere als einfach. Wir dürfen nicht vergessen, alle Akteure eines solchen Kontos sind anonym. Zudem wissen wohl die meisten Opfer noch gar nicht, was hier gerade passiert. Wer genau sind die Opfer? Das wissen wieder nur die Täter. Die Täter sind wohl nicht älter als 13 oder 14 Jahre. Was ist mit all jenen, die der Gruppe zuschauen? Auch hier sind die Profile zu identifizieren. Der psychologische Dienst ist in jedem Falle mit zu integrieren. Sobald erste Opfer, Täter und Täterinnen, sowie MitläuferInnen identifiziert sind, sind die Eltern zu informieren. Die Sache ist also sehr komplex und sehr zeitaufwendig.

In unserem Fall hier hatten gerade zusätzlich die Ferien angefangen. Zu jenem Zeitpunkt wuchs die Gruppe schnell.

Vor den Erwachsenen stand eine Herkulesaufgabe und doch so wichtig.

Können wir derlei Verhalten von Kindern und Jugendlichen als Gesellschaft ignorieren? Handelt es sich hier nur um einen dummen Kinderstreich? Werden TäterInnen und MitläuferInnen sowie BeobachterInnen jemals zur Rechenschaft gezogen? Werden Anbieter dieser digitalen Medien je zur Verantwortung gebracht? Wie werden TäterInnen agieren, wenn sie 5-10 Jahre älter sind und nie ihr falsches Verhalten zu reflektieren hatten? Was wird aus den Opfern? Haben wir die nötigen Ressourcen, um hier gegen zu wirken? Welche Konsequenzen entstehen für unser Gesellschaftssystem? Wie werden diese jungen Menschen in ein paar Jahren in Unternehmen auftreten und mit welchen Kompetenzen und Charakterzügen, kurz- und langfristig?

Zusammen mit jungen Leuten, die mich unterstützen, identifizierten wir an einem einzigen darauffolgenden Abend gut 30 anonymisierte Instagram-Konten allein in höheren Schulen in Luxemburg. Wir suchten dabei nach gängigen Stichwörtern von Kindern und Jugendlichen, die auf solch ein Konto hinweisen könnten. Jedoch, solche Konten können jede Form von Namensgebung haben.

Bei unseren schnell gefundenen Konten waren ziemlich oft auch Lehr- und Erziehungspersonal betroffen. Wir erstellten eine Liste, die einen ersten Überblick der Ist-Situation auf dem Feld gab, jedoch sicherlich bei Weitem nicht vollständig war. Ich informierte die Jugendbehörde Luxemburgs, die im Bereich Cybersicherheitssensibilisierung rund um Kinder und Jugendliche tätig ist und sendete die Ergebnisse dem Bildungsministerium. *Ebenfalls informierte ich das Wirtschaftsministerium, da derlei Phänomene auch bald in Unternehmen auftreten könnten.* So war es öffentlichen Stellen möglich, eine erste Sicht der Situation zu bekommen. Aufgrund der Reaktionen der öffentlichen Stellen war auch klar, niemand hatte sich vorher eine erste Gesamtübersicht über dieses Phänomen verschafft.

Ich fragte damals kaum weitere Mitgliedschaften in den gefundenen Gruppen an, denn ich habe bis heute einen inneren Konflikt. Käme es nicht einer Art anonymer Überwachung gleich? Nach meinem Dafürhalten ist eine gemeinsame Strategie aller gesellschaftlicher VerantwortungsträgerInnen bezüglich dieser Form von Phänomenen nötig, dies wegen der langfristigen Auswirkungen für Wirtschaft und Gesellschaft.

Kaum eine Woche nach Weitersendung einer ersten Liste an offizielle Stellen wurde ich an eine höhere Schule gerufen. Hier organisierten Jungs aus zwei Schulklassen, 13-14 Jahre alt, gezieltes Cybermobbing, sowie virtuelle sexuelle Belästigungen. Opfer war ein Mädchen. Diese sprach in ihrer ganzen Verzweiflung mit den Eltern. Zum Glück! Das Mädchen hatte großes Vertrauen in ihre Eltern. Diese informierten die Schule.

Die Lehrpersonen hatten daraufhin in den Schulklassen auf Cybermobbing sowie versuchte virtuelle sexuelle Übergriffe aufmerksam gemacht und hatten ein klares Unterlassen kommuniziert. Die Täter waren von der Schule und dem Mädchen im Einzelnen nicht ausmachbar. Das Phänomen anonymisierter Instagram-Konten und ihre Funktionsweise waren der Schule nicht bekannt, genauso wie in vielen anderen Schulen und Einrichtungen. Erneut traf ich jedoch auf eine sehr verantwortungsbewusste, hoch kompetente, sorgende Schulleitung. Das galt auch für die Lehr- und Erziehungspersonen.

Da die Schule die Täter nicht identifizieren konnte, nutzten die Täter dies aus. Sie machten weiter, noch intensiver.

Ich sprach mich mit den verantwortlichen Lehrpersonen ab und ging unter anderem Vorwand in die Klassen. Ich wollte erst einmal das Wertesystem der Klassen zu 'Sexualität' prüfen, um die Jugendlichen dort abzuholen, wo sie vom Wertesystem her standen. Es gelang mir die Täter, ein paar Jungs, zu identifizieren.

Wenige Tage später folgte ein Elternabend in einer Grundschule. Die Lehrpersonen waren aufgeregt. Einer ihrer Kollegen hatte das Handtuch geschmissen. Er war kurz zuvor Opfer eines anonymisierten Instagram-Kontos durch Kinder in der Frühpubertät geworden. Erneut hatten diese Lehrpersonen, die ich wieder als sehr sorgend und sehr kompetent wahrnahm, keine Ahnung zum Phänomen anonymisierter Instagram-Konten sowie ihrer Funktionsweise. Die Schulen und Einrichtungen, so schien es, waren nicht über dieses sich ausbreitende Phänomen informiert.

Sorge bereitet mir zusätzlich, dass anonymisierte Instagram-Konten neben Mobbing und sexuellen Belästigungen auch zu sonstigen kriminellen Handlungen einsetzbar sind.

3.2.12. Alles ist lustig

Noch eine Veränderung gegenüber den Jahren bis 2010 möchte ich festhalten.

Kinder zeigen mir diese letzten Jahre oft Videos, in denen sich ein Mensch oder ein Tier weh getan hat. Viele finden das lustig. Ich kann in den Inhalten meist kaum etwas zum Lachen finden. Ich begann näher nachzufragen. Nicht wenige junge Leute bestätigten mir, dass die Kinder bzw. Jugendlichen aus ihrem Umkreis „alles lustig fänden“. Wenn jemand z.B. auf die Straße fällt oder wie in einer Schule, die ich besuchte, mit Eiern beschmissen wird, dann lacht man, filmt, bevor man überhaupt je auf den Gedanken kommt zu helfen.[76]

Vielleicht ist hier interessant zu erwähnen, dass Kinder und Jugendliche sehr oft nicht mehr über den Wortschatz verfügen, unterschiedliche Gefühle auszudrücken. Sie haben Schwierigkeiten eigene Gefühlsempfindungen zu benennen. In meinen Kursen habe ich daher immer DIN 4-Blätter mit Listen, sowie Wortvarianten zu positiven und negativen Gefühlen dabei.

[76] Zwei KollegInnen und ich waren die einzig eingreifenden Personen. Wir arbeiteten gerade an Unterrichtseinheiten zum Thema Cybermobbing.

3.2.13. Diskussionen und Streit und immer wieder Streit und Diskussionen

Im Verhältnis zu den Jahren 2007-2010 haben die innerfamiliären Diskussionen rund um die Benutzung digitaler Geräte enorm zugenommen. Sowohl Kinder, Jugendliche als auch Eltern erzählen mir zuhauf von ständigen Diskussionen und Streits rund um die Benutzung digitaler Geräte und Anwendungen in der Familie.

Typische Beispiele hierzu:

Sonntags feiert der Onkel seinen Geburtstag. Alle freuen sich. Plötzlich will der 14jährige Bruder nicht mehr mit, da es beim Onkel keine Spielekonsole gibt und er dringend zu gewisser Uhrzeit ein Spiel zu spielen hat.

Alle sind im Urlaub und die Kinder bekommen gar nicht mit, wo man gerade ist, da sie nur aufs Handy starren.

Ein Vater zu mir: „Die unendlichen Diskussionen ums Schlafen gehen. Ich habe nicht mehr die Kraft und habe aufgegeben. Jetzt streiten meine Frau und ich."

„Jeden Abend die gleichen Diskussionen", so eine Mutter nahe den Tränen. Gegen sie hat der 10-jährige Sohn sogar seine Hand erhoben, als sie ihn vom Fortnite-Spiel abbringen wollte, um endlich Hausaufgaben zu machen.

Sicherlich über 200 Eltern haben mir erzählt, dass die Erziehung rund um digitale Geräte und Anwendungen in große Frustration mündet, bis hin zu Scheidungen. Sie erzählten auch von Ehepartnern und -partnerinnen, die nur noch vor den Geräten hängen.

Sehr viele Eltern haben mir berichtet, dass von einem einigermaßen harmonischen Familienleben aufgrund der Bildschirme nicht mehr viel da ist.

Und, sicherlich hatte ich ebenso viele Großeltern, die sich sehr um ihre Enkelkinder sorgen. Ihnen fiel das veränderte Verhalten auf sowie all die Diskussionen und Streits.

Im Verhältnis zu der großen Masse der letzten Jahre, hatte ich in den Jahren 2007–2010 vielleicht ein bis zwei Handvoll derlei Fälle.

Auf der Suche nach Schuldigen!

Auch diesen Aspekt möchte ich beleuchten. Viele der in diesem Buch beschriebenen Phänomene treffen weltweit ganze Gesellschaftssysteme.

Manchmal sind Gesellschaften blind für Entwicklungen, manchmal werden absichtlich die Augen verschlossen. Wenn es dann irgendwann nicht mehr geht oder klar die Schieflage in Erscheinung tritt, wird gerne schnell nach Schuldigen gesucht anstatt nach Lösungswegen. Einmal stehen die Eltern, einmal der Staat oder gar geheime Kräfte, dubiose Eliten und wieder ein anderes Mal die Lehrkräfte oder gar die Kinder selbst im Fokus.

Was ist mit den Unternehmen? Unternehmen tun sich hier leichter, Schuldzuweisungen zu umgehen. Zu hoch sind die Gewinnerwartungen und -margen, zu wichtig das Wettrennen um digitalen Führungsvorsprung. Und, schließlich lässt sich immer das Argument Arbeitsplätze anführen.

Oder, was ist mit Personen in Führungspositionen? Leben sie die nötigen Verantwortungen, die mit der jeweiligen Position verbunden sind? Können die Führungspersonen Antwort geben?

Was ist mit der Geschwindigkeit der technischen Entwicklungen? Was mit der Fragmentierung unserer Gesellschaften, zusätzlich beschleunigt durch die digitale Welt?

Ich selbst durfte leider oft erleben, wie z.B. Lehr- sowie Erziehungskräfte schnell in den Blickpunkt Schuldiger rücken.

Meine Erfahrungen mit Lehr- und Erziehungspersonen sind zum überwiegenden Teil nur die Besten. Sie versuchen vieles, integrieren langjährige Erfahrung und verwenden teils großartige Pädagogik, um Kinder und Jugendliche zu unterstützen. Manche gute Lehr- und Erziehungskraft, so mein Eindruck der letzten vier Jahre, geht jedoch zwischenzeitlich auf dem Zahnfleisch, erlebt Burnout oder denkt über Berufswechsel nach. Damit gehen viel Wissen und Erfahrung verloren. Ich hatte hier viele Gespräche. Gegen permanente Übermüdung von SchülerInnen, gegen die permanente Zerstreuung durch Apps wie Snapchat, gegen 24 Stunden drogenhaft aufs Gehirn wirkende Dopaminpumpen in Form von Handys sowie gegen Playstations, Netflix und Co. ist die beste

Pädagogik und Erfahrung machtlos. Dies gilt auch in Bezug auf den Einfluss dieser Geräte und ihrer Inhalte auf immer jüngere Gehirne.

Für mich sind die Herausforderungen nur gemeinsam zu lösen. Dabei sprechen meine Erfahrungen für eine Enthierarchisierung, vernetztes Denken als auch gelebte Verantwortung von EntscheidungsträgerInnen aller Schichten sowie jedes Einzelnen. Die Suche nach Schuldigen, politische Spiele oder Lobbying sind genauso fehl am Platz wie Kontrollsysteme[77] oder der Gewinnrausch und die Ausnutzung der Marktmacht mancher Unternehmen.

Ich möchte Ihnen hier ein Buch von Prof. Ulrich Weinberg empfehlen: 'Network Thinking – Was kommt nach dem Brockhaus-Denken?' Es kann, zusätzlich zu einer risikobasierten ganzheitlichen Cybersicherheitsstrategie im Kinder- und Jugendbereich, Hilfestellung auf dem Weg der Lösungsfindungen bieten.

Was mir noch auffiel, pädagogische Medienerziehung enthält nicht automatisch Aspekte und Expertise der Cybersicherheit, die eine gesunde mentale und körperliche Entwicklung in der digitalen Welt sichert. Dies wird jedoch von vielen Erwachsenen fatalerweise angenommen. Wir sitzen einem Trugschluss auf. Bildlich gesprochen ist dies vielleicht vergleichbar mit der Lehre rund um die Funktion eines Motors. Hier sind nicht automatisch die Sicherheitsvorkehrungen mitenthalten, die in einem Auto nötig sind.

Nach meiner Erfahrung ist es zudem nicht einfach, digitale Sicherheit in einen Medienkompetenz- und Erziehungsplan zu integrieren. Die Entwicklungen in der Cyberwelt schreiten einfach zu schnell voran, in Hochgeschwindigkeit und weiter zunehmend. Lehrpläne hingegen, sowie der Aufbau entsprechender Kompetenzen, die zudem oft transversale Komponenten zu enthalten haben, durchlaufen eher langsame Aufbau- und Integrationsprozesse. Selbst bei Beschleunigung, können diese Prozesse mit den technischen und anwendungsorientierten Entwicklungen des digitalen Bereichs nicht mithalten.

---

[77] Kontrollsysteme sind das Gegenteil der Förderung von Vertrauen sowie von eigenständiger Arbeit und Eigenverantwortung.

Und doch, es gibt einfache Lösungen. Meine vieljährige Berufserfahrung zeigt, bereits klare Worte, basierend auf den wissenschaftlichen Erkenntnissen, können eine enorme Wirkung entfalten.

Ich möchte Ihnen hierzu eines meiner Erlebnisse Ende 2019 wiedergeben.

Nach den Weihnachtsfeiertagen besuchte ich mit Freunden ein deutsches Städtchen nahe Luxemburg. Wir gingen spazieren und setzten uns anschließend in ein wärmendes Café. Ein junges Paar mit einem Kleinkind von wohl 14 Monaten und deren Freunde kamen ins Café. Alle setzten sich und der Kinderwagen wurde so gestellt, dass eigentlich auch das Kleinkind in die Runde sah. Die jungen Eltern legten ihre Handys auf den Tisch. Auf einem Handy wurden Kindercomics eingestellt und per Tisch und einem leeren Glas so gestellt, dass das Kind darauf schauen konnte. Das tat es auch. Alle am Tisch unterhielten sich. Das Kleinkind blieb außen vor. Es starrte hypnotisch stumm auf den Bildschirm und war in die fröhliche Gruppe von Menschen, zu denen es gehörte, nicht integriert[78].

Mein Besuch war erstaunt. „Wäre es nicht besser, das Kleinkind zu integrieren und miteinander Spaß zu haben? Ist das denn gesund, für so ein kleines Kind?“ kamen Fragen meines Besuchs. Ich ging höflich zum Nachbartisch und sprach mit den jungen Eltern, erklärte die Sache mit der Gehirnentwicklung und der Mimik.

Wir unterhielten uns. Ich erklärte, dass wir ca. 16.000 Worte am Tag reden und dass Kinder bis zum 6. Lebensjahr ca. 12h pro Tag schlafen. Wenn Menschen sechs Stunden mit dem Kind sprechen ist das ganz

---

[78]Bildschirme und deren Inhalte sind in Bezug auf Kindergehirne vergleichbar mit der Couch und der Packung Chips für unseren Körper, der eigentlich bewegt werden sollte. Das Kindergehirn muss sich wenig anstrengen, benötigt weniger Energie. Der Körper, der stets versucht den Energiehaushalt zu optimieren, spart viel Energie, denn das Gehirn benötigt normalerweise einen großen Anteil davon. Das Kindergehirn sollte jedoch lernen, sollte sich anstrengen. Dies ist mit einer der Gründe, wieso schon sehr kleine Kinder so fasziniert auf die Geräte und deren Inhalte schauen. Das Gehirn kann, salopp gesagt, 'faul' sein.

anders für die Gehirnentwicklung, wie wenn jemand nur zwei Stunden mit ihm interaktiv redet.

'Miteinander reden' hat dabei nicht nur mit Kommunikation zu tun. Wir sind seit tausenden von Jahren gleich konstruiert. Nur ca. alle 7.000 Jahre gibt es radikale Änderungen. Lesen wir einem Kind von Angesicht zu Angesicht vor, z.B. chinesische Worte, so führt dies zum Lernen der Worte durch das Kind. Setzen wir hingegen das Kind vor den Bildschirm und jener spricht, so lernt das Kind nichts, da z.B. Akustik und Motorik auseinander trifften. Setze ich z.B. Kinder in der Altersgruppe von 2 Jahren vor das Fernsehen, so erfolgt keine Entwicklung des Sprachverständnisses. **Das Fenster der Sprachentwicklung ist nur die ersten drei Lebensjahre offen**, siehe auch Kapitel 3.1.

Die jungen Eltern im Café und ihre Freunde erklärten mir, dass sie nichts von all dem wüssten. Sie zeigten sich erstaunt. „Eltern sollten hier doch informiert werden", so ihre Worte. Die Eltern erklärten mir, dass ihr kleiner Engel das Beste sei, was ihnen je widerfahren wäre.

Mein Besuch und ich verabschiedeten uns. Wir setzten unseren Spaziergang fort. Später sahen wir durch das Schaufenster, alle hatten ihre Handys weggepackt. Alle integrierten das Kleinkind, spielten und lachten mit ihm.

Wie bis 2010 empfehle ich in meinen Kursen und Gesprächen mit Kindern, Jugendlichen, Eltern, sowie Lehr- und Erziehungspersonal auch seit 2016 in klaren Worten Regeln. Diese basieren auf den Erkenntnissen der Wissenschaft. *Ich empfehle noch betonter als in den Jahren bis 2010:*

„Vor dem Alter von 13 Jahren keine digitalen Geräte für Kinder, außer zu schulischen Zwecken, sowie stete Begleitung der Kinder. Und, bis 16 Jahre gehören digitale Geräte nicht ins Schlaf- und Kinderzimmer."

In etwas aufgeweichterer Form können Sie sich an Folgendes als Richtschnur halten:[79]

- *0-3 Jahre:* ***keine*** *IKTs, daher Informations- und Kommunikationstechnologien; auf den Schlaf achten,*

[79] Unabhängig von mir, wurden ähnliche Empfehlungen auch von Serge Tisseron in Frankreich formuliert.

- *4-6 Jahre: ein Tag die Woche keine IKTs, die anderen Tage max. 15 Min. und in Begleitung (daher nur gute Inhalte) - ein Spielraum ist gegeben; auf den Schlaf achten,*
- *7-9 Jahre: ein Tag die Woche keine IKTs, die anderen Tage max. 30 Min. und in Begleitung (daher nur gute Inhalte) - ein Spielraum ist gegeben; anders bei schulischem Einsatz; auf den Schlaf achten,*
- *10-13 Jahre: ein Tag die Woche keine IKTs, die anderen Tage max. 60 Min. und in Begleitung (daher nur gute Inhalte) – ein Spielraum ist gegeben; anders bei schulischem Einsatz; auf den Schlaf achten.*

Generell gilt nach den wissenschaftlichen Erkenntnissen rund um Gehirnströme: „Ab zwei Stunden vor dem Schlafen gehen sollte die Benutzung digitaler Geräte unterlassen werden."

Meine Empfehlung bei Jungs und Männern, 14-27 Jahre, sowie bei Mädchen und Frauen, 14-26 Jahre: Versuchen Sie einen Tag die Woche auf IKTs zu verzichten und die anderen Tage ihren Freizeitkonsum auf max. 120 Minuten zu beschränken, bei möglichst vorwiegend guten Inhalten. Halten Sie sich an die Mindestvorschriften der europäischen Richtlinie bezüglich mehr Sicherheit und Gesundheitsschutz bei der Arbeit an Bildschirmgeräten (90/270/EWG). Legen Sie entsprechende Pausen ein und achten Sie auf Ergonomie und Lichtverhältnisse[80] etc. Achten Sie auf Ihren Schlaf, Ihrer kurzfristigen als auch langfristigen Gesundheit zuliebe.

Nach meiner Erfahrung sind viele Eltern für diese Richtschnur sehr dankbar. Diese klaren Worte helfen, ein gesundes Maß wiederzufinden, das nach meinen Erfahrungen vom Feld leider verloren gegangen zu sein scheint.

Achtung: Kinder und Jugendliche die z.B. täglich spezifische Nutzungsverhalten oder sehr hohe Nutzungszeiten aufweisen und in diesen plötzlich eingeschränkt werden, können massive körperliche und mentale Auswirkungen von derlei Maßnahmen erleben. Diese können von Gewaltausbrüchen, Zusammenbrüchen bis hin zu Suizidgedanken führen, ähnlich einem Kaltentzug, wie bei anderen Formen von Süchten. Bei

[80] Die Beleuchtungsstärke der Büroarbeitsfläche sollte bei z.B. mind. 500 Lux liegen. Bei älteren Leuten sollte die Büroarbeitsfläche eine Beleuchtungsstärke von 700 bis 1.500 Lux haben. Auch auf eine entsprechende Umgebungsbeleuchtungsstärke ist zu achten (z.B. 300 Lux).

einschränkenden Maßnahmen ist umsichtig vorzugehen. Ich empfehle die Integration ärztlicher Begleitung. Suchen Sie entsprechende Beratung auf.

Während ich die Zeilen dieses Buches Anfang Januar 2020 tippe, verweist die deutsche Bildungsministerin Anja Karliczek darauf, dass 20% Jugendlicher in Deutschland im Alter von 15 Jahren einen Text lesen und doch seinen Sinn nicht verstehen.

Zum Abschluss dieses Kapitels möchte ich kurz nochmals wichtige Erfahrungen der letzten vier Jahre aufführen.

Die meisten Erwachsenen in meinen Schulungen sind über jene Cyberwelt, in der sich täglich viele Kinder und Jugendliche oft während Stunden bewegen, sprachlos oder schockiert.

Die Erwachsenen hatten schon viel gehört von den negativen Seiten der Cyberwelt für Kinder und Jugendliche, wenn diese unbegleitet unterwegs sind. Viele Erwachsene gaben jedoch klar zum Ausdruck, dass sie keine reale Vorstellung davon hatten, in welcher Welt die Kinder und Jugendlichen sich heute teils über Stunden bewegen. Nicht wenigen fiel dies wie Schuppen von den Augen. Es wurde so manchem klar, wieso die Leistungen in der Schule litten, woher die stete Müdigkeit, Aggression, Apathie oder auch Traurigkeit kamen oder wieso selbst gemeinsame Urlaube abgewunken wurden.

Die TeilnehmerInnen reflektierten die vielen Stunden der jungen Leute mit dem Handy oder vor anderen Bildschirmen. Ich konnte in vielen Kursen spüren, wie den Erwachsenen plötzlich klar wurde, dass wir eine große Zahl unserer Kinder und Jugendlichen täglich in eine Welt mit ganz anderen, unserem sozialen Verständnis oft völlig konträren Regeln und ohne Schutz gehen lassen.

All das sagt mir deutlich, dass Erwachsene die digitale Welt, in der sich Kinder und Jugendliche bald täglich Stunden über Stunden aufhalten, nicht bzw. kaum kennen. Würden die Erwachsenen wissen, in welcher teils entsozialisierten digitalen Welt sich die Kinder aufhalten, dann würden sie ganz anders agieren.

Sehr gut fanden die KursteilnehmerInnen, dass betroffene junge Leute, z.B. SchulabbrecherInnen, aufgrund zu hohem digitalen

Medienkonsums die Kurse oft mitbegleiteten und Inhalte 'live' zeigten. Es gab sehr gute E-Mail-Feedbacks und der weit überwiegende Teil von ca. 20.000 Kursbewertungen wurde von den TeilnehmerInnen mit gut bis sehr gut bewertet. Die Nachfrage nach Kursen sowie die Teilnehmerzahlen waren sehr hoch.

Sehr viele Eltern, Großeltern, Lehr- und Erziehungspersonen fragten mich, was sie tun könnten und ob es für mich möglich wäre, ein Buch zu schreiben. Auch TrainerkollegInnen von mir regten dies an.

4. Was wir tun können

Es gibt ein paar sehr einfache Dinge mit hoher Wirkungskraft, die Sie selbst in die Hand nehmen können.

Ich möchte diesem Kapitel auch Empfehlungen Jugendlicher und junger Erwachsener beifügen. Vorwiegend aufgrund der digitalen Welt hatten sie klinisch stationäre Behandlungen nötig. Ihre Worte sind einfach und klar.

4.1. Empfehlungen junger Leute

Durch meine Tätigkeit kam ich bis zum Ausbruch von Corona auch in Krankenhäuser. Dort arbeitete ich ebenfalls mit Jugendlichen. Ich bin eigentlich den meisten Klinikbesuchern als junge Erwachsene früher oder später nach einem Krankenhausaufenthalt wieder begegnet. Oft wurde ich dabei von Seiten der ehemaligen jungen Patienten angesprochen.

Für nicht wenige der jungen Erwachsenen war nach deren Angaben die Cyberwelt mit einer der Hauptgründe, weswegen sie in klinisch stationärer Behandlung waren. Ich bat sie, falls sie die Kraft hätten, auf die Frage 'Was können Erwachsene tun?' eine Antwort von ihrer Seite zu geben. Oder, wenn sie wollten, direkt ein paar Worte an andere Kinder und Jugendliche zu richten, schriftlich, anonym, wenn sie wollten mit ihrer Altersangabe.

Anbei ein paar Antworten für Sie:

Ich finde es nicht gut, dass Kinder so früh mit dem Internet zu tun haben, weil dort oft Inhalte sind, die nicht für ihr Alter gemacht sind. Dort sind viele Webseiten, die probieren Leute zu manipulieren und Kinder lassen sich oft mitziehen. Wenn es dann Kinder gibt, die gar keinen Internetzugang haben und die Trends nicht mitverfolgen, werden sie oft ausgeschlossen. Kinder sollten draußen spielen, in ihrem Dorf oder auf dem Spielplatz oder in Parks, anstatt sich mit dem Internet zu beschäftigen, wo es oft erschreckende Inhalte gibt. Wenn die Kinder zu oft im Netz unterwegs sind, kommunizieren sie viel weniger im Alltag mit anderen Leuten und gehen, wenn kein Gesprächsthema vorhanden ist, direkt auf ihr Handy. Wenn sie schlafen und vorher noch auf dem Handy sind, schlafen sie wenig und ihr Wachstum wird beschädigt. Vor ein paar

Jahren haben mein kleiner Bruder und meine Schwester täglich draußen gespielt. Als sie vor kurzem ein Handy bekamen, verließen sie kaum mehr das Haus, wurden aggressiver, unzugänglicher und isolierten sich immer mehr und mehr (Bruder 8 Jahre, Schwester 9 Jahre).

(16 Jahre)

- Es ist nicht gut den Kindern ein schlechtes Vorbild zu sein, so wie die anderen.
- Es ist nicht gut immer im Internet zu sein.
- Im Internet gibt es Sachen, die nicht gut für euch Kinder sind.
- Das kann ein Leben lang Angst machen, wenn man z.B. Horrorsachen schaut.

(ohne Altersangabe)

Es ist nicht normal, es ist schlimm, dass Kinder Filme ab 18 Jahren schauen, und sie sind kaum 8, 9, 10 Jahre alt.

(ohne Altersangabe)

Ich kann aus eigener Kindheit reden. Ich habe das Internet nicht gekannt plus das Wort online. Ich war immer draußen mit Freunden. Ich hatte nicht einmal ein Handy. Und wenn ich gespielt habe, dann nur Brettspiele mit Freunden oder der Familie. Geht in den Wald und spielt z.B. Räuber und Polizei, aber ohne Gewalt. Und, immer artig, nett und freundlich bleiben mit anderen Leuten. Löst Probleme ohne Gewalt. Computer spielen macht süchtig. Ihr gebt nur Geld aus, unnötiges Geld.

(17 Jahre alt, fast 18)

Es ist nicht gut, wenn kleine Kinder im Alter von 8-13 Jahren stundenlang auf dem Handy sind. Wenn ich Euch wäre, hört den Erwachsenen zu, wenn sie etwas sagen. Spielt lieber Gesellschaftsspiele. Ich war früher auch viel am Handy, aber jetzt bin ich nicht mehr am Handy. Jetzt spiele ich viele Gesellschaftsspiele.

(Alter 15)

Mein Bruder hat einmal mit meinem Vater 'Walking Dead' geschaut. Seitdem kann er nicht mehr allein schlafen und hat sehr oft Albträume. Deshalb finde ich nicht gut, dass 10-Jährige solche Sachen machen (Filme, Serien, Spiele etc.).

(ohne Altersangabe)

In so einem jungen Alter hat man noch keine genaue Vorstellung vom Leben. Wenn man solche Filme schaut, solche Spiele spielt oder solche Seiten liest, bekommt man eine falsche Vorstellung vom Leben, denn unbewusst lernt man bei jeder Aktivität dazu, egal ob es schlecht oder gut ist.

(15 Jahre)

4.2. Empfehlungen anhand der Felderfahrungen

4.2.1. Wissen aufbauen

Es ist wichtig, dass wir Erwachsene verstehen, wie unser Gehirn funktioniert und insbesondere jenes von Kindern und Jugendlichen in den jeweiligen Entwicklungsabschnitten.

Es ist unabdingbar, dass wir wissen, wie wir eine neuronale, sowie mental gesunde Entwicklung schützen und fördern, denn die digitale Welt nutzt ansonsten dieses Wissen zu ihren Vorteilen aus, mit allen negativen Folgen für die Kinder. Dabei sind folgende Altersabschnitte der Gehirnentwicklung zu beachten: 0-3 Jahre, 4-6 Jahre, 7-9 Jahre, 10-12 Jahre, 13-16 Jahre, 17-26/27 Jahre, erwachsenes Gehirn, Gehirn in späteren Lebensabschnitten.

Einmal mehr möchte ich dazu einen bildlichen Vergleich anwenden. Wir verstehen die Funktionsweise eines Fahrrads. Die meisten von uns verfügen über das nötige Fachwissen, was Fahrradfahren, Fahrräder selbst und Verkehrsregeln betrifft. Aus eigenen Erfahrungen kennen wir auch mögliche Bedrohungslagen, Schwachstellen und Auswirkungen. Wir können die Fertigkeit eines Kindes beim Fahrradfahren einschätzen sowie seine Fähigkeit, z.B. im Straßenverkehr Gefahren und Schwachstellen zu erkennen. Bei Fahrradkursen holen wir die Kinder dort ab, wo sie gerade in ihrer Entwicklung, ihrem bereits Gelernten, ihrem Können, dem gegebenen Material und in Bezug auf ihr Umfeld stehen. Wir sehen, hören, fühlen und riechen Verkehr, Schnee, Wind und Regen.

Einem Kind von 5 Jahren werden wir nicht zutrauen, eine potenzielle Bedrohung durch z.B. ein parkendes Auto selbst einzuschätzen, bei einem 12jährigen Kind sieht das anders aus. Eine Spazierfahrt auf einem Feldweg benötigt ein anderes Können als eine Fahrt auf der Hauptverkehrsstraße durch die Stadt, was Verkehrsregeln und Beherrschung des Fahrrads anbelangt. Kommen Kinder mit eigenen Rädern zum Fahrradfahrunterricht ohne Licht, Bremsen oder Fahrradhelm, so können wir hier direkt ansetzen. Dies gilt auch z.B. bei 9-Jährigen, die ein Moped zum Unterricht mitbringen. Oder, stellen Sie sich eine (n) 18-Jährige(n) vor, die / der zum Motorradfahrunterricht erscheint, in Sandalen, kurzen Hosen, T-Shirt, ohne Helm und mit einem Joint in der Hand. Wir können das Umfeld der jungen Leute einschätzen.

Es gibt zudem auch nicht so viele unterschiedliche Möglichkeiten, wie ein Fahrrad benutzbar ist. Wir können uns diese vorstellen und geben unsere eigenen Erfahrungen den Kindern weiter, auch Oma und Opa.

In der Cyberwelt ist dies alles anders.

Ebenfalls empfehle ich Eltern, Lehr- sowie Erziehungspersonal als auch Führungskräften sich über jene Kompetenzen zu informieren, die in der digitalen Welt benötigt werden. Sie als LeserInnen kennen sie bereits: Kreativität, Neugier, Teamarbeit, Problemlösung, kritisches Denken, Informations- und Medienkompetenz, Weltbürgerschaft, autonomes Lernen …

Prüfen Sie, ob die Art der Benutzung der digitalen Geräte durch Ihre Kinder diese Kompetenzen fördert! Versuchen Sie Ihren Kindern diese Kompetenzen näher zu bringen.

Eine weitere meiner Erfahrungen dieser letzten Jahre ist z.B., dass die meisten Jugendlichen faktisch keinerlei Programmierkenntnisse haben oder diese meist nicht über das Niveau der visuellen Programmiersprache Scratch für Kinder und Jugendliche hinaus gehen. Dabei verbringen Kinder und Jugendliche sehr viele Stunden vor den Bildschirmen. Sie tun gut daran, dem Erlernen einer Sprache ähnlich, Ihr Kind in einen

Programmierkurs zu schicken, in dem spielerisch Programmieren erlernt und später auf gängige Programmiersprachen weiter aufgebaut wird.[81]

Lesen Sie dann und wann, auch wenn Ihre Zeit knapp bemessen ist, Literaturauszüge von FachexpertInnen, wie z.B. von Prof. Gerhard Hüther, Prof. Christian Montag, Prof. Dieter Braus, Prof. Manfred Spitzer, Prof. Frank Thissen, Prof. Ulrich Weinberg … oder international anerkannten CyberpsychologInnen wie Catarina Katzer oder Mary Aiken zu den Themen Cyberweltbewusstsein, Gesund (aufwachsen in der digitalen Welt und technische Sicherheitsstrukturen.

Es ist wichtig, diese Zeit zu investieren, da doch sehr viele Kinder und Jugendliche täglich Stunden über Stunden als KonsumentInnen in der digitalen Welt unterwegs sind. Würde sich ihr Kind täglich für Stunden z.B. am Bahnhof der Stadt Luxemburg aufhalten, würden Sie zweifelsohne der Sache sofort nachgehen und die nötige Zeit investieren.

4.2.2. Zusammenhänge erkennen, die Risikoanalyse durchführen

Meines Erachtens ist es sehr wichtig, dass wir Zusammenhänge erkennen. Es ist nötig, dass wir uns die Mühe machen, diese zu verstehen, gerade was die digitale Welt betrifft. Dies reicht von farbigen Bildschirmen und wie sie unsere Aufmerksamkeit anziehen, ähnlich Nektar die Bienen, bis hin zu Geschäftsmodellen in Apps und Spielen[82], um hohe Bildschirmnutzungszeiten in uns zu triggern und Sucht nach digitalen Inhalten in uns auslösen. Wir benötigen das Wissen, dass z.B. unser Gehirn zwischen virtuell und real nicht unterscheidet und sich nach dem verknüpft, was uns unter die Haut geht, womit wir uns beschäftigen.

Setzen Sie sich mit neuen Techniken auseinander, wie z.B. der digitalen Gesichtserkennung, künstlicher Intelligenz oder der Mobilfunkgeneration 5G, dem Standard für schnelles mobiles Internet. Informieren Sie

---

[81] In Luxemburg sollen sich Kinder höherer Grundschulklassen ab Herbst 2020 mit dem Programmieren auseinandersetzen.

[82] Beispiele: (1) Algorithmen, die dem Gehirn immer extremere Inhalte vorschlagen, damit die NutzerInnen am Bildschirm haften bleiben. (2) Inhalte, abrufbar anhand von Scroll-Funktionen. Das Gehirn nimmt hier kein Ende wahr. Die NutzerInnen bleiben dadurch an den Bildschirmen mit ihren Inhalten kleben.

sich über die wissenschaftlichen Erkenntnisse zur Funktion unseres Körpers.

Wussten Sie zum Beispiel, dass eine Körperzelle viel sensibler auf elektrische Ströme wie auf z.B. chemische Botenstoffe reagiert.

Jede Körperzelle setzt pro Sekunde ca. 1 Million Informationsbits frei. Die Atome machen dabei ca. 10 hoch 11 Kollisionsbewegungen bzw. versuchen mit einer Frequenz von 10 hoch 10 umeinander zu tanzen. Das entspricht der kaum vorstellbaren Geschwindigkeit von ca. 2,5 Mach.

Oder schauen wir uns die fast unvorstellbare Produktion von bivalenten[83] Antikörpern eines einzigen B-Lymphozyts unseres Körpers an: Im 90-Sekundentakt werden an je 10 Millionen Ribosomen ein Antikörper gebildet. Jedes einzelne Ribosom wählt dabei 100 Aminosäuren aus und verknüpft diese. Stellen Sie sich diese Komplexität vor, dieses hochsensible System.

Um die neuronalen Verbindungen eines Gehirns in einem einzigen Augenblick zu bauen, müssten ca. 3 Millionen Elektriker im 10-Sekundentakt eine Lötstelle herstellen und das ungefähr 10 Jahre lang.

Prof. Christian Montag, Leiter der Abteilung Molekulare Psychologie an der Universität Ulm, und seine KollegInnen konnten z.B. einen Zusammenhang zwischen erhöhter Social-Media-Nutzung auf dem Handy und einer Reduzierung des menschlichen Hirnvolumens nachweisen. Es reduziert sich z.B. jener Bereich des Gehirns, dem eine große Bedeutung bei der Kontrolle von Emotionen zugeschrieben wird. Eine Reduzierung des Hirnvolumens konnten diese Forscher auch beim täglichen Online-Spielen nachweisen. Hier war die Abnahme des Hirnvolumens in jenen Bereichen betroffen, die für Emotionsregulation und Entscheidungsfindung zuständig sind. Dabei waren strukturelle Gehirnveränderungen bereits nach sechs Wochen Spielen nachweisbar und dies bei nur einer Stunde täglich am Computerspiel World of Warcraft (WoW).

Wenn wir über dieses Wissen verfügen und es verstehen, handeln wir ganz anders! Wir wissen damit um Schwachstellen, Bedrohungen und

[83] Jeder Antikörper verfügt über zwei verschiedene Bindungsstellen für Antigene.

Auswirkungen. Plötzlich erhalten die Risiken der digitalen Welt, denen wir Kinder und Jugendliche aussetzen, eine ganz andere Dimension.

Koreanische Forscher fanden heraus, dass intensives Online-Gaming das chemische Gleichgewicht des Gehirns destabilisiert. Das Verhältnis wichtiger Botenstoffe in einer Region des präfrontalen Cortex ist deutlich verschoben. So ist z.B. der Neurotransmitter GABA erhöht. GABA verlangsamt die Neuronen und damit die Hirntätigkeit, vergleichbar mit Patienten mit starken Depressionen. Erst nach längerer Pause von den Computerspielen normalisierte sich die Hirnchemie wieder.

Wie sieht all dies bei einem Kindergehirn in seinen jeweils unterschiedlichen, sehr wichtigen, Entwicklungsphasen aus? Und, wie während der hochsensiblen Umbauphasen des Gehirns in der Pubertät?

Führen Sie die Risikoanalyse selbst durch. Lassen Sie dabei die Erkenntnisse aus Wissenschaft und Forschung mit einfließen:

R (Risiko) = S (Schwachstelle) x B (Bedrohung) x A (Auswirkung)

4.2.3. Immer wieder die richtigen Fragen und dabei den jungen Menschen Raum geben

Die Erfahrungen vom Feld der Jahre 2016 bis heute haben mir einmal mehr gezeigt, wie wichtig es ist, Kindern und Jugendlichen gerade im Bereich Cyberwelt die richtigen Fragen zu stellen. Die digitale Welt entwickelt sich sehr schnell. Wir dürfen dabei nicht von unserer Art der Benutzung auf jene von Kindern und Jugendlichen schließen. Kinder und Jugendliche benutzen digitale Medien und Geräte teils ganz anders und bewegen sich oft ganz anders in der Cyberwelt als wir Erwachsene.

Es ist '*unbedingt nötig*', den Kindern und Jugendlichen in Kursen sehr viel Raum zu geben und auf eine gute Moderation zu achten. Powerpoints mit 15 und mehr Folien oder sonstige vollgestopfte Unterrichtseinheiten sind hier fehl am Platz.

4.2.4. Vertrauen aufbauen, gut zuhören und Erzählungen der Kinder ernst nehmen

Ältere Kinder und Jugendliche erzählen Erwachsenen nicht unbedingt aus ihrem täglichen Leben. Das gilt nach meinen Erfahrungen teilweise auch für liebevolle Eltern. Die Hürde sich Erwachsenen anzuvertrauen ist für Kinder und Jugendliche sehr hoch.[84]

Spielen wir selbst eine Situation durch. Nehmen wir einmal an, Sie wurden am Arbeitsplatz oder in der Nachbarschaft z.B. sexuell via Handy bzw. Tablet belästigt. Wem würden Sie sich als erwachsene Person öffnen oder anvertrauen? Wie lange würde es brauchen? Empfinden Sie Scham? Schuld? Angst? Können Sie erfassen, was passiert? Schließen Sie die Augen. Welche Gefühle durchleben Sie?

Sich Erwachsenen anzuvertrauen, mit Erwachsenen frei zu reden, benötigt ein hohes Maß an Vertrauen. Dies ist aufzubauen. Und denken Sie daran, teilweise sind es sehr verunsichernde oder schlimme Erfahrungen[85], die Kinder und Jugendliche rund um die digitale Welt und im Internet machen. Andere beschimpfen sie, schicken Nacktbilder, haben sich mit dem Versprechen von Zuneigung vielleicht ihr Vertrauen erschlichen oder die Kinder haben selbst eine Dummheit angestellt, mit enormen Auswirkungen. Es ist sehr wichtig, dass Kinder eine vertrauensvolle, liebe Bindung zu ihren Eltern haben. Gute Pädagogikkenntnisse, das Wissen um die Funktionsweisen des Gehirns von Kindern und Jugendlichen, authentisch sein, eigene Lernbereitschaft, Ruhe, Zeit, sowie hundertprozentiges Zuhören helfen nach meiner Erfahrung ebenfalls enorm.

Ich will hier einen typischen Cybertrick Krimineller am Beispiel eines Jungen anführen, der eigentlich sehr gut mit seinen Eltern auskam. Ich hatte mehrere derlei ähnlich gelagerte Fälle. Mit Freunden zockte der Junge in seiner Freizeit. Parallel erhielten er und seine Freunde, wie viele

---

[84] Bei Jugendlichen sieht das in der eigenen Peer-Gruppe, daher unter Gleichaltrigen, teils anders aus.

[85] Beispiel von Cybermobbing mit sexuellem Inhalt: Bullies erzwingen die Selbsteinführung einer Karotte in die Vagina. Die Bullies filmen dabei die Szene. Aufgrund des Videos kommt es zur Erpressung des Opfers. Das Video wird zudem im Netz weitergereicht.

junge Leute, jede Menge Snapchat-Nachrichten. In der Spielpause sahen alle ihre Nachrichten durch. Eine junge Frau mit einem recht offenherzigen Outfit hatte ihn angeschrieben und versprach mehr davon. Alle Jungs waren plötzlich interessiert. Es wurde via Handy des Jungen zurückgeschrieben und Nachrichten gingen hin und her.

Irgendwann, nach ein paar Minuten, waren sie mit der jungen Dame im Live-Chat. Es kam ein Angebot der Dame. Für das Foto des Penis würde die Dame einen Strip sowie eine Selbstbefriedigung vor laufender Kamera anbieten. Die Jungs heizten die Stimmung an. Zusammen nahmen sie irgendein Penisfoto aus dem Netz und schickten es. Die junge Dame blockierte daraufhin den Account des Jungen. Kaum einen Tag später erhielt der Junge eine Erpressernachricht, dass er einer Minderjährigen ein Nacktfoto von sich geschickt hätte. Er müsse mit einer Anzeige bei der Polizei rechnen, wenn er nicht tun würde, was von ihm verlangt wird.

Der Junge war verzweifelt. Es folgte ein erneutes Erpresserschreiben. Dieses Mal mit den Kontaktdaten der Eltern. Der Junge wusste sich nicht mehr zu helfen. Was tun? Zum Glück vertraute er sich einem Freund an. Jener Freund rief mich an und bat um Hilfe. Der Junge war, wie bereits andere Jungs, Opfer von Kriminellen geworden. Die junge Dame war ein Lockvogel, auf den er und seine Freunde hereingefallen waren. Der Junge sprach mit mir. Er fasste Mut und wir redeten mit den Eltern. Die Eltern waren sehr verständig und zusammen erstattete die Familie Anzeige gegen die Kriminellen.[86]

Oft haben mir junge Menschen anvertraut, dass sie, wenn sie etwas erzählen wollten, von Erwachsenen nicht ernst genommen würden, das gelte gerade rund um Erfahrungen in der digitalen Welt. „Die Erwachsenen wollen nur ihr eigenes Ding durchziehen und verstehen sowieso nichts von den Apps und Spielen. Wir hören den Erwachsenen gebetsmühlenartig zu, ohne wirklich zuzuhören. Sie wollen uns doch nicht hören. Es bringt nichts, was zu sagen. Passieren tut sowieso nichts“, so die jungen Leute. Nicht wenige verweisen zum Beispiel auf schlimme Cybermobbingerfahrungen bereits als Kind oder sexuelle Belästigungen via Handy etc.

---

[86] Auch so manch erwachsener Mann ist bereits auf diesen Cybertrick hereingefallen.

Ich bitte die jungen Leute daher sehr oft, mir neue Apps und Spiele zu zeigen und zu erklären, wie sie sie benutzen. Zuhause versuche ich das dann selbst, meist mit Unterstützung anderer junger Leute. Das braucht Zeit und Energie, insbesondere, da die Entwicklung so schnell ist. Und doch, es ist sehr wertvoll. Grundsätzlich schenke ich den jungen Leuten mein Vertrauen und nehme das, was sie erzählen, sehr ernst. Ich vermeide jedoch Naivität.

Legen Sie alles zur Seite und fragen Sie ihr Kind ähnlich wie Sie nach der Schule oder dem Tag bei Freunden fragen: „Wie war es heute im Internet?" Seien Sie dabei zu 100% aufmerksam.

Zeigen Sie Interesse. Bitten Sie Ihr Kind um ehrliche Hilfe. Sie möchten z.B. lernen, wie Snapchat funktioniert. Spielen Sie mehrere Runden an der Spielekonsole mit Ihrem Kind, auch wenn Sie verlieren sollten oder nicht viel auf digitale Spiele geben. Ich hatte einen Vater, der war erstaunt, dass man in einem Spiel, um eine Schatzkiste zu öffnen, nur 24 Stunden Zeit hat. Kein Wunder hatte sein Junge nur das Spiel im Kopf, wenn er von der Schule kam. Der Vater fragte sich, wie so etwas erlaubt sein kann. Machen Sie sich einen Eindruck davon, wo sich Ihr Kind oft stundenlang im Cyberspace bewegt. Eine Mama eines 9-jährigen Jungen war von der Brutalität des Spiels, dem davon ausgehenden Stress ganz schockiert, genauso wie von den Live-Chats beim Computerspiel, dem Schreien, den verwendeten Ausdrücken und natürlich dem Kontakt mit willkürlichen Fremden.

Vermeiden Sie digitale Geräte auf oder neben dem Tisch beim Frühstück, Mittagessen und Abendessen. Seien Sie selbst Vorbild. Essen Sie Mahlzeiten zusammen und unterhalten Sie sich. Spielen Sie einmal die Woche ein analoges Familienspiel oder gehen Sie zusammen spazieren, machen Sie miteinander Sport. Wichtig ist die Zeit als 'Familie miteinander', ohne digitale Störfaktoren.

4.2.5. Ein digitalfreier Tag pro Woche

Vermeiden Sie digitale Geräte in Kinder-, Jugend und Schlafzimmern. Achten Sie auch bei Jugendlichen auf einen gesunden Schlafrhythmus. Erklären Sie Ihren Kindern die Schutzreflexe. Seien Sie selbst erneut Vorbild.

Faktisch in jeder Grundschulklasse, die ich die letzten Jahre besuchte, gab es Kinder die erzählten, dass ihre Eltern keine Zeit für sie hätten, immer an Handy oder Tablet seien. Entwickeln Sie ein Bewusstsein für die digitale Welt und Ihre eigenen Gewohnheiten. Vielleicht sind Sie selbst schon viel zu oft am Haken. Ich habe so manche Eltern und Lehrpersonen erlebt, die beim Blick auf die iPhone-Anwendung 'Screentime' bezüglich ihrer eigenen Zeit 'online' erstaunt waren. Öfters lagen hier die eigenen täglichen Benutzungszeiten bei 2 bis 4 Stunden und mehr. Meist lag dies an Handyspielen, wie z.B. Candy Crush oder an Netflix Serien, Facebook …

Tauschen Sie ihre Erfahrungen mit anderen Erwachsenen aus. Sprechen Sie sich ab. Sie sind nicht allein.

4.2.6. Achtung vor Überbehütung und Überwachung

Immer wieder erlebe ich, und durfte ich diese letzten Jahre erleben, dass Kinder zu sehr behütet werden. Kinder benötigen Erfahrungen und gesunde Geheimnisse. Das hilft den Kindern bei der Stärkung ihres Selbstbewusstseins. Achten Sie darauf nicht in die Falle der Überbehütung zu tappen.

Ebenfalls tendieren Erwachsene immer häufiger zu einer Überwachung der Kinder, dabei wäre 'Vertrauen' so wichtig. Aus vielerlei Gründen ist meines Erachtens von einer Art Überwachung und beständigen Kontrolle abzusehen. Kinder benötigen für ihre Entwicklung 'gesunde' Geheimnisse, z.B. Erlebnisse, die sie nur mit der besten Freundin, dem besten Freund teilen. Über Erfahrungen lernen Kinder Selbstbewusstsein. Sie wollen zudem sicher nicht, dass Ihr Kind es im Erwachsenenalter normal findet überwacht zu werden und in einem Überwachungsstaat zu leben.

Hierzu will ich Ihnen drei Erlebnisse schildern:

Die erste Apple Watch hat 2015 den Markt der Welt erblickt. 2016 war sie in Luxemburg bereits sehr beliebt. 2018 hielt ich einen Kurs bei einer Gruppe Kinder ab. Alle Kinder waren anwesend. Plötzlich ging das Telefon. Der anwesende Erzieher nahm den Hörer ab. Ein aufgeregter Vater suchte nach seinem Sohn. Er konnte ihn nicht mehr orten. Wir versicherten dem Vater mehrmals, dass sein Sohn bei uns wäre. Wir befanden uns in einem Funkloch.

In einem anderen Kurs fragte mich ein Mädchen von ungefähr 8 Jahren traurig, ob es seine Uhr auch dann und wann ausziehen dürfte. Sie erzählte mir, dass Mama und Papa seit kurzem geschieden wären. Mama hätte ihr die Smartwatch gekauft, um sie auch im Blick zu haben, wenn sie am Wochenende bei Papa sei.

Eine Kollegin in Österreich erzählte, dass die Kinder in Wien untereinander die Uhren getauscht hatten. Die Eltern wiegten sich in falscher Sicherheit und die Kinder konnten machen, was sie wollten.

Sie kennen eine meiner wichtigsten Empfehlungen bereits: Begleiten Sie Ihr Kind. Seien Sie aufmerksam, ähnlich den ersten Schritten, dem Weg zum Kindergarten, dem Weg zur Grundschule, dem Fahrradfahren lernen, bis hin zu den ersten Fahrstunden.

4.2.7. Keine digitalen Geschenke an Kinder

Schenken Sie keine digitalen Geräte, borgen Sie sie nur. Setzen Sie davor Regeln. Ein gutes Werkzeug hierzu ist der Mediennutzungsvertrag von klicksafe.de: https://www.mediennutzungsvertrag.de/

Empfehlungen für Bildschirmzeiten pro Tag und Woche:

Sie können sich als Rahmen an die Empfehlungen zur Internet- und Gerätenutzung in Kapitel 3.2.13 'Diskussionen und Streit und immer wieder Streit und Diskussionen' halten.[87] Je nach Reife ihres Kindes können Sie Anpassungen vornehmen.

Meine Erfahrung zeigen eindeutig, werden Kinder mit der Cyberwelt allein gelassen und zusätzlich ohne entsprechende Zeitbeschränkung, so ist dies '**fatal**'.

---

[87] Auch ähnliche Regeln können Ihnen einen Rahmen geben, z.B. die Empfehlungen von Serge Tisseron, unterstützt von über 1.600 Kinderärzten in Frankreich.

4.2.8. Hilfsangebote für Kinder und Jugendliche

Meine Erfahrungen mit ca. 40.000 Kindern und Jugendlichen haben klar gezeigt, sofern Kinder und Jugendliche nicht bereits früh Reflexe, wie um 'Hilfe fragen' und Techniken zum 'Abbau von Hemmschwellen, um nach Hilfe zu fragen' gelernt haben, suchen sie selten eine Beratungsstelle auf oder wählen eine Hilfenummer. Strukturen wie Kinder- und Jugendtelefone oder psychologische Dienste können ihre Wirkungskraft erst dann voll entfalten, wenn Kinder und Jugendliche vorab die nötigen Reflexe und Techniken gelernt haben, sonst werden nur wenige Kinder und Jugendliche das Angebot annehmen. Testen Sie dies an einem Beispiel an sich selbst. Nehmen wir z.B. an, Sie wären überschuldet. Würden Sie ohne Zögern eine entsprechende Schuldenberatungsstelle aufsuchen? Würden Sie eine Beratungstelefonnummer wählen? Welche Hemmschwellen tauchen vor Ihnen auf? Wie fühlen Sie sich?

Besonders was Jugendliche betrifft ist darauf zu achten, dass die Hilfsangebote nicht mit einer Stigmatisierung verbunden sind, egal ob durch die Gesellschaft oder die Peergruppe geprägt. Dies ist insbesondere bei psychologischen Diensten zu beachten. Jugendliche haben mich sehr oft darauf verwiesen. So sollte z.B. der Zugang zu Beratungsangeboten in schulischen Einrichtungen die Möglichkeit von Anonymität und Vertrauen wahren. Ein Zugang, auf den z.B. jeder blicken kann, ist sicher alles andere als optimal und wird von jungen Menschen gemieden.

4.2.9. Illegale Inhalte melden

Ich habe eine große Bitte an Sie. Melden Sie illegale Inhalte, auf die Sie im Netz aufmerksam werden. Hierzu haben Sie mehrere Möglichkeiten. Informieren Sie den Betreiber, machen Sie eine Meldung bei einer Stopline, wie z.B. in Luxemburg https://stopline.bee-secure.lu/de oder gehen Sie zur Polizei.

Würden Sie sehen, wie fremde Personen Kinder in Ihrem Dorf oder Stadtviertel ansprechen, so bin ich überzeugt, würden Sie sofort agieren und eine Meldung machen. Sie würden auch bei rassistischen Übergriffen, Terrorismus, Mobbing oder einem sexuellen Übergriff auf ein Kind agieren. Handeln Sie bitte genauso im Netz. Helfen Sie mit, illegale Inhalte zu stoppen.

5. Fangen Sie an

Da Sie dieses Buch lesen, haben Sie bereits begonnen 'etwas zu unternehmen'. Ich bin überzeugt, dass es Ihnen viele Kinder und Jugendliche danken. Sie haben bereits ein enormes Wissen aufgebaut.

Es gibt viele gute Werkzeuge, die Sie dabei unterstützen, damit Kinder in der heutigen realen und digitalen Welt gesund erwachsen werden und ihr Potential entfalten können

Über einfache Wege und Übungen können Sie herausfinden, wo Ihre Kinder oder die Kinder Ihrer Klasse / Gruppe in Bezug auf die Cyberwelt zum Zeitpunkt stehen. Von dort können Sie die Kinder abholen und begleiten.

Solche Werkzeuge und Übungen gibt es auch zur Erkennung von Wertesystemen.

In diesem Kapitel stelle ich Ihnen einfache Werkzeuge vor, die Sie zuhause oder bei der Arbeit mit Kindern in Gruppen direkt in Einsatz bringen können. In meinen vielen Schulungen haben sie sich bewährt.

5.1. Gefühlsuhr

Basteln Sie mit ihren Kindern für jedes Kind eine Gefühlsuhr.

Im Jahr 2006 gab mir eine mit Kindern sehr erfahrene ältere Nonne diesen wertvollen Tipp. Wir unterhielten uns damals über die digitale Welt, ihr Potential, ihre Gefahren, die Risikoanalyse. Die ältere Dame hörte mir sehr aufmerksam zu. Ich durfte ihre Uhr übernehmen und habe sie schon tausende Male bis zum heutigen Tag eingesetzt.

Ich finde, dass es ein wunderbares Instrument ist. Es stellt einen großartigen Träger dar. Die Gefühlsuhr ermöglicht es den Kindern sich auszudrücken, zu sprechen, ohne sich direkt der erwachsenen Person anvertrauen zu müssen. Und doch, schon nach kurzer Zeit öffnen sich die meisten Kinderherzen. Sollten Kinder sich nicht öffnen, so ist auch dies ein wichtiger Hinweis für Sie. Die Kinder lernen etwas über sich selbst, basteln dabei, können stolz auf sich sein und haben über Monate hinweg ein großartiges Werkzeug an ihrer Seite. Gute Bastel-Gefühlsuhrvorlagen finden Sie z.B. unter www.bee-secure.lu.

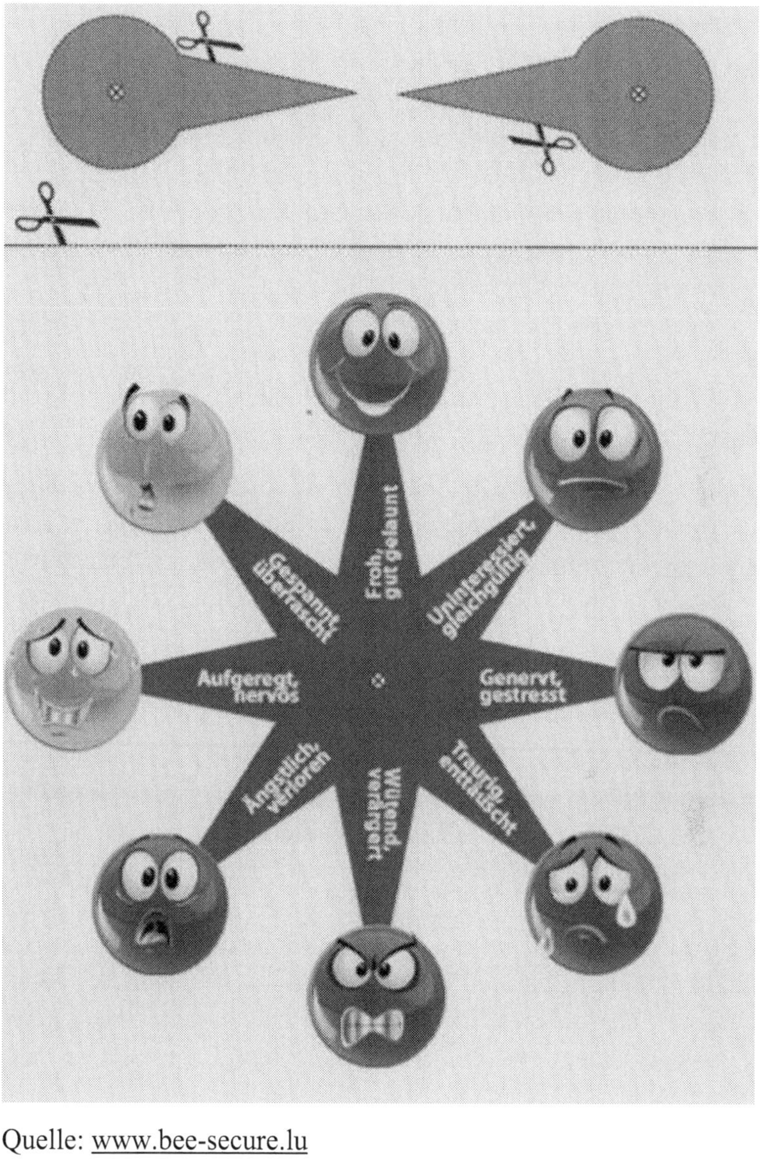

Quelle: www.bee-secure.lu

Gehen Sie mit den Kindern jedes Gefühl durch. Reden Sie mit den Kindern darüber, was jedes einzelne Gefühl bedeutet. Haben die Kinder selbst schon einmal solch ein Gefühl erlebt? Sie können dabei als erwachsene Person von sich selbst jeweils Beispiele als Einleitung wiedergeben.

Fragen Sie die Kinder, was ihnen am Wochenende Freude bereitet hat, z.B. spazieren gehen mit der Familie oder mit dem Hund, mit der Katze spielen. Geben Sie den Kindern Raum. Fragen Sie daraufhin, was ihnen, sofern sie Zugriff aufs Internet haben, dort Freude bereitet. Geben Sie den Kindern erneut genügend Raum sich auszudrücken. Notieren Sie sich unbekannte Spiele, YoutuberInnen und Apps. Schauen Sie diese später selbst nach. Fragen Sie, ob die Kinder auch schon ein Erlebnis im Internet hatten, das sie überrascht hat. Sie können vorab von einem eigenen Erlebnis erzählen, z.B. einem angeschauten YouTube Video, indem plötzlich jemand vom Stuhl gefallen ist und sich weh getan hat. Fragen Sie Kinder nach Erlebtem außerhalb der virtuellen Welt, das sie überrascht hat.

Danach können Sie die Kinder fragen, ob sie in Bezug auf Computerspiele oder Apps schon mal wütend wurden und warum. Oder, wurde schon mal die Schwester, der Bruder, die Cousine oder der Cousin wütend? Moderieren Sie die Kinder während der Gespräche, denn diese sind bei digitalen Themen sehr oft aufgeregt und wollen viel erzählen. Geben Sie den Kindern jedoch wieder genügend Raum um zu erzählen und hören Sie 100% zu. Machen Sie Notizen.

Gibt es Situationen, die den Kindern in der realen Welt Angst machen? Lassen Sie die Kinder nachdenken. Hier haben mir z.B. Kinder erzählt, dass andere, ältere Kinder auf den Klos Zetteln mit Momo-Gesichtern oder -Drohungen für die Kleineren verstecken. Andere Kinder erzählten, dass sie vor dem Einschlafen Angst vor einem Clown haben und Papa immer bestätigt, dass unterm Bett und im Schrank alles ok ist. Derlei Angst könnte auf Killerclown-Videos, Horrorfilme etc. hindeuten. Nicht selten haben Kinder schon allein durch die Erzählungen anderer Kinder Angst, denn manchmal haben sie eine entsprechende Werbung gesehen oder andere Kinder haben auf dem Schulweg per Handy oder bei einem Kindergeburtstag entsprechende Filme gezeigt. Kinder erzählen auch z.B. von einer Kontaktaufnahme durch Fremde im Spiel oder dem Zusenden beziehungsweise Nachfragen von Nacktfotos etc. Seien Sie sehr aufmerksam und wachsam.

Wie bereits erwähnt, hat die Gefühlsuhr den Vorteil, dass die Kinder nicht direkt mit Ihnen kommunizieren, sondern Sie ein Medium zwischen sich und die Kinder setzen. Dadurch erzählen die Kinder Dinge, die sie sonst Erwachsenen eher nicht erzählen würden.

Mit Hilfe dieses Instruments erhalten Sie einen ersten Einblick darüber, wo die Kinder in Bezug auf das Internet und die Cyberwelt stehen.

Die Gefühlsuhr setze ich direkt in der Arbeit mit Kindern bis 11 Jahren ein und indirekt über alle Altersstufen hinweg. Bei 16 bis 19-Jährigen benutze ich die Gefühlsuhr zum Beispiel als bildliches Instrument, damit die jungen Leute mich dabei unterstützen, Kleineren keine Horrorfilme, entsprechende YouTube Videos etc. zu zeigen, sie nicht auf Apps anzumelden, die nicht altersgerecht sind und sie auch nicht in entsprechende Computerspiele einzuführen.

5.2. Bilder malen

Bilder malen ist ebenfalls ein sehr schönes Instrument, um mehr von Kindern über ihre digitale Lebensumgebung sowie ihre Kontakte in die Cyberwelt zu erfahren. Wie bereits erwähnt, ist es wichtig zu wissen, wo ein Kind in Bezug auf die Cyberwelt steht, daher den Ist-Zustand eines Kindes in Bezug auf die Cyberwelt zu erfassen, um es von dort abzuholen und zu begleiten.

Dazu malen die Kinder drei Bilder. Im ersten Bild malen sie, was ihnen in der realen Welt oder der Cyberwelt Freude macht, sofern sie dort schon unterwegs sind. Die Kinder können sich entscheiden, welche Welt sie bevorzugt malen oder sie können beides auf ein Blatt Papier bringen. Die Kleinen können sich dabei auch austauschen. Die Zeitvorgabe liegt bei ca. 15 Minuten.

Leider habe ich oft die Erfahrung gemacht, dass Kinder, 8-9 Jahre alt, zwischen dem Familienhund oder z.B. der Spielekonsole Nintendo Switch wankten und sich dann für die Nintendo Switch entschieden. Beim Austausch zwischen den Kindern merken Sie sehr schnell, wer alles Zugriff auf Spielekonsolen, Apps, Netflix-Serien etc. hat.

Fragen Sie bei den Kindern nach, wenn Sie die Inhalte eines gemalten Bildes nicht verstehen. Öfters als Sie denken, gehen Sie vielleicht davon aus, dass hier eine Freundin oder ein Freund gemalt wurde und in Wirklichkeit ist es der Star einer Netflix Serie für Jugendliche ab 16 Jahren oder YoutuberInnen, die teils fragwürdige Internetinhalte vermitteln. Ein roter Punkt könnte z.B. auf eine Challenge hindeuten etc.

Für das zweite Bild achten Sie darauf, dass die Kinder nicht länger als ca. 5-6 Minuten zeichnen. Die Kinder tauschen sich *nicht* aus. Dies ist nötig, um das Anfeuern von Angst zu unterbinden.

Kinder bekommen hier die Aufgabe etwas zu malen, das ihnen Angst macht, in der realen Welt oder der Cyberwelt. Die älteren Kinder können zusätzlich malen oder schreiben, wieso sie davor Angst haben. Hier bleibt jeder bei seinem eigenen Blatt. Es ist nicht wichtig, die Bilder ganz fertig zu malen. Die Kinder sollen nicht in der Angst verweilen. Sie als erwachsene Person sollen jedoch einen Abriss der Ist-Situation der Kinder 'rund um die Cyberwelt' bekommen, damit Sie die Kinder einmal mehr dort abholen können, wo sie stehen und sie zurück in eine angstfreie Welt begleiten.

Auch hier ist es sehr wichtig, dass Sie jeden Inhalt eines Bildes nachfragen, sofern der Inhalt sich nicht ganz sicher für Sie erschließen lässt. Damit Angst unter Kindern nicht weiter gereicht wird, lassen Sie das entsprechende Kind in ihr Ohr flüstern. So hören die anderen nicht genau, was hier gemalt wurde. Kinder haben mir z.B. einen Wal gemalt. Damit meinten sie jedoch nicht ein liebes Tier, sondern die Challenge 'Blauer Wahl', bei dem sich Kinder am Ende umbringen sollen. Achten Sie zudem darauf, einen Mythos, wie z.B. Momo, nicht selbst in Worten zu wiederholen.

Bereits bei Vier- bis Sechsjährigen habe ich die Erfahrung gemacht, dass oft schon ein Viertel der Kinder YouTube-Videos in Form von Killerclown-Videos und Werbung zu Horrorfilmen bis hin zu den Filmen selbst wie 'Annabell' oder 'Es' gesehen haben. Die Kinder wissen meist, wie Netflix für Erwachsene in der Familie, bei Oma, Opa oder der Tante, dem Onkel aktivierbar ist. Oft schauen sie derlei Inhalte auch mit älteren Geschwistern, Cousins oder Cousinen oder bei Nachbarkindern. 10-20% hatten auch schon selbst Spiele wie Call of Duty oder GTA gespielt, Fortnite öfters sowieso. Es gibt auch immer mehr Kinder, die von einem eigenen Smartphone oder einer eigenen Spielekonsole in immer jüngerem Alter träumen. Die gute Nachricht, ca. ein Drittel der Kleinen hatte bis Anfang 2020 entweder noch gar keinen Kontakt in die Cyberwelt oder nur in Begleitung mit Erwachsenen. Wurden die Kinder von Erwachsenen bewusst begleitet, handelte es sich bei den digitalen Inhalten entweder um Lernanwendungen oder sie waren kindgerecht. Diese Familien achteten zudem meist auf eine entwicklungsspezifische, kindgerechte Zeitbeschränkung.

Wenn Sie mit den Kindern Bilder malen ist es wichtig, nach den Bildern rund um Angst, je nach Inhalten, die dort niedergebrachten Mythen wieder aufzulösen. Im Kapitel 3.2.3. 'Momo, Killer Clowns, Horrorfilme, Challenges ...' habe ich hierzu eine mögliche Auflösung eines Mythos am Beispiel Momo beschrieben.

Für das dritte Bild bekommen die Kinder wieder 10 bis 15 Minuten Zeit. In diesem dritten Bild malt sich jedes Kind selbst, und zwar stark, als jemand mit viel Kraft, Freude und positiver Energie. Gerne dürfen die Kinder Hilfsinstrumente mit hinzumalen, wie z.B. Zauberstab, Rüstung ...

Sie sehen anhand der Bilder eigentlich immer sehr schnell, welche Kinder besonders viel Unterstützung und Begleitung in Bezug auf die Cyberwelt benötigen.[88]

Nach meiner Erfahrung können Sie dieses Instrument bei Kindern bis zu neun Jahren einsetzen.

5.3. Fragebogen an Kinder

Anbei habe ich für Sie einen Fragebogen aufgebaut. Es empfiehlt sich, die Fragen zusammen mit mehreren Kindern gleichzeitig durchzugehen. Halten Sie für sich selbst Stift und Papier bereit. Notieren Sie wie die Kinder reagieren und welche Kinder. So behalten Sie den Überblick. Notieren Sie die Inhalte, von denen die Kinder erzählen. Mit diesem von mir selbst entwickelten Instrument können Sie immer einen guten Überblick zur Ist-Situation vieler Kinder erstellen, z.B. in Schulklassen oder Gruppen.

Der Fragebogen ist bezüglich der darin wiedergegebenen Fragen strategisch aufgebaut. Die ersten drei Fragen sind z.B. typische 'ja' Fragen.

[88] Es ist empfehlenswert, die Eltern / die ganze Familie mit einzubinden.

Dies hat einen Grund. Stellen Sie einer anderen Person drei Fragen in einer Form, die diese jeweils zu hoher Wahrscheinlichkeit mit 'ja' beantworten wird, so baut das Unterbewusstsein jener Person mit ebenfalls hoher Wahrscheinlichkeit Vertrauen zu Ihnen auf.

Natürlich können Sie jederzeit Adaptierungen am Fragebogen vornehmen.

Zu Ende des Fragebogens stelle ich Fragen bezüglich Geschwister, Cousins und Cousinen. Wieso? Die Handlungen der Kinder korrelieren, nach meinen Erfahrungen, klar mit dem Umfeld. Die Gehirnforschung hat Ihnen hierzu bereits die Antwort gegeben. Kinder bis 6 Jahren saugen z.B. alles aus ihrer Umgebung in ihr Unterbewusstsein auf. Spielen z.B. ältere Geschwister Call of Duty oder sind immer am Handy auf Apps unterwegs, so ahmt das jüngere Kind die älteren meist nach. Außerdem führen die Älteren das jüngere Kind oft in das Spiel oder die App etc. ein.

Es gibt auch Kinder, die keinen Cyberwelt-Zugang haben. Daher ist es nötig, die Fachbegriffe wie Spielekonsole, Playstation, Nintendo Switch, YouTube-Videos, Snapchat, TikTok, App etc. immer kurz zu erklären, jedoch ohne die Gruppendynamik zu unterbrechen. Achten Sie darauf, alle Kinder einzubinden. Auch nichtdigitale Fragen sind sehr wichtig.

Nachfolgend der Fragebogen für Sie, als Hilfsinstrument zur Erfassung der Ist-Situation von Kindern bezüglich ihrer Kontakte in die Cyberwelt. In Klammern () habe ich Ihnen zu manchen Fragen an die Kinder nähere Erklärungen angefügt:

- Kennt Ihr Handys?
- Hat Papa zuhause ein Handy?
- Haben Oma / Opa ein Fernsehgerät?
- Wer darf bei Oma / Opa an den Computer / ans Tablet (Kinder in Luxemburg verstehen besser das Wort iPad als Tablet)?
- Wer darf bei Mama / Papa auf den Computer / Tablet (iPad) oder aufs Handy?
- Wer hat schon einen eigenen Computer / eigenes Tablet (iPad) ...?

- Wer hat schon ein eigenes Handy?[89] (Smartphone gemeint – am besten eines zeigen)
- Könnt Ihr damit auch YouTube-Videos etc. sehen? (Der Begriff Internet ist sehr abstrakt und ist Kindern in einer eigenen Unterrichtsstunde veranschaulichend zu erklären, z.B. durch die Erstellung eines gemeinsamen Netzes mit einem Wollfaden.)
- Wer hat eine eigene Nintendo Switch? (Bei dieser Frage ist es nötig, immer etwas am Markt zu bleiben – was ist gerade bei Kindern und Jugendlichen 'in'?!)
- Andere Nintendo Geräte? (Welche?)
- Wer hat eine PS2? (PS für Playstation)
- Wer hat eine PS3?
- Wer hat eine PS4?[90]
- Wer hat eine Xbox? (In Luxemburg haben z.B. mehr Kinder die PS4 im Vergleich zur Xbox. Es kommt jedoch immer etwas auf die Gruppe von Kindern an.)
- Wer hat eine Wii etc.? (Diese Frage habe ich eingebaut, damit Kinder, die 'nur' Zugriff auf eine Wii haben nicht enttäuscht sind.)
- Wer schaut ab und zu fern?
- Wer schaut über das Fernsehgerät YouTube Videos?
- Wer schaut Netflix? (Achtung: Bekannte Kinderserien können in Netflix für Altersgruppen ab 16 Jahre aufwärts verfilmt sein, siehe Beispiel: Sabrina; in Netflix für Kinder laufen durchaus Werbungen für Filme höherer Altersgruppen und ab 16 Jahre aufwärts.)
- Wer schaut Netflix für Kinder (auch Reaktionen der Kinder beobachten)? Welche Serien?
- Wer schaut Netflix für Erwachsene? Welche Serien?
- Wer unternimmt öfters etwas mit der Familie, z.B. spazieren gehen?
- Bei wem findet zuhause in der Familie öfters ein Spieleabend statt (nicht digital)?
- Wer ist auf Snapchat? (Damit Sie immer wissen was gerade an Apps oder Spielen bei Kindern 'in' ist, genügt ein Blick in den Playstore im

[89] Viele Kinder wissen nicht, dass es sich bei einem Smartphone um einen Computer handelt, zudem faktisch einem Hochleistungsrechner, verglichen mit gängigen Computern vor 10-15 Jahren.

[90] Im November 2020 kam in Deutschland die PS5 auf den Markt.

Smartphone. Verfügen Sie selbst über kein Smartphone fragen Sie einfach Nachbarn oder Kolleginnen / Kollegen, ob diese 2-3 Minuten mit Ihnen zusammen in den Playstore gehen können.)

- Wer hat ein eigenes Snapchat Konto? Hast Du es selbst eingerichtet? (Bei allen App-Zugriffen nachfragen, wer sie eingerichtet hat. Nicht selten staunt man, dass Mama oder Papa oder die Kinder selbst die nicht altersgerechte Einrichtung vorgenommen haben.)
- Wer ist auf Instagram? Wer hat ein eigenes Konto? Hast Du es selbst eingerichtet?
- Wer macht WhatsApp? Wer hat ein eigenes Konto? Hast Du es selbst eingerichtet?
- Wer macht Messenger? Wer hat ein eigenes Konto? Hast Du es selbst eingerichtet?
- Wer macht Facebook? Wer hat ein eigenes Konto? Hast Du es selbst eingerichtet? (Ist bei Kindern in Luxemburg out)
- Wer macht TikTok (ehemals musical.ly)? Wer hat das Konto eingerichtet?
- Wer macht TikTok nur für sich selbst / die Familie / Freunde? Gehen manche Videos ins Internet? Wer hat schon ein richtig gutes TikTok Video für das Internet freigegeben?[91] Bei wem gehen alle Videos ins Internet?
- Wer spielt Fortnite?
- Wer spielt Minecraft?
- Wer spielt Roblox?
- Wer spielt GTA? (Spiel ab 18 Jahre)
- Wer spielt Call of Duty? (Spiel ab 18 Jahre)
- Andere Computerspiele, die ihr spielt?
- Weiß jemand, ab wieviel Jahren Snapchat ist?
- Weiß jemand, ab wieviel Jahren GTA ist?
- Weiß jemand, ab wieviel Jahren Call of Duty ist?

---

[91] Ich bin vielen Kinder begegnet, die TikTok Videos ins Internet stellen, diese mir jedoch nicht auf meine Nachfrage zeigen wollten. Sie genierten sich. Viele Kinder waren sich nicht bewusst, dass 'alle' im Netz ihre Videos sehen und speichern können. Einmal mehr zeigt dies auf, dass Kinder, insbesondere bis zu einem gewissen Alter, die Architektur des Internets nicht verstehen und noch weniger dortige Bedrohungen als auch mögliche Auswirkungen.

(Falls andere Erwachsene mit anwesend sind, diese jetzt bitten, sich gegen die Wand zu drehen. Die Kinder sollen jetzt leise bleiben und nur die Hand hoch strecken. Wir gestalten folgende Fragen geheimnisvoll, damit die Kinder ehrlich sind. Sie werden erstaunt sein, wie gut das funktioniert.)

- Wem passiert es, sich abends nochmals an die Switch, ans Handy, an die Playstation zu schleichen, wenn die Eltern schon schlafen? (Sie können die Szene spielen, indem Sie ihr eigenes Handy auf einem Tisch ablegen und sich vor den Kindern dorthin schleichen.)
- Wem passiert es, während Mama oder Papa in der Dusche ist, sich an die Switch, ans Handy, an die Playstation zu schleichen?
- Wer chattet oder spielt auch mal bis 23:00 Uhr abends?
- Kann es auch mal 01:00 Uhr nachts werden? Während der Schulzeit? - also nicht am Wochenende
- Hat schon einmal jemand von Freitag auf Samstag, nach der Schule, bis tief in die Nacht gespielt / gechattet?
- War es da auch schon mal 02:00 Uhr nachts?
- Länger? Wieviel länger?
- Wie sieht es von Samstagabend auf Sonntagfrüh aus?
- Wessen Eltern gehen früh ins Bett?
- Wer geht selbst früh ins Bett? Uhrzeit? 19:00 – 20:00 Uhr? 20:00 – 21:00 Uhr? (Hier kann man z.B. als erwachsene Person selbst die Hand heben, damit jene Kinder sich zu melden trauen, die früh ins Bett gehen. Geht die Mehrzahl der Gruppe spät und sehr spät ins Bett, habe ich hier schon erlebt, dass jene Kinder, die zur rechten Zeit schlafen gehen, gehänselt werden. Es entspricht nicht der Vorstellungsnorm der Gruppe.)

Von denen, die selbst noch keinen Zugang zu Handy, Computer, Spielekonsole, Internet haben:

- Hat jemand Geschwister, Cousins, Cousinen, die Zugriff auf Handy, Computer, Playstation, Internet, Netflix, Apps wie Snapchat, TikTok … haben?
- Hat jemand Geschwister, Cousins, Cousinen, die am Wochenende auch öfters die ganze Nacht durch spielen, chatten …?

Jetzt wieder alle Kinder:

- Kennt jemand Geschwister, Cousins, Cousinen, die am Wochenende auch öfters die ganze Nacht hindurch spielen / chatten?
- Passiert Euch das auch schon öfters?
- Hat jemand Geschwister …, die keine Zeit haben, weil sie am Handy oder an der Spielekonsole sind?
- Hat jemand Mama / Papa, die keine Zeit haben, weil sie am Handy, Tablet oder an der Spielekonsole sind?
- Wem ist es schon mal passiert, dass er / sie den Controller weggeworfen hat, z.B. weil man im Spiel verloren hat?
- Wer hat schon andere im Chat beim Spielen schimpfen gehört? War es schlimm? Gab es Ausdrücke?
- Wer hat schon selbst geschimpft? Geschrien?
- Hat sich schon mal jemand weh getan, weil er / sie vor Wut beim Spiel / Chat auf den Tisch geschlagen hat?
- Wer spielt online mit Leuten, die er nicht direkt aus der Schule, der Familie, dem Dorf … kennt?
- Wer chattet mit Leuten, die er nicht direkt aus der Schule, der Familie, dem Dorf … kennt?
- Was habt Ihr für Hobbies, z.B. Tanzen, Malen, Singen, Lesen, Fahrrad fahren, Schwimmen, Reiten, Tiere, Bausteine, Roboter bauen …?

Der Fragebogen funktioniert nach meinen Erfahrungen sehr gut mit Kindern bis ca. 10 Jahren.

Achtung: Erklären Sie den Kindern nach der Befragung, dass Zugang zu digitalen Inhalten in frühem Alter nicht gesund ist.

Sind Ihnen digitale Inhalte, Spiele, Apps, YoutuberInnen etc. unbekannt, schauen Sie sie nach und machen Sie sich ein Bild davon.

5.4. Challenge: Digitalfreier Tag

Eine andere Übung, die Ihnen dabei hilft, den Ist-Status in Bezug auf die Cyberweltbenutzung von Kindern zu erkennen ist eine gemeinsame Challenge. Machen Sie selbst auch mit. Das motiviert die Kinder.

Ziel ist es während eines Schultages, außer für schulische Zwecke, auf Bildschirmzeit und damit digitalen Konsum ganz zu verzichten, daher auch Fernsehen. Jeder kann sich seine Gefühle notieren, die er durchlebt.

Am anderen Tag reden Sie mit den Kindern über die erlebten Gefühle. Schafft ein Kind die Challenge nicht, ist das nicht schlimm. Das Kind hat es immerhin mutig versucht. Loben Sie alle Kinder. Erklären Sie den Kindern, dass sie sehr stolz sein können es zu versuchen. Seien Sie mit den Kindern sehr umsichtig.

Suchen Sie mit den Kindern einen gemeinsamen Tag heraus. Sie werden sehen, dass das schon gar nicht so einfach ist, denn die einen schauen gerne, teils noch sehr spät abends, ihre Lieblingsserie. Andere sind wiederum, auch teils noch sehr spät abends, zum Zocken online verabredet. Wieder andere können nicht umhin, via z.B. Snapchat, auf Nachrichten zu warten. Sie haben Angst etwas zu verpassen oder müssen noch Posts verschicken, um ihre Flammen mit Freunden nicht zu verlieren, mit denen sie z.B. schon seit über 110 Tage täglich Posts austauschen. Sie werden auch sehen, dass manche bereits 150 bis 300 und mehr Internet-Freunde haben, mit denen sie dringend Nachrichten austauschen müssen, etc. Als Erwachsene(r) erhalten Sie einen ersten Einblick.

Ist der Tag festgelegt, z.B. ein Tag, an dem sowieso auch nachmittags Schule ist und es dann vielleicht nicht mehr so schwerfällt, so werden einpaar Kinder trotzdem nicht einverstanden sein, so meine Erfahrung. Meistens sagen diese Kinder, dass sie es nicht schaffen werden. Sie können dies zudem oft an den körperlichen Reaktionen wahrnehmen. Während die erste Gruppe Kinder, die sich eine digitalfreie Zeit vornimmt, einen kleinen Verzichtvertrag unterschreibt, formen Sie eine zweite Gruppe. Schaffen es jene Kinder am festgelegten Tag nur eine Stunde online zu sein oder max. zwei Stunden? Höchstwahrscheinlich finden sich wieder 1-3 Kinder, die hiermit klarkommen. Auch sie unterschreiben ihren kleinen Vertrag. Nach meiner Erfahrung gibt es dann meist immer noch 1-3 Kinder, die eingestehen, dass sie es nicht schaffen. Vielleicht schaffen es diese Kinder spätestens ab 22:00 Uhr die Geräte auf die Seite zu legen, ein Kind vielleicht auch ab 23:00 Uhr anstatt erst um 01:00 Uhr folgende. Es ist für jedes Kind eine Lösung gefunden. Jedes Kind hat einen kleinen Vertrag.

Achten Sie darauf, dass für jedes Kind eine Lösung gefunden wird und jedes Kind einen kleinen Vertrag erhält.

Besprechen Sie mit den Kindern anderntags die Gefühle. Klatschen Sie für alle Kinder, denn jedes Kind hat sein Bestes gegeben.

Nicht selten habe ich Kinder, die mir erklären, dass sie ganz allein sind, niemanden zum Spielen haben, es kein Buch zuhause gibt, sie auch nicht zu anderen gehen dürfen. Für solche Fälle habe ich oft ein Buch und ein Puzzle eingepackt. Ebenfalls, sofern die Eltern einverstanden sind, versuche ich hier immer Spielgruppen von Kindern aufzubauen. Manchmal ist dies möglich und mit viel Erfolg.

Für Sie ist diese Übung sehr interessant, da Sie sehr leicht erkennen, wie der Ist-Zustand der Kinder in Bezug auf die Cyberwelt ist. Machen Sie mit den Kindern mit. Prüfen Sie sich selbst. So manch erwachsene Person hat mir eingestanden, dass er / sie es nicht hinbekam.

Diese Übung können Sie nach meiner Erfahrung problemlos mit Kindern von 6 bis 12 Jahren durchführen.

5.5. Vertrag zur Mediennutzung

Erstellen Sie mit ihrem Kind einen Mediennutzungsvertrag. Ein schönes Werkzeug hier ist der Mediennutzungsvertrag von klicksafe.de, auf den ich schon auf vorhergehenden Seiten dieses Buches verwiesen habe: https://www.mediennutzungsvertrag.de/

Achtung:

- Schenken Sie keine Geräte, borgen Sie die Geräte nur, und zwar mit zu beachtenden Regeln.
- Achten Sie auf Pausen während der Benutzung, egal wie verführerisch ihre Kinder dazu verlockt werden, am Bildschirm kleben zu bleiben.
- Verbringen Sie Familienzeit ohne Geräte. Seien Sie Vorbild. Lassen Sie die Geräte nicht offen herum liegen. Benutzen Sie keine Geräte während der gemeinsamen Mahlzeiten.
- Achten Sie darauf, dass sich keine Geräte in Kinder- und Schlafzimmern befinden.
- Fördern Sie die digitalen Kompetenzen ihrer Kinder und vermeiden Sie digitalen Konsum.

- Setzen Sie auf keinen Fall digitale Geräte und digitale Inhalte als Belohnung ein, daher, erlauben Sie auf keinen Fall nach z.B. gemachten Hausaufgaben die Spielekonsole oder das Handy.[92] Das gilt auch in Bezug auf erledigte Mithilfe im Haushalt etc.
- Achten Sie darauf, dass digitale Geräte und Inhalte nicht die Funktion eines Baby-Sitters übernehmen bzw. als Ersatz für gemeinsame Aktivitäten herhalten.
- Fragen Sie: „Wie war es heute im Internet?“
- Es ist unumgänglich, dass Sie zur Begleitung eines Kindes rund um die digitale Welt die nötige Zeit reservieren.

5.6. Nutzungszeiten

Aus meinen vielen Erfahrungen möchte ich Ihnen ans Herz legen Nutzungszeiten mit Pausen festzulegen. Ich habe so viele Geschichten von Eltern, Lehr- und Erziehungspersonal gehört, so viele Tricks und Kniffe von Kindern und Jugendlichen selbst, wie sie sich immer wieder Zugang zu Bildschirmen und deren digitalen Inhalten verschaffen.[93]

Viele Eltern erzählen mir in Schulungen, dass die Kinder abends um 22:00 Uhr und später noch die Tablets bräuchten, für Hausaufgaben anderntags oder eine Lehrperson würde noch etwas zusenden bzw. ein Freund oder eine Freundin. Ich kann Ihnen durch meine Erfahrungen vom Feld versichern, zu weit über 98% hat die Lehrperson die Unterlagen so verschickt (oft sogar schon mehrere Tage vorab), dass alle SchülerInnen bis spätestens 19:30 Uhr ihre Aufgaben bewältigen können. Sehr oft, nach meinen Erfahrungen, geht es bei Posts von Freundinnen und Freunden um alles andere als Hausaufgaben.

Ab einer bestimmten Schlafenszeit haben Geräte nichts mehr in den Schlafzimmern zu suchen. Das gilt gerade auch für Jugendliche. Damit das Gehirn korrekt seinen Aufgaben nachgehen kann, ist es nach

---

[92] Nach den Hausaufgaben ist etwas Bewegung zu empfehlen. Das hilft bei der Verfestigung des erlernten Stoffes.

[93] Beispiel: Ein bekanntes Elektronikgeschäfte in der Stadt Luxemburg musste z.B. alle Ausstellungshandys vom Internet nehmen, da Kinder und Jugendliche über diese Geräte Fortnite spielten.

wissenschaftlichen Erkenntnissen nötig, ca. zwei Stunden vor dem Schlafen gehen von Bildschirmen fern zu bleiben. Sie würden Ihr Kind sicher nicht um 22:00 Uhr abends kurz nochmal in den Wald schicken oder durch die Straßen von Berlin, Paris oder London spazieren lassen. Hier funktioniert Ihr Sicherheitsinstinkt.

Fallen Ihnen zu hohe Benutzungszeiten ihres Kindes auf, so reden Sie mit ihm. Scheuen Sie sich nicht, Kontakt mit einer Beratungsstelle aufzunehmen.

Meine Empfehlungen für Sie:

- Achten Sie darauf, während der erlaubten Nutzungszeiten, dass die Art der Nutzung die digitalen Kompetenzen fördert! Vermeiden / reduzieren Sie Digitalkonsum!
- Wie bis 2010 empfehle ich entsprechend der wissenschaftlichen Erkenntnisse, sowie der Risikoanalyse „*vor dem Alter von 13 Jahren keine digitalen Geräte, außer zu schulischen Zwecken*“ oder in etwas aufgeweichter Form:
  - *0-3 Jahre:* ***keinerlei*** *Informations- und Kommunikationstechnologien (IKTs)*[94]*; auf den Schlaf achten,*
  - *4-6 Jahre: ein Tag die Woche keine IKTs, die anderen Tage max. 15 Min. und in Begleitung (daher nur gute Inhalte), ein Spielraum ist gegeben; auf den Schlaf achten,*
  - *7-9 Jahre: ein Tag die Woche keine IKTs, die anderen Tage max. 30 Min. und in Begleitung (daher nur gute Inhalte), ein Spielraum ist gegeben; anderes gilt bei schulischem Einsatz; auf den Schlaf achten,*
  - *10-13 Jahre: ein Tag die Woche keine IKTs, die anderen Tage max. 60 Min. und in Begleitung (daher nur gute Inhalte), ein Spielraum ist gegeben; anderes gilt bei schulischem Einsatz; auf den Schlaf achten.*

Sollten Ihnen die Regeln zu streng vorkommen, da 'viele Kinder und Jugendliche in der digitalen Welt unterwegs sind' so führen Sie sich einfach bildlich vor Augen, dass Sie ihre Kinder 'auch nicht Auto fahren lassen, bevor sie 18 Jahre alt sind und dies zudem nur mit Führerschein'. Zu

[94] Das bedeutet auch kein Fernsehen.

Beginn der Entwicklung von Autos wurde der Schutz ebenfalls vernachlässigt, bis schließlich mehr und mehr der Gesetzgeber eingeschritten ist. Tipp: Als Eltern können Sie sich untereinander zu spezifischen Benutzungszeiten absprechen.

Meine Empfehlung bei Jungs und Männern, 14-27 Jahre, sowie bei Mädchen und Frauen, 14-26 Jahre: Versuchen Sie einen Tag die Woche auf IKTs zu verzichten und die anderen Tage ihren Freizeitkonsum auf max. 120 Minuten zu beschränken, bei möglichst vorwiegend guten Inhalten. Halten Sie sich an die Mindestvorschriften der europäischen Richtlinie bezüglich mehr Sicherheit und Gesundheitsschutz bei der Arbeit an Bildschirmgeräten (90/270/EWG). Legen Sie entsprechende Pausen ein, achten Sie auf Ergonomie, Lichtverhältnisse und ihren Schlaf.

Ich möchte hier nochmals, wie bereits unter Kapitel 3 Unterkapitel 3.2.13. 'Diskussionen und Streit und immer wieder Streit und Diskussionen' einen Warnhinweis wiederholen.

Achtung: Kinder und Jugendliche die z.B. täglich spezifische Nutzungsverhalten oder sehr hohe Nutzungszeiten aufweisen und in diesen plötzlich eingeschränkt werden, können massive körperliche und mentale Auswirkungen von derlei Maßnahmen erleben. Diese können von Gewaltausbrüchen, Zusammenbrüchen bis hin zu Suizidgedanken führen, ähnlich einem Kaltentzug, wie bei anderen Formen von Süchten. Bei einschränkenden Maßnahmen ist umsichtig vorzugehen. Ich empfehle die Integration ärztlicher Begleitung. Suchen Sie entsprechende Beratung auf.

Sicherheit und Gesundheitsschutz bei der Arbeit an Bildschirmen

Schon 1990 hat die EU die Mindestvorschriften bezüglich mehr Sicherheit und Gesundheitsschutz bei der Arbeit an Bildschirmgeräten (90/270/EWG) herausgegeben.

Die Verordnung gibt in § 5 vor, dass 'tägliche Arbeit an Bildschirmgeräten' in regelmäßigen Abständen entweder durch Pausen oder durch andere Tätigkeiten unterbrochen werden müssen, um so die Belastung der Bildschirmarbeit zu verringern.

Ich durfte in den 90iger Jahren eine Umsetzung dieser Gesetzgebung in einem deutschen bekannten Unternehmen begleiten. Die Richtlinie zahlte sich für das Unternehmen aus: höhere Produktivität, weniger Krankmeldungen, sowie weniger Kopf-, Nacken- und Rückenschmerzen der MitarbeiterInnen.

Ich empfehle Ihnen einen Blick auf diese europäische Richtlinie zu werfen. Tun Sie dies einmal wegen der Pausen und insbesondere auch im Hinblick auf die nötige Ergonomie, sowie die nötigen Lichtverhältnisse.

Anmerkung:

Die letzten Jahre fiel mir auf, dass die auf wissenschaftlichen Erkenntnissen basierenden Empfehlungen immer weiter aufgeweicht werden.

Eine mögliche Erklärung könnte der wirtschaftliche Markt rund um Kinder und Jugendliche darstellen, der in Milliarden kaum zu beziffern ist. Ebenfalls sind Kinder und Jugendliche aufgrund der Gehirnentwicklungsphasen sehr leicht zu manipulieren. Es ist sehr einfach, sie auf neue Verhaltensweisen zu konditionieren. Je jünger die Kinder sind, umso besser im Sinne der Industrie, da alles direkt in das mächtige Unterbewusstsein programmiert wird.

Eine falsch verstandene Digitalisierung könnte ebenfalls mit Ursache sein.

Es ist auch zwischenzeitlich eine erste Generation herangewachsen, mit heute eigenen kleinen Kindern, die teils selbst bereits einen risikobehafteten Digitalkonsum aufweist, bildlich vielleicht vergleichbar mit falschen Ernährungsgewohnheiten.

Oder, es könnte zwischenzeitlich vielleicht eine erste Generation aufgewachsen sein, die das Basiswissen rund um Gesundheit und Arbeitsschutz missen lässt, dafür jedoch, wie oft vermarktet im Netz, vom schnellen Geld träumt oder Angst hat, bei Einhaltung der Gesetzgebung, eventuell den Arbeitsplatz zu verlieren.

Ebenfalls kommen die demokratischen Prozesse rund um die Entwicklung von Gesetzen, selbst bei Optimierung, der Hochgeschwindigkeit technischer Entwicklungen und ihrer Wirksamkeit über Ländergrenzen hinaus bei Weitem nicht nach.

Die negativen Auswirkungen sind oft erst Jahre später sichtbar, ähnlich wie beim Klimawandel.[95]

5.7. Kernkompetenzen, Risikoanalyse, Daten

Reflektieren Sie jene Kompetenzen, die in der Cyberwelt unverzichtbar sind. Meine Erfahrung ist, dass diese Kompetenzen nicht oft genug wiederholbar sind: Kreativität, Neugier, Problemlösung, kritisches Denken, Zusammenarbeit, Informationskompetenz, Medienkompetenz, Weltbürgerschaft, Autonomes Lernen.

Stellen Sie sich selbst folgende Fragen:

Werden durch die Art der Benutzung der digitalen Geräte, Medien und Apps Ihres Kindes diese Kernkompetenzen wirklich gefördert? Welche? Sind Sie sicher? Welche dieser Kompetenzen werden durch die Art der Benutzung digitaler Geräte durch Ihr Kind sicher nicht gefördert, vielleicht sogar ins Gegenteil verkehrt?

Binden Sie als Grundlage von Reflektionen, Diskussionen und Entscheidungen rund um die Cyberwelt und deren Benutzung durch Kinder und Jugendliche immer die Risikoanalyse mit ein:

R (Risiko) = S (Schwachstelle) x B (Bedrohung) x A (Auswirkung)

Der Markt rund um Daten ist ein Vermögen wert, in unvorstellbarer Summe, wohl kaum noch zu vergleichen mit Rüstungs- oder Drogenmarkt. Wobei Geld sicher nur der kleinere Wert darstellt. Daten erlauben den Zugriff auf Manipulation und Überwachung. Sie eröffnen kaum vorstellbare Macht, dies sehr einfach und kostengünstig.

Unter dem Kapitel 'Videovorträge, Dokumentationen, Themenblätter, Links etc. ' finden Sie eine Dokumentation 'Nothing to hide' zum Thema Daten. Nehmen Sie sich für diese Dokumentation 60 Minuten Zeit. Große Konzerne und auch teils Staaten wissen heute faktisch alles über jeden Einzelnen von uns. Kinder und Jugendliche sind hier schutzlos ausgesetzt. Die komplexen Zusammenhänge erschließen sich selbst für Erwachsene teils nur schwer.

---

[95] Kosten werden z.B. von Unternehmen und Privatpersonen externalisiert. Später sind diese von der Gesellschaft zu tragen.

Ich weiß, es ist alles andere als einfach, Kindern und Jugendlichen zu erklären keine persönlichen Daten ins Netz zu stellen und zum Beispiel nicht unbegleitet zu Treffen von Internetbekanntschaften zu gehen. Kinder können jedoch noch nicht das Gefahrenpotential abschätzen. Jugendliche verschätzen sich aufgrund der Gehirnentwicklungsphasen in der Pubertät im Gefahrenpotential und sind risikofreudig, besonders in der Peer-Gruppe. Zudem versagen viele unserer von der Natur mitgegebenen Sicherheitsreflexe in der digitalen Welt. Neben steter Begleitung hilft hier insbesondere eine gute gegenseitige Vertrauens- und Kommunikationsbasis.

Seien Sie selbst Vorbild. Behandeln Sie zudem die Daten Ihrer Kinder umsichtig. Überlegen Sie zum Beispiel, ob es wirklich nötig ist, die Fotos Ihrer Kinder ins Netz zu stellen.

Wenn Ihnen demokratische, eher freie und sozial orientierte Gesellschaftssysteme am Herzen liegen, dann empfehle ich Ihnen eine Auswahl weiterer Dokumentationen:

- Democracy – im Rausch der Daten (DE, EN)
- Terrorjagd im Netz (DE / FR)
- How China is changing your Internet (EN) [Wie China ihr Internet verändert]

Diese Dokumentationen sind die Investition von etwas privater Zeit wert. Sie eignen sich zudem sehr gut als Unterrichtsgrundlage in höheren Klassen. Kurzbeschreibung zu den einzelnen Empfehlungen finden Sie unter 'Videovorträge, Dokumentationen, Themenblätter, Links etc.'

5.8. Trainieren Sie Glück

Trainieren Sie Glück! Sie sind erstaunt? Es ist gar nicht schwer und benötigt nur etwas Disziplin. Glück lässt sich trainieren wie Mathematik, eine Sprache oder sonst ein Fach. Die Glücksforschung zeigt hierzu Wege auf.

Eltern, Lehr- und Erziehungspersonal empfehle ich immer, mit den Kindern und Jugendlichen z.B. ein Glückstagebuch zu führen.

Lassen Sie Kinder morgens drei Dinge notieren, für die sie dankbar sind und eine Sache, die den Tag wundervoll machen würde. Abends lassen

Sie die Kinder notieren, was sie Gutes für jemanden getan haben, ein Punkt reicht, und drei schöne Dinge, die sie tagsüber erlebt haben. Im Unterricht kann man das z.B. zum morgendlichen Beginn und dann vor Schulende schön einfließen lassen. Platz in einem Buch ist auch schon gegeben, z.B. der täglich freie Restplatz im Hausaufgabenheft.

Die Glücksforschung hat gezeigt, dass 'Dankbarkeit' das eigene Wohlbefinden steigert und 'jemandem helfen' viel vom Glückshormon Dopamin im Gehirn freisetzt. Das sind Dünger für die Neuronen im Gehirn und damit für das Lernen.

Zudem, auf was wir uns morgens kurz fokussieren, bleibt eher im Tagesfokus. Wenn z.B. ein kurzer Spaziergang den Tag wundervoll machen würde und Sie dies morgens zu Papier bringen, sind Sie in der Mittagspause oder abends eher motiviert, ein paar Schritte zu unternehmen. Sie gönnen sich eher die Zeit und nehmen andere eher wahr, die ebenfalls einen Spaziergang unternehmen. Und wer weiß, vielleicht stecken Sie andere sogar mit an.

Unsere Gehirne tendieren leider dazu, das Negative in den Vordergrund zu stellen. Es ist daher ein gutes Training, die vielen schönen Ereignisse des Tages am Abend oder zum Ende des Schulunterrichts nochmals zu reflektieren.

6. Scheinargumente

Sehr bewusst füge ich diesem Buch ein Kapitel 'Scheinargumente' hinzu. In den letzten vier Jahren ist mir das Phänomen der Scheinargumente im Zusammenhang mit schädlichen Wirkungen der falschen und zu frühen Nutzung digitaler Medien durch Kinder leider immer häufiger begegnet.

Die Digitalisierung verändert unsere Gesellschaftssysteme fundamental. Solange digitale Medien als Werkzeuge benutzt werden, um damit etwas zu machen, was anders nicht so gut geht oder digitale Medien als Werkzeuge ganz neue Möglichkeiten zur Lösung von Problemen bieten, ist dies etwas ganz anderes als Konsum. Leider zeigen meine Erfahrungen auf dem Feld, dass der 'Konsum digitaler Medien' sehr oft mit der 'Nutzung digitaler Medien als Werkzeuge zur Schaffung gesellschaftlicher Mehrwerte' oder dem 'Aufbau notwendiger digitaler Kompetenzen' verwechselt bzw. vermischt wird. Rund um das Thema Digitalisierung sind daher sehr gut vorbereitete stichhaltige Entscheidungsvorlagen mit Argumenten und Prämissen hoch relevant genauso wie ***inhaltlich*** geführte Diskussionen. Die Kunst zu reden lässt sich jedoch erlernen und damit auch, Scheinargumente zu benutzen. Zu oft werden, meines Erachtens, heute Menschen mit Scheinargumenten getäuscht. Ich möchte dies bei diesem wichtigen Thema, das so viele Kinder und Jugendlichen betrifft und zusätzlich so massive Auswirkungen auf die Gesellschaft und die Wirtschaft hat, vermeiden. Fünf bis zehn Jahre sind schnell vorbei und ehe wir uns versehen, sind aus Kindern Erwachsene geworden.

Die erste Frage, die es zu beantworten gilt: Woran erkennen Sie ein Argument? Ganz einfach. Ein Argument erkennen Sie z.B. daran, dass es von Prämissen gestützt ist, daher Voraussetzungen oder logischem Schluss.

Wie können Sie ein Scheinargument erkennen, daher von einem Argument unterscheiden? Bei Scheinargumenten handelt es sich bei genauerer Prüfung um nicht standhaltende, nicht stichhaltige Argumente. Fälschlicherweise wird ein Scheinargument jedoch von nicht wenigen als Argument wahrgenommen. Es gibt eine ganze Liste unterschiedlicher Scheinargumente. Ein Blick ins Internet genügt

Scheinargumente kommen gerne dann zum Einsatz, wenn jemand zu einem Sachverhalt z.B. täuschen möchte oder eine gewisse Sicht ohne Fundierung aufrechterhalten beziehungsweise verfestigen möchte. Manchmal kommt es auch vor, dass Menschen ein Scheinargument unbewusst anbringen.

In den Jahren 2001 bis 2010 erlebte ich in meiner Arbeit das Phänomen der Scheinargumente eher selten. Die Menschen waren größtenteils verantwortungsbewusst, hinterfragend, analytisch und lösungsorientiert.[96]

In den Jahren 2016 bis heute mache ich vermehrt die Erfahrung, dass Menschen, insbesondere so manche Führungskraft, Scheinargumente anbringen. Dies ist sehr gefährlich. Der Blick auf Ist-Situationen wird getrübt. Wissenschaftlich fundierte Entscheidungsvorlagen mit ihren jeweiligen Pros und Kontras werden leichter unterlaufbar bzw. werden für oberste EntscheidungsträgerInnen nicht mehr erstellt.

Anbei typische Scheinargumente, die mir rund um den Themenbereich Kinder und Jugend in Verbindung mit Digitalität diese letzten vier Jahre begegnet sind. Diese Scheinargumente gefährden meines Erachtens reflektiertes und zielorientiertes Handeln zum Schutz und zur gesunden Entwicklung unserer Kinder. Diese Art der Rhetorik gefährdet eine gesunde Entwicklung unserer Gesellschaft und unserer Wirtschaft. Bei genauerer Prüfung sind diese Scheinargumente weder stand- noch stichhaltig.

---

[96] Ein Beispiel: 2008 stellte ich einer Führungspersönlichkeit die Frage, wie sie damit zurecht käme eine Entscheidung getroffen zu haben, die sich im Nachhinein als falsch herausstellt. Die Antwort hat mich bis heute geprägt: „Ich versuche den Sachverhalt von unterschiedlichsten Blickwinkeln zu betrachten, jedes mögliche Argument, jede mögliche Auswirkung, kurz und langfristig, insbesondere für das Land und seine Menschen. Ich höre BeraterInnen aus unterschiedlichsten Richtungsfeldern zu. Ich schlafe darüber. Ich prüfe mein Herz, denn Gefühle beeinträchtigen Klarheit. Gier, Machtdrang oder Angst sind keine guten Berater. Dann treffe ich eine Entscheidung. Stellt sich diese Entscheidung Monate oder Jahre später als falsch heraus, so habe ich trotzdem mein Möglichstes getan und gegeben."

6.1. Scheinargument: „Mobbing gabs schon früher"

2007 wurde uns ins damalige Wirtschaftsministerium der erste Cybermobbing-Fall einer Schule gemeldet. Wir haben seinerzeit sofort agiert, internationale ExpertInnen aus dem Bereich Gewalt integriert und ein Aktionspaket entwickelt, das versuchte den Achsen Sensibilisierung, Prävention, Intervention, Investigation und Legislative gerecht zu werden.

In meiner Zeit in Unternehmen als Verantwortliche um diverse Krisen zu lösen, ist mir lange zuvor leider auch schon Mobbing begegnet. Ich stellte mir seinerzeit immer folgende einfache Fragen: Können Menschen ihr Potential entfalten unter Mobbingbedingungen? Kann ein Unternehmen, in dem Mobbing vorkommt, leistungsfähiger, innovativer sein? Die Antwort: „*Nein*".

Ich habe jene Unternehmen, in denen ich Verantwortung trug, immer so strukturiert und auf- oder umgebaut, um Mobbing gar nicht erst / mehr aufkommen zu lassen. EntscheidungsträgerInnen aller Ebenen hatten zudem Vorbildfunktion.

Bereits 1993-94 besuchte ich als Studentin Vorlesungen rund um den Themenbereich soziale Vernetzung, Organisationsstrukturen, Gruppen, Kommunikation & Individuen, Mobbing als zerstörerische Kraft ... An der Universität du Québec à Montréal, Kanada, lehrten dazu WissenschaftlerInnen und in der Praxis erfahrene ExpertInnen: Prof. Nicole Côté, Prof. Harry Abravanel, Prof. Jocelyn Jacques und Prof. Laurent Bélanger.

Kann Mobbing vor der Digitalisierung mit heutigem Cybermobbing verglichen werden? „*Nein*". Das wäre, als ob wir Birnen mit Äpfeln vergleichen würden. Cybermobbing findet 24 Stunden am Tag statt. Egal wo wir uns auf der Welt befinden, digitale Nachrichten, Filme, Audiomaterial etc. kann uns in Sekundenschnelle einholen. Es gibt keinerlei Ausweichmöglichkeit. Das digitale Material ist immer vorhanden sowie immer wieder und egal wo auf der Welt, abruf- und speicherbar.

Mobbing hinterlässt zudem schwere kurz- und langfristige negative gesundheitliche Auswirkungen. Ein großer Prozentsatz der Mobbingopfer benötigt ärztliche Hilfe. In Kanada habe ich von den erfahrenen

WirtschaftsexpertInnen und KrisenmanagerInnen gelernt, dass jeder Mobbing-Fall einer zu viel ist.

Was für ein Bild spiegelt ein Unternehmen oder eine Gesellschaft wider, in der Mobbing zum Alltag gehört?

Nach meinen Arbeitserfahrungen erreichte Cybermobbing unter Kindern und Jugendlichen die letzten Jahre exorbitante Zahlen. (Cyber)mobbing trifft zudem immer jüngere Kinder und ist mit meinen Erfahrungen aus den Jahren 2007 bis 2010 an Zunahme von Brutalität und teils Menge an TeilnehmerInnen auf gar keine Vergleichsbasis mehr zu stellen. In diesen letzten vier Jahren wurde mir von Kindern öfters von gebrochenen Armen, blauem Auge, fließendem Blut, Erpressung von Nacktbildern oder sexuellen Handlungen erzählt. In vielen Klassen ab 12 Jahren ritzen sich 1-2 Kinder nach ihren Angaben aus diesem Grund. In manchen Schulklassen haben bereits bis zu 70% der Kinder Cybermobbing am eigenen Leib erfahren. Kindern und Jugendlichen kommen bei diesem Thema regelmäßig die Tränen.

Reichte ich die mir begegnenden, erschreckenden Zahlen und Fälle weiter, so wurde ich ab Mitte 2018 öfters mit dem Scheinargument „Mobbing gabs schon früher“ konfrontiert und leider blieben damit auch dringend nötige Handlungen aus.

„Mobbing gabs schon früher“, ist das wirklich ein Argument?

Nehmen wir eine genauere Prüfung vor.

Unter Wikipedia gelten Scheinargumente, als rhetorische Begründungen [Redekunst], die zu falschen Schlüssen führen. Im Gegensatz zu Fehlschlüssen weisen Scheinargumente jedoch keine logische Form auf.

Das Argument "Mobbing gabs schon früher" kann unter die Scheinargumentgruppe *Traditionsargument, Traditionsverweis* gesetzt werden. Traditionsargumente kommen insbesondere in der Redekunst zur Anwendung. Ähnliche Beispiele wären z.B. „Früher sind wir auch ohne Helm auf dem Motorrad gefahren“; „Sklaverei gab es früher doch auch. Da ist also nichts falsch daran.“; „Tabak haben schon die amerikanischen Ureinwohner verwendet. Das kann gar nicht schädlich sein.“

Es handelt sich also um kein Argument, sondern um ein Scheinargument.

Derlei Sätze, besonders von EntscheidungsträgerInnen, sind für mich ein Alarmsignal, zusätzlich zu den hohen Zahlen betroffener und immer jüngerer Kinder.

Ursachen solcher Sätze könnten z.B. mangelnde Fachkenntnis, Überforderung, Verharmlosung, eine Verschiebung des Wertesystems unserer Gesellschaft, mangelnde Verantwortung etc. sein. Eine genauere Ursachenanalyse wäre hier sicher empfehlenswert.

Anbei ein wichtiger Zusatz:

Insbesondere in diesen letzten Jahren ist mir aufgefallen, dass viele Menschen nicht wagen, über ihr Erlebtes zu reden. Das gilt auch für Eltern, Großeltern, pädagogisches Personal … Oft denken sie, sie wären ein Einzelfall. Sie nehmen an, dass anderen sowas nicht passieren würde.

Haben Sie das Gefühl, dass Ihr Kind betroffen ist? Haben Sie das Gefühl von Betroffenen in Ihrem Umfeld? Reden Sie mit jemandem! Wenden Sie sich an eine Beratungsstelle. Holen Sie sich Unterstützung. Fragen Sie nach Hilfe! Seien Sie zudem versichert, Sie sind kein Einzelfall.

Sie können den vielen Einzelfällen auch ein Gesicht geben, z.B. unter '#DigitalScandal'.

6.2. Scheinargument: „Sexuelle Belästigung gabs schon früher“

Ein weiteres solches Scheinargument von Verantwortungsträgern ist mir bezüglich sexueller Übergriffe unter Kindern begegnet: „Sexuelle Belästigung gabs schon früher“. Auch hier handelt es sich um ein Scheinargument, das der Gruppe der *Traditionsargumente, des Traditionsverweises* zugeordnet werden kann. Wie gesagt kommen derlei Scheinargumente insbesondere in der Rhetorik, Redekunst, zur Anwendung und sind für mich ein Alarmsignal.

Allerwichtigst in Bezug auf sexuelle Belästigungen:

Haben Sie das Gefühl betroffen zu sein? Haben Sie das Gefühl betroffener Kinder / Personen in Ihrem Umfeld? Reden Sie mit jemandem! Wenden Sie sich an eine Beratungsstelle. Holen Sie sich Unterstützung. Fragen Sie nach Hilfe! Seien Sie zudem versichert, Sie sind kein Einzelfall.

Sie können den vielen Einzelfällen anonymisiert ein Gesicht geben, z.B. unter '#DigitalScandal'.

In den letzten vier Jahren gab es auch noch andere fragwürdige, nicht inhaltsorientierte Argumente, die mir von manchen VerantwortungsträgerInnen entgegengebracht wurden, bei der Weiterreichung der in diesem Buch aufgeführten Ergebnisse vom Feld: „Die Sache ist komplex“; „Es gibt auch andere gesellschaftliche Ursachen“; „Ich bin kein Wissenschaftler. Ich habe keine Studien. Es sind Einzelfälle.“

Handelt es sich hierbei um valide Argumente oder ebenfalls um Scheinargumente? Schauen wir sie näher an.

6.3. Scheinargument: „Die Sache ist komplex“

Starten wir mit „Die Sache ist komplex“.

Auch hier lässt sich ein Scheinargument erkennen. Es kann der Gruppe *Totschlagargument* zugeordnet werden.

Ich zitiere hierzu aus Wikipedia: „Totschlagargumente sind inhaltlich nahezu leere Argumente, also Scheinargumente, bloße Behauptungen oder Vorurteile, von denen der Sprecher / die Sprecherin annimmt, dass die Mehrheit der DiskussionsteilnehmerInnen entweder mit ihm / ihr in der Bewertung übereinstimmt oder keinen Widerspruch wagt, da dies in der öffentlichen Meinung auf Ablehnung stößt (siehe Schweigespirale).“

Was kennzeichnet z.B. Totschlagargumente

- Der Einsatz kann beinahe an beliebiger Stelle erfolgen.
- Dem Diskussionsergebnis wird vorgegriffen und die Diskussion damit als solche in Frage gestellt.
- Die Argumentation kommt der Verletzung oder Herabsetzung des Gegenübers sehr nahe.
- Der Diskussionsverlauf wird manipuliert, weil es zur sinnvollen Weiterführung nötig ist, erst den Konsens wiederherzustellen. Es wird, zumindest vorübergehend, der ursprüngliche Gegenstand der Diskussion verdrängt (Metakommunikation).

- Totschlagargumente sind nicht zwingend logisch widerlegbar, womit rhetorisch der Eindruck erzeugt wird, sie seien für das Thema relevant, auch wenn das nicht der Fall ist.

Es wird überspielt, dass sowohl die Behauptung als auch ihr Gegenteil weder be- noch widerlegbar sind. AnbringerInnen dieser Scheinargumente versuchen sich einer sachlichen Auseinandersetzung zu entziehen. Damit ist eine solche Behauptung zumindest im Kontext der Situation wertlos. Meist handelt es sich um subjektive Bewertungen des Gegenstands einer Diskussion, vor allem des Vorredners mit massiver impliziter Wertung ohne einhergehende Begründung.

Wikipedia hält fest: „Totschlagargumente können für gewöhnlich von den Beteiligten nicht hinterfragt werden, da sie nur auf der Metaebene der Kommunikation behandelt werden, was eine gewisse rednerische Kompetenz erfordert. Sie beeinträchtigen kreative Prozesse wie zum Beispiel beim Brainstorming, stören die Beziehungsebene der Beteiligten und sind damit eine Form der sogenannten 'gewaltsamen Kommunikation'[97]. Sie widersprechen somit den Prinzipien der Teamfähigkeit."

Weitere Beispiele, die dieser Gruppe von Scheinargumenten zugerechnet werden können: „Das sprengt den Rahmen"; „Das ist unserer Zielgruppe nicht vermittelbar."

6.4. „Es gibt auch andere gesellschaftliche Ursachen" - Scheinargument?

Wie sieht es beim folgenden Argument aus?

„Es gibt auch andere gesellschaftliche Ursachen".

Lassen wir uns nicht vom Ziel ablenken. Fokussieren wir.

Als Expertin auf dem Gebiet habe ich Ihnen einen Einblick in den Ist-Zustand des Feldes der letzten vier Jahre im Großraum Luxemburg gegeben, zusammen mit den gegebenen Auswirkungen falscher und exzessiver Nutzung von digitalen Geräten und Anwendungen. All dies ist

---

[97] Das Gegenteil von gewaltsamer Kommunikation wäre die „gewaltfreie Kommunikation" z.B. nach Rosenberg.

bereits gegeben, selbst ohne Zusammenspiel mit weiteren Ursachen oder gar Hebelwirkungen.

Parallel weist die Wissenschaft eindeutig nach, dass eine falsche Nutzung digitaler Instrumente und Anwendungen zu gesundheitlich negativen Auswirkungen führen kann. Je jünger jemand ist, desto höher die Risiken. Die Auswirkungen sind massiv bis hin zu fatal, wenn es sich um Kleinkinder handelt.

Die Expertise der Universitätsklinik Ulm des Jahres 2011 geht hier in ihrem Fazit korrekt vor. Die Expertise zählt die möglichen Einflussfaktoren auf. Das Klinikum hebt klar hervor, dass nachweislich die Darstellung von sexueller Gewalt und ihre leichte Verfügbarkeit für Kinder und Jugendliche Auswirkungen auf das Denken, Verhalten und auf Erwartungen im Zusammenhang mit dem Thema Sexualität haben. Allerdings muss auch hier einschränkend gesagt werden, dass es sich um komplexe Zusammenhänge handelt. Das Klinikum gibt abschließende Empfehlungen mit dringendem Handlungs- und Forschungsbedarf.

Ich denke, dass das Argument „Es gibt auch andere gesellschaftliche Ursachen“ zwar kein Scheinargument ist, doch sehr schwach und alles andere als angebracht in Bezug auf die im Buch beschriebene Phänomene, wie z.B. 'digitale Gewalt' oder 'sexuelle Übergriffe unter Kindern'.

Meine Erfahrungen der letzten Jahre zeigen, dass besonders so manche staatliche Führungskraft in Schlüsselpositionen hier gefordert ist. Diese sollten zumindest über ein gewisses Grund-Know-how verfügen und als VerantwortungsträgerInnen agieren.

6.5. Scheinargument: „Ich bin kein Wissenschaftler - Ich habe keine Studien“

Schauen wir folgendes Scheinargument an, mit dem öfters aufgewartet wurde: „Ich bin kein Wissenschaftler. Ich habe keine Studien. Es sind Einzelfälle.“

Nehmen wir eine Prüfung vor.

Eine Behauptung, dass etwas nicht der Fall ist, wird dadurch begründet, dass der Sachverhalt nicht bekannt ist, z.B. „Das kann so nicht sein, (denn) so habe ich das noch nie gehört“. Die Behauptung kann als

Totschlagargument eingesetzt werden. Es handelt sich um kein logisch valides Argument; wird es so behandelt, so produziert es einen Fehlschluss. Quelle Wikipedia

Dieses Scheinargument fällt meines Erachtens unter die *Scheinargumentgruppe „vom Nichtwissen auf das Nicht-Sein"*.

Die unter diesem Kapitel aufgeführten Scheinargumente helfen sicher nicht, die in diesem Buch beschriebenen Phänomene und Herausforderungen anzugehen sowie eine Digitalisierung voranzubringen, die für die Menschen arbeitet. Ebenfalls werden weder gesellschaftliches Wohlergehen noch Innovation und Wirtschaft gestärkt. Vielmehr ist es nötig, dass wir auf 'Verbesserungsmöglichkeiten', das 'Dazulernen', 'Lösungen', sowie 'gelebte Verantwortung' fokussieren.

7. Empfehlungen für EntscheidungsträgerInnen

Im Großraum Luxemburg sind aus meinen Erfahrungen über die Jahre 2011 bis 2020 die wichtigen Aspekte '*Cyberweltbewusstsein*', sowie *'Gesund (erwachsen werden) in einer digitalen Welt*' bezüglich der Bereiche Kleinkinder, Kinder und Jugendliche massiv in den Hintergrund gerückt, teilweise sogar gänzlich verloren gegangen. Dabei sind diese Aspekte normalerweise mindestens gleich zu gewichten mit *'technischer Cybersicherheit*'. Ich empfehle daher, neben sich stetig entwickelnden technischen Cybersicherheitsstrukturen, besondere auf die zwei Bereiche 'Cyberweltbewusstsein', sowie 'Gesund (erwachsen werden) in einer digitalen Welt' zu fokussieren, dies mit einem besonderen Schwerpunkt in den Bereichen Babys[98], Kleinkinder, Kinder und Jugendliche.

Generell empfehle ich eine risikobasierte ganzheitliche Cybersicherheitsstrategie für den Kinder- und Jugendbereich. In den Bereichen Wirtschaft, Staat, kritische Infrastrukturen … ist dies bereits seit langem gang und gäbe.

Ebenfalls empfehle ich die Schaffung von Strukturen, die eine horizontale Zusammenarbeit aller Akteure ermöglichen und fördern: Ministerien, Gemeinden, Städte, Verbände, Gesundheitsstrukturen … über Bündnisse hinweg und mit beratenden ExpertInnen aus Forschung, Gesundheit, Kinderschutz, Exekutive und IT-Sicherheit.[99] Dabei sind alle fünf Pfeiler Sensibilisierung[100], Prävention[101], Intervention, Investigation

[98]Bereits Kinder im Alter unter 12 Monaten werden teilweise täglich, über Stunden und bis spät in die Nacht auf digitale Geräte und deren Inhalte fixiert. Das teils apathische Starren der Kleinen auf die Bildschirme wird dabei, nach meinen Erfahrungen vom Feld, von den meisten Erwachsen missinterpretiert, z.B. als frühes Interesse und Talent für Informatik.

[99]In einer digital horizontal vernetzten Welt, die in Hochgeschwindigkeit agiert, mit exponentieller Zunahme digitaler Entwicklungen, sind meines Erachtens hierarchisch aufgestellte vertikale Strukturen sowie ein vertikales Sprachsystem fatal.

[100]Zu beachten ist, dass Kommunikation nicht mit Marketing verwechselt oder vermischt wird.

[101]Es ist darauf zu achten, Sensibilisierung und Prävention nicht zu verwechseln bzw. zu vermischen.

und Legislative zu integrieren und zu bedienen. Kriterien sowie Prüfmechanismen sind festzulegen, um die Verzögerung von Entscheidungsprozessen, Hohlstrukturen, sowie Lobbying zu vermeiden und zu unterbinden.

Als Lessons learned bezüglich des Fallbeispiels Luxemburg empfehle ich Ländern, welche die Digitalisierung im Kinder- und Jugendbereich vorantreiben, zudem eine interministeriell horizontal angesetzte Koordinierungsstelle, direkt angeschlossen an die Ebene der MinisterInnen.

Eine stete Ist-Zustandserfassung auf dem Feld, was digitale Medien im Zusammenhang mit Kindern und Jugendlichen betrifft, ist dringend notwendig. Die Feldergebnisse zeigen auch, dass es sehr wichtig ist, hier die 'Gender-Aspekte' von Anfang an zu integrieren. Eine Ist-Zustandserfassung der Hacks und Cybersicherheit für Wirtschaft, kritische Infrastrukturen und Staat sind bereits in den meisten Ländern gegeben. Das aktuelle Beispiel der Corona Krise zeigt, wie wichtig eine stete Erfassung der Ist-Situation auf dem Feld ist.

Eine weitere Lessons learned ist für mich der nötige Einsatz eines Threat-Sharing-Werkzeugs. Dies lässt sich, nach meiner Expertise sowie meinen Erfahrungen, schnell und relativ einfach umsetzen. In den Bereichen Wirtschaft, staatliche Strukturen, sowie kritische Infrastrukturen wurden Threat-Sharing-Werkzeuge über die letzten 20 Jahre mit sehr guten Erfahrungen massiv integriert und ausgebaut, jedoch nicht für den Bereich Kinder und Jugendliche.

Im Anhang findet sich ein Strategiepapier eines möglichen risikobasierten ganzheitlichen Cybersicherheitsansatzes zu den Herausforderungen des digitalen Raums 'Cyberweltbewusstsein', 'Gesund (aufwachsen) in einer digitalen Welt' und 'sich weiterentwickelnde technische Sicherheitsstrukturen' in den Bereichen Kleinstkinder, Kleinkinder, Kinder, Jugendliche und junge Erwachsene.

Schlusswort

In meinen Kursen stelle ich Erwachsenen zu Beginn immer die gleiche Frage: „Was erwarten Sie sich von diesem Kurs?“

Typisch ist meist, dass Erwachsene beobachten, dass irgendetwas schiefläuft. Sie wollen verstehen, wieso Kinder und Jugendliche in die Cyberwelt gezogen werden, diesen Einfluss der digitalen Medien und deren Auswirkungen. Sie wollen jene Spiele, Apps und soziale Netzwerke mal selbst kennen lernen, mit denen Kinder sich teils stundenlang beschäftigen. Was ist Ziel der Apps und Spiele in Bezug auf die Hersteller? Was ist ihr Ziel in Bezug auf die Kinder und Jugendlichen? Sie wollen verstehen, wie Kinder die Cyberwelt benutzen, da Erwachsene ganz andere Nutzungsformen haben. Sie wollen mehr über die Auswirkungen einer Fehlnutzung erfahren, über Bedrohungen und Schwachstellen sowie über die nötigen Kompetenzen in der digitalen Welt. Sie wollen Kinder und Jugendliche zu einem korrekten Internetkonsum sensibilisieren. Sie fragen, welche Maßnahmen der Staat und insbesondere seine Führungskräfte ergriffen haben und ergreifen und sie interessiert, was sie selbst tun können.

Ich hoffe, ich konnte Ihnen mit diesem Buch Antworten geben.

Videovorträge, Dokus, Themenblätter, Links etc.

Einblick in das jugendliche Gehirn – Gesund erwachsen werden im digitalen Medienzeitalter (DE):
https://www.youtube.com/watch?v=BqKi_x_tOyM

2016 eingeladen von der Erwachsenenbildung Luxemburg, hält Prof. Dr. Braus, Psychiater, Nervenarzt und Leiter einer großen Psychiatrie in Deutschland einen Vortrag zur Funktion unseres Gehirns sowie über den Einfluss der digitalen Welt darauf. Er zeigt auf, dass das Gehirn, je nach Alter, ganz anders funktioniert und erklärt die jeweiligen Auswirkungen digitaler Inhalte. Im Vortrag geht Prof. Dr. Braus auf die Phasen der Gehirnentwicklung in der Pubertät ein, daher vom ca. 9.-10. Lebensjahr bis zum ca. 26.-27. Lebensjahr (Ende der Spätpubertät).

Anmerkung: Prof. Dr. Braus hat ein Fachbuch publiziert 'EinBlick ins Gehirn', das die jüngeren Ergebnisse der Neuroforschung widerspiegelt und erklärt.

Kleinkinder, Hirnentwicklung und Medienwelt (DE):
https://www.youtube.com/watch?v=yjT9NEk0c4g

2016 eingeladen von der Erwachsenenbildung Luxemburg, hält Prof. Dr. Braus, Psychiater, Nervenarzt und Leiter einer großen Psychiatrie in Deutschland einen Vortrag zur Funktion des Gehirns von Kleinkindern, sowie über den Einfluss der digitalen Welt darauf.

Nothing to hide (EN, FR):
https://www.youtube.com/watch?v=djbwzEIv7gE

Unter anderem stellt sich ein Luxemburger Schauspieler, anonym als Herr X, einem Experiment: Er sagt, dass er nichts zu verstecken hat. Über fünf Wochen hinweg ist er bereit, Megadaten aus seinem Handy und Computer lesen zu lassen, so wie dies bereits durch Unternehmen und Staaten geschieht. Innerhalb dieser fünf Wochen gelingt es zwei SicherheitsexpertInnen Herrn X zu identifizieren, genauso wie seine ganz privaten Gewohnheiten. Die SicherheitsexpertInnen erfassen auch detailliert sein Umfeld. Der Schauspieler ist geschockt …

Information Flows and Leaks in Social Media (EN): https://www.youtube.com/watch?v=0m6qqF2acgs

Die Sicherheitsexperten Vladimir Kropotov und Fyodor Yarochkin geben auf der hack.lu Luxemburger im Herbst 2017 Einblick in Dokumente und Videos, in denen gelernt werden kann, wie es heute möglich ist, die Macht zu ergreifen. Sie zeigen Strategien, wie korrekte Informationen zerstörbar und wie, via Internet, Menschen einfach zu manipulieren sind, z.B. via gekaufte Chatbots, Kauf von 100.000 Verhaltensprofilen von Personen für EUR 500,-, Kauf falscher Nachrichtenstreams …

Do Tinder bots dream of electric toys (EN)?
https://www.youtube.com/watch?v=0m6qqF2acgs

Der Sicherheitsexperte Inbar Raz zeigt, wie Kriminelle auf Tinder arbeiten, z.B. Fotos von Frauen / Jugendlichen aus dem Netz stehlen (Identitätsmissbrauch), Gespräche mit Chatrobotern anstatt mit Menschen generieren etc. Ziel der Kriminellen ist es, Menschen auf 'Links' aller Art zu führen, damit sie sich dadurch z.B. eine Schadsoftware einfangen oder erpressbar sind …

How China is changing your Internet (EN):
https://www.nytimes.com/video/technology/100000004574648/china-internet-wechat.html

Die New York Times macht eine Kurzdokumentation zur Funktion der App WECHAT in China. Es werden die Möglichkeiten bereits bestehender Dienstleistungen als auch Gefahren dieser Super-App aufgezeigt.

Democracy – im Rausch der Daten (DE, EN):
https://www.youtube.com/watch?v=6AIjRdnYKnk

Die Dokumentation hat den deutschen Dokumentarfilmpreis 2017 gewonnen. Regisseur David Bernet begleitet den Europaabgeordneten und Berichterstatter des Europäischen Parlaments Jan Philipp Albrecht (Grüne) und die damalige EU-Kommissarin Viviane Reding (EVP) beim Entstehungsprozess der Europäischen Datenschutz-Grundverordnung, die im Mai 2018 in den Ländern der europäischen Union in Kraft trat. Es wird internationales Lobbying aufgezeigt. Es wird dokumentiert, wie versucht wird, die Menschen- und Persönlichkeitsrechte im Bereich 'digitale Welt' in Bezug auf die EU zu unterwandern und aufzuweichen.

Anmerkung: Die General Data Protection Regulation (GDPR) bezieht sich auf die Menschenrechte, während die e-Privacy Regulation sich auf die Rechte auf Privatsphäre bezieht. Beide Gesetze greifen ineinander und ergänzen sich. Es handelt sich um einen ersten und soweit einmaligen Ansatz weltweit.

Terrorjagd im Netz (DE / FR):
https://futurezone.at/netzpolitik/terrorjagd-im-netz-warum-massenueberwachung-scheitert/285.606.648

Die investigative Dokumentation des österreichischen Regisseurs Friedrich Moser nimmt die Terror-Anschläge seit 2015 unter die Lupe und sucht nach gemeinsamen Mustern. Die Reportage nimmt den Zuschauer mit in die Welt der Terror-Analyse und Terror-Bekämpfung von Wien über Berlin, London, Paris und Brüssel bis nach Washington DC. In Wien arbeitet ein Team an einer Überwachungslösung, die Sicherheit garantieren soll, ohne das Grundrecht auf Privatsphäre aufzuheben.

L'addiction aux écrans: 'héroïne numérique' (FR) – France 2 (übersetzt: Bildschirmsucht – numerisches Heroin):
https://www.youtube.com/watch?v=DyK4vxbAmwQ

Die Dokumentation beginnt mit einer YouTube-Nachricht einer französischen Ärztin. Sie sieht zunehmendes autistisches Verhalten von kleinen Kindern und möchte darauf aufmerksam machen. Die Reportage beleuchtet zusammen mit ExpertInnen, WissenschaftlerInnen und MedizinerInnen, unter anderem aus der Neuroforschung, die Auswirkungen der Inhalte von Bildschirmen auf unser Gehirn sowie unsere kurzfristige und langfristige Gesundheit. Die Dokumentation ist in französischer Sprache.

"Fürchtet Euch! Was Angst mit uns macht", Leschs Kosmos, ZDF:
https://www.zdf.de/wissen/leschs-kosmos/fuerchtet-euch-was-angst-mit-uns-macht-100.html

'*Status of Mind: Social Media and Young People's Mental Health and Well Being*' Studie der Royal Society of Public Health, Großbritannien, Mai 2018 .

„*Let's talk about Porno*", Themenmodul von www.klicksafe.de

'*Sexwecan*', http://www.sexwecan.at/ - österreichisches Medienpaket zur Arbeit mit Jugendlichen

'*Sexuelle Gewalt unter Kindern und Jugendlichen – Ursachen und Folgen*' – eine Expertise der Klinik für Kinder- und Jugendpsychiatrie / Psychotherapie, Universitätsklinikum Ulm, Bayerisches Staatsministerium für Arbeit und Sozialordnung, Familie und Frauen sowie Zentrum Bayern Familie und Soziales Bayrisches Landesjugendamt

„*Was tun bei (Cyber)mobbing?*" Themenmodul von www.klicksafe.de

Gutes Grundmaterial rund um Mobbing mit Checklisten stellt die Luxemburger Mobbing ASBL in mehreren Sprachen zur Verfügung: www.mobbingasbl.lu

Mediennutzungsvertrag von www.klicksafe.de:
https://www.mediennutzungsvertrag.de/

Meldung illegaler Inhalte:
https://stopline.bee-secure.lu/de

Sicherheit und Gesundheitsschutz bei der Arbeit an Bildschirmgeräten: Die Richtlinie 90/270/EWG ist eine EG-Richtlinie des Rates der Europäischen Union vom 29. Mai 1990, die Mindestvorschriften in Bezug auf die Sicherheit und den Gesundheitsschutz bei der Arbeit an Bildschirmgeräten regelt.

Literaturempfehlungen

Aiken Mary, *Der Cybereffekt – Wie das Internet unser Denken, Fühlen und Handeln verändert*, Fischer Verlag, 2018

Prof. Braus Dieter F., *EinBlick ins Gehirn – Psychiatrie als angewandte klinische Neurowissenschaft*, 3te Auflage, Thieme Verlag, 2014

Eyal Nir, *Hooked – Wie Sie Produkte erschaffen, die süchtig machen*, 3te Auflage, Redline Verlag, 2017

Fields Ziska, *Understanding and measuring creativity*, Lambert Academic Publishing, 2013

Herrmann Sebastian, *Starrköpfe überzeugen – Psychotricks für den Umgang mit Verschwörungstheoretikern, Fundamentalisten, Partnern und Ihrem Chef*, 2te Auflage, Rowohlt Verlag, 2017

Prof. Hüther Gerald, *Etwas mehr Hirn, bitte – Eine Einladung zur Wiederentdeckung der Freude am eigenen Denken und der Lust am gemeinsamen Gestalten*, Vandenhoeck & Ruprecht, 2015

Klein Stefan, *Die Glücksformel - oder - Wie die guten Gefühle entstehen*, Fischer Verlag, 2014

Sajous Adrien, *Sociologie du Gamer – Essai sur les univers virtuels du capital*, Kontre Kulture, 2016

Prof. Weinberg Ulrich, *Network Thinking – Was kommt nach dem Brockhaus-Denken?* 2te Auflage, Murmann Publishers, 2018

Anhang: Strategiepapier eines risikobasierten ganzheitlichen Cybersicherheitsansatzes zu den Herausforderungen des digitalen Raums im Kinder- und Jugendbereich

Zur Diskussion

Strategiepapier eines risikobasierten ganzheitlichen Cybersicherheitsansatzes zu den Herausforderungen des digitalen Raums '*Cyberweltbewusstsein*', '*Gesund (aufwachsen) in einer digitalen Welt*' und '*sich weiterentwickelnde technische Sicherheitsstrukturen*' in den Bereichen Säuglinge, Kleinkinder, Kinder, Jugendliche und junge Erwachsene.

Einführung

Die digitale Welt eröffnet neue Möglichkeiten für unsere Gesellschaft. Sie bietet ein enormes Potential. Zudem kann jeder an ein breites Publikum kommunizieren, gehört werden, seine spontanen Gedanken, Gefühle und Emotionen preisgeben sowie mit Freunden in Kontakt bleiben und neue Kontakte knüpfen.

Das Internet 'befähigt' aufgrund seiner Offenheit und dezentralen Verwaltung jede Nutzerin und jeden Nutzer. Das gibt jeder(m) BenutzerIn eine große Macht, einmal über sich selbst und einmal über andere. Das weltweite Netz bietet jede Menge Plattformen des Austausches an, unabhängig vom Thema, der Rechtmäßigkeit oder Legitimität. Dies aufgrund seiner Allgegenwart und des einfachen Zugangs. Das Internet dient als Treffpunkt und schafft ein Gefühl der Normalität und Zugehörigkeit, wodurch sowohl positives als auch negatives Verhalten verstärkt werden.

Dabei ist dieses digitale Netz ein komplexes technisches Netzwerk, das Milliarden von Menschen und dutzende Milliarden von Maschinen miteinander verbindet. Nur für sehr wenige Menschen sind seine Protokolle verständlich. Die meisten Menschen sind einfache Nutzer. Es sind die Anwendungs- und Internetdienstleister, die uns einen einfachen Zugang zum Netz bieten. Diese Zugänge und die digitale Welt dahinter bergen Gefahren. Der / die einzelne, erwachsene, reife NutzerIn müsste sich dieser Tatsache eigentlich bewusst sein und eine rein passive

Verbraucherrolle, die zudem leicht beeinflusst werden kann, ablehnen. Die Erfahrungen sowie die Wissenschaft der letzten Jahre zeigen leider anderes. Erwachsene NutzerInnen sind oft passiv und sehr leicht manipulierbar.

Dies gilt umso mehr für Kleinkinder, Kinder und Jugendliche. Ihre Leichtigkeit, neue Medien als Konsumenten zu nutzen, verbirgt zum großen Teil ihre Unfähigkeit zu verstehen, was wirklich vor sich geht. Gruppenzwang führt sie zudem oft zu spezifischen Verhaltensweisen. Entgegen der landläufigen Meinung müssen sogenannte 'digital Natives' ebenfalls lernen, ein Medium richtig zu verwenden. Dieses Know-how ist nicht angeboren, sondern muss durch stete jahrelange Begleitung, Schulung und Unterstützung vermittelt werden.

Das Internet fördert eine noch schnellere Veränderung unserer Gesellschaften. Es liegt an uns sicherzustellen, dass diese Entwicklungen inklusiv und positiv sind. Die digitale Revolution soll im Sinne der Menschheit und nicht gegen sie arbeiten. Es ist eine Herausforderung, die uns alle betrifft: jede einzelne erwachsene Person, die Familie, das Gesundheitswesen, die Bildung, die Gesellschaft, die Wirtschaft, die Justiz, die Forschung ... Unsere gesellschaftlichen Schutzkonzepte, sowie unsere Werte stehen auf dem Prüfstand und allem voran, die mentale, sowie körperliche kurzfristige und langfristige Gesundheit unserer Kinder.

Viele Länder sprechen von Digitalisierung, Digitalisierungsstau, digitalem Gap …

Die immer schneller voranschreitende Digitalisierung benötigt jedoch schützende und fördernde Entwicklungen auf der Ebene der Jüngsten, sowie der Schwächsten der Gesellschaft. Säuglinge, Kleinkinder, Kinder, Jugendliche und junge Erwachsene müssen von der digitalen Revolution in vollem Umfang profitieren können, nicht Opfer davon werden. Sie müssen den nötigen Schutz erhalten, um in einer digitalen Welt körperlich, sowie mental gesund erwachsen werden zu können. Es ist notwendig, diese Schutzmechanismen multidisziplinär und vernetzt aufzubauen. Um erfolgreich zu sein, haben sich 'alle' dieser Aufgabe zu stellen.

Generell erfordert die digitale Welt ein vernetztes Denken und Handeln.[102]

Ein horizontaler, vernetzter, übergreifender Ansatz

Ein horizontaler Ansatz bringt alle Akteure zusammen, dies unabhängig von Hierarchien. Alle Herausforderungen sind zu identifizieren. Maßnahmen, die ergriffen werden sollten, sind offen von den Fachkräften und den Cyber-ExpertInnen auf dem Feld vorzuschlagen, daher jenen, die täglich in Gesprächen und im Austausch mit Kindern und Jugendlichen sind sowie von Fachpersonal aus Bereichen wie z.B. Ärzteschaft, Psychiatrie, Polizei ... Der Aufbau einer horizontalen Sicherheitsstruktur in den Bereichen Säuglinge, Kleinkinder, Kinder, Jugendliche und junge Erwachsene soll Kinder in ihrer gesunden Entwicklung schützen, sowohl körperlich als auch mental.

Ein horizontaler Ansatz hat nicht zum Ziel bereits gegebene Ansätze zu ersetzen. Am Beispiel Luxemburgs sind das z.B. sektorale Ansätze, wie die Digital4education-Strategie oder die Digital Lëtzebuerg-Initiative, die datengetriebene Wirtschaftsstrategie oder die Cybersicherheitsstrategie mit Fokus z.B. Infrastruktur und Industrie ... Ein transversal vernetzter landesübergreifender Ansatz hat zum Ziel, die sektoralen Strategien mit zu integrieren und zur Zusammenarbeit zu bewegen.

Es wird ein landesübergreifender interministerieller Ausschuss eingesetzt. Unter seiner Hoheit wird dieser von einer Spezialeinheit zur Koordinierung der Ist-Zustand-Erfassungen auf dem Feld sowie einer Risikobewertungsgruppe und ThemenkoordinatorInnen als auch von Themenausschüssen unterstützt. Die Spezialeinheit zur Koordinierung der Ist-Zustand-Erfassung fungiert auch als Incident-Response.

Der landesübergreifende interministerielle Ausschuss achtet darauf, dass die Zuarbeit funktioniert und keine Hohlstrukturen entstehen. Dies ist wichtig, da im Gegensatz zur Wirtschaft keine selbstreinigenden Prozesse stattfinden, sofern falsche IT-Entwicklungs- und Sicherheitsentscheidungen getroffen werden. In der Wirtschaft stehen zeitnah Milliarden Euro sowie entsprechend viele Arbeitsplätze auf dem Spiel. Dies ist

---

[102] Prof. Ulrich Weinberg „Network Thinking – Was kommt nach dem Brockhaus-Denken?“

im Kinderbereich nicht der Fall. Kosten und Verfehlungen werden erst versetzt, teilweise viele Jahre später, für die einzelne Person, die Gesellschaft, das Gesundheitswesen und die Wirtschaft spürbar. Die Kosten sind in gewisser Weise externalisiert, nicht einfach zurückzuverfolgen, sowie sehr schwer zu beziffern. Es ist daher zudem darauf zu achten, entsprechend fachkompetente und felderfahrene Personen einzusetzen. Ein Beispiel: Ein(e) ProgrammiererIn ist kein(e) Cybersicherheitsexperte(in). Dies lässt sich auch auf andere Berufsfelder wie Medienpädagogik etc. übertragen.

Der Ausschuss erhält zu jedem Augenblick ein zeitnahes Inventar über die Risiken, denen Kinder ausgesetzt sind. Die Risiken müssen neben den direkten auch jene aufführen, die nur mittel- oder langfristig spürbar sind. Thematische Ausschüsse erarbeiten zusätzlich jeweils eine Bestandsaufnahme in ihrem Zuständigkeitsbereich. Die Bestandsaufnahmen werden stetig aktualisiert. Die Fachausschüsse werden von der Spezialeinheit zur Erfassung der Ist-Situation und Bedrohungslage durch ihre Expertise und ihre Erfahrungen vom Feld unterstützt. Zudem erarbeiten die Themenausschüsse ebenfalls zeitnahe Vorschläge für die Umsetzung von Maßnahmen, die folgende fünf Pfeiler umfassen: Sensibilisierung, Prävention, Intervention, Investigation und Legislative. Der landesübergreifende interministerielle Ausschuss gibt daraufhin die weitere Ausarbeitung von möglichen Lenkungsmaßnahmen in Auftrag (Gesetzesvorschläge, Vorschriften …), gibt Empfehlungen heraus und identifiziert sowie nutzt vorhandene Synergien, um die Wirksamkeit der umgesetzten und umzusetzenden Maßnahmen zu gewährleisten.

Führung durch einen horizontalen landesübergreifenden interministeriellen Ausschuss: Ministerien, Behörden, Abteilungen, Gemeinden und sonstige Akteure

Angesichts des Umfangs der Herausforderung ist es notwendig, einen informierten horizontalen interministeriellen Ausschuss einzurichten, der in der Lage ist, die Erstellung eines vertrauenswürdigen Inventars (daher die Festhaltung des Ist-Zustandes auf dem Feld sowie die Bedrohungslage) zu leiten und einzufordern, sowie die Umsetzung präventiver, kurativer und repressiver Maßnahmen, als auch Gesetzesvorschläge zu empfehlen. Es sind Leitungssysteme anzuregen und aufzubauen, die gewappnet sind, Kinder in ihrer gesunden mentalen und körperlichen Entwicklung zu fördern und sie zu schützen, dies in einer sich immer schneller entwickelnden digitalen Gesellschaft.

Der horizontale landesübergreifende Ausschuss ist von obersten EntscheidungsträgerInnen besetzt, mit entsprechenden berufserfahrenen und fachkompetenten ExpertInnen als BeisitzerInnen. Die ExpertInnen verfügen mindestens über nachgewiesene Berufserfahrung und Fachkompetenz auf den Gebieten Cybersicherheit, Social Engineering, digitale Gefahren, gesunde mentale und körperliche Entwicklung in Bezug auf die digitale Welt, Wirtschaftsmodelle der digitalen Welt … Diese ExpertInnen haben einen Überblick über die tatsächliche Ist-Situation der Benutzungsformen digitaler Werkzeuge, sozialer Medien, digitaler Inhalte und des Internets durch Kinder und Jugendliche, also auch der Schwachstellen und Bedrohungen, wobei in die Gruppen Säuglinge, Kleinkinder, Kinder, Jugendliche und junge Erwachsene als auch jeweils in Gender- sowie Risikogruppen weiter differenziert wird. Diesen ExpertInnen wird die Möglichkeit gegeben, einen Einblick in die gegebene Ist-Situation von Kindern und Jugendlichen zu erhalten, z.B. durch Besuche von Schulen, Kindergärten, sozialen Einrichtungen ... Diese ExpertInnen wohnen auch den entsprechenden Fachausschüssen bei. Sie müssen die Möglichkeit erhalten, ihre Bedenken und Empfehlungen zu äußern. Diese Bedenken und Empfehlungen werden schriftlich festgehalten und zusätzlich immer zeitnah dem transversal interministeriellen Ausschuss zur Information gegeben. Dies gilt auch in Bezug auf ihre Erfahrungen und Anmerkungen zur Wirksamkeit aktueller und zukünftiger präventiver, kurativer, repressiver, sowie legislativer staatlicher Lenkungsmaßnahmen.

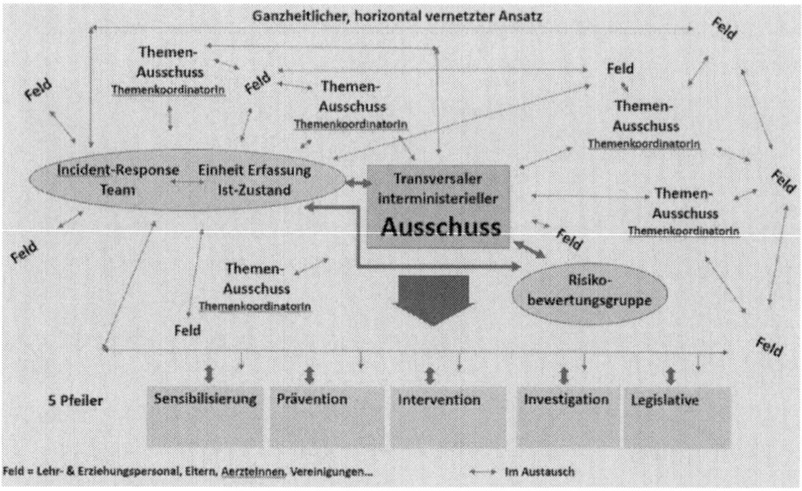

Ganzheitliche risikobasierte horizontale Cybersicherheitsstrategie

Der horizontal landesübergreifende vernetzte Ausschuss fördert die Einrichtung struktureller Notwendigkeiten zur Erstellung und stets zeitnahen Aktualisierung der Ist-Situation und abzuschätzenden Bedrohungslage. Diese reale Abbildung der Ist-Situation des Feldes beschreibt einerseits die Trends und berichtet andererseits detailliert über die aktuelle Situation. In Industrie und Wirtschaft ist dies bereits seit Jahren Teil der Cybersicherheit.

Der Bericht zur Ist-Situation und Bedrohungslage besteht aus zwei Dokumenten. Das erste Dokument, das zweimal im Jahr veröffentlicht wird, beschreibt die Entwicklung von Schwachstellen und Bedrohungen auf dem Feld, und dort gesammelt, z.B. das Auftreten neuer Arten von Apps, Inhalten, Algorithmen … die für Kinder ungeeignet sind, sowie mögliche Auswirkungen. Der Bericht erörtert zudem die jeweiligen Risikopotenziale.

Das zweite Dokument zur Ist-Situation und Bedrohungslage ist ein jährliches Dokument, das die aktuelle landesweite Situation detailliert beschreibt. Dieses Dokument integriert neben den gemeldeten Fakten vom Feld durch dortige Akteure, wie z.B. Erziehungspersonal, Lehrpersonal, ÄrztInnen, PsychiaterInnen, Polizei, ExpertInnen des Cybersicherheitsbereichs in Gesprächen mit Kindern und Jugendlichen auch internationale und nationale Studien.

Auf der Grundlage der Entwicklung der Ist-Situation und Bedrohungslage kann der horizontale interministerielle Ausschuss mit Hilfe von ExpertInnen aus unterschiedlichsten Sektoren, die gebündelt in Fachausschüssen zu einzelnen Themenfeldern tagen, die Umsetzung von Sensibilisierungs-, Präventions-, Interventions- und Repressionsmaßnahmen, sowie gesetzliche Maßnahmen empfehlen und in ihrer Umsetzung unterstützen.

Die vorbeugenden Maßnahmen dienen dazu, Säuglinge, Kleinkinder, Kinder und Jugendliche sowie ihre Umgebung weniger anfällig für Bedrohungen zu machen, die im Zusammenhang mit der digitalen Welt und digitalen Geräten auftreten. Ebenfalls gilt es, die Fähigkeiten von Kindern sowie Jugendlichen und ihrer Umgebung zu entwickeln, damit sie besser mit gesellschaftlichen, technologischen oder menschlichen Bedrohungen umgehen können. Die Gehirnentwicklungsphasen sind hierbei zu berücksichtigen.

Interventionsmaßnahmen werden eingesetzt, um unerwünschte Situationen zu beheben, ausgenutzte Schwachstellen zu reduzieren und Opfern als auch TäterInnen sowie MitläuferInnen zu helfen. Ein weiteres Ziel ist z.B., das Wertesystem von TäterInnen, MittäterInnen, sowie ZuschauerInnen wieder an den gesetzlichen Rahmen unserer Gesellschaft heranzuführen.

Gesetzliche Maßnahmen sowie Strafmaßnahmen werden eingesetzt, um Bedrohungen zu identifizieren, zu verfolgen und ihnen entgegenzuwirken. Mit gesetzlichen Maßnahmen werden interne Vorschriften, Richtlinien, aber auch Gesetze an die technologische, gesellschaftliche und menschliche Entwicklung angepasst.

Kräftebündelung

Bevor der horizontale interministerielle Ausschuss die Umsetzung sektoraler Maßnahmen empfiehlt, analysiert er die verschiedenen Maßnahmen in Bezug auf das Potenzial für Bündelung und Harmonisierung. Die Zuweisung von Ressourcen muss sich an der wiederkehrenden Risikoanalyse orientieren, die anhand des Inventars durchgeführt wird. Die Ressourcen müssen die identifizierten Akteure erreichen. Insbesondere ist es hier zudem wichtig, Akteure zu identifizieren, die effektive Maßnahmen vorschlagen bzw. testen möchten.

Es müssen zuerst die großen Risiken reduziert werden. Ist dies nicht möglich, muss der horizontale interministerielle Ausschuss diese Risiken schriftlich festhalten und akzeptieren, sowie klar kommuniziert, an alle politischen EntscheidungsträgerInnen weiterreichen.

Risikobewertung

Der landesübergreifende horizontale interministerielle Ausschuss benennt eine Gruppe von Fach-ExpertInnen zur Bewertung der Cyber-Risiken. Die Expertinnen und Experten bringen Arbeitserfahrungen und entsprechende Ausbildungen aus den Bereichen wie Neurowissenschaften, Ärzteschaft, Cyberpsychologie, Cyberpolizei, Cybersicherheit, Cybersoziologie, Ökonomie mit und verfügen über entsprechende Felderfahrungen. Diese ExpertInnengruppe reagiert schnell auf das Auftreten neuer Formen von Bedrohungen und die Ausnutzung von Schwachstellen. Diese Risikobewertungsgruppe beurteilt dabei nicht nur die Bedrohungen und die Schwachstellen, sondern versucht auch, deren schädliche Potenziale, deren kurz-, mittel- und langfristigen negativen Auswirkungen zu bewerten.

Diese Risikoeinheit kann Sofortmaßnahmen ergreifen, z.B. Warnungen ausgeben, den interministeriellen Ausschuss einberufen bzw. Dringlichkeitsthemen auf die Agenda setzen und sicherstellen, dass die neue Bedrohung, die erkannte Schwachstelle in das Inventar integriert wird.

Erfassung der Ist-Situation und der Bedrohungslage

Der landesübergreifende horizontal verankerte interministerielle Ausschuss richtet eine Einheit ein, die für die Erfassung des Ist-Zustandes und der Bedrohungslage zuständig ist. Diese Einheit kontaktiert unterschiedliche Akteure auf dem Feld und arbeitet auch mit Kindern und Jugendlichen bzw. Betroffenen selbst, um ein möglichst genaues Bild zur Ist-Situation und der Bedrohungslage zu erstellen.

Für die Erfassung der Ist-Situation und Bedrohungslage ist ein Vertrauensverhältnis zu Kindern und ihrem Umfeld mit von entscheidender Bedeutung.

Die Erfassung der Ist-Situation und Bedrohungslage wird nicht verwendet, um die aktuelle Situation von Kindern im Allgemeinen zu dokumentieren - ganz im Gegenteil. Diese Erfassung schädigt auch nicht den Ruf des Bildungs-, Sozial- oder Wirtschaftssystems, indem es Probleme erfasst und darauf hinweist. Der Bericht dient dazu, Risiken objektiv zu identifizieren und zu analysieren, um nützliche und effektive Maßnahmen vorschlagen zu können. Wichtig ist hierbei eine stets schnelle Reaktions- und Aktionszeit. Ziel ist es, in der sich schnell entwickelnden digitalen Welt Kinder zu schützen. Ziel ist es eine gesunde mentale und körperliche Entwicklung zu gewährleisten, dies sowohl kurz-, mittel- als auch langfristig. Damit wird auch unterstützt, dass Kinder und Jugendliche, auf ihrem Weg zum Erwachsen werden, ihr Potential in einer digitalen Welt tatsächlich entfalten können. Ziel ist es, dass die digitale Entwicklung für die Gesellschaft und den einzelnen Menschen und nicht gegen sie arbeitet, dies trotz aufkommender Bedrohungen und gegebener Schwachstellen.

Viele Träger, Akteure, Unternehmen … die direkt oder indirekt im Bereich Kinder und Jugendliche tätig sind, stellen fest, dass immer mehr Kinder, bis hin zu Babys und Kleinkindern, mit Problemen konfrontiert sind. Dieses hängt mit der Benutzung neuer Technologien zusammen, dem Benutzerverhalten von Kindern oder dem Benutzerverhalten des direkten Umfelds der Kinder bzw. Erwachsener. Die neuen Technologien können z.B. Kanäle darstellen, über die eine Bedrohung ein Kind erreichen kann. Gehirnstrukturen können kurz-, mittel und langfristig Schaden nehmen sowie der ganze Körper. Ein Kind weist weit mehr Schwachpunkte auf als eine erwachsene Person. Ebenfalls erfolgt die Kommunikation in der digitalen Welt oft sehr diskret und ohne Wissen der Eltern oder des schützenden, begleitenden, erwachsenen Umfelds. Auch vergisst die digitale Welt nichts. Daten von Kindern, ihre Entwicklung (z.B. körperlich, emotional, gesellschaftlich …), werden von Unternehmen erfasst.

Die digitalen Medien faszinieren besonders Kinder. Medienhersteller, sowie Kriminelle wissen heute, wie man das Gehirn von Menschen und insbesondere von Kindern manipulieren kann. Die Stille, die Erwachsene oft erleben, wenn Kinder an Mobiltelefonen, Spielekonsolen oder Tablets zugange sind, wird meist fälschlicherweise als Konzentration interpretiert, daher als reifer und souveräner Akt. Dies ist ein Trugschluss und nur sehr selten der Fall. Dass Kinder angesichts neuer Medien oft schweigen, ist unter anderem ein Zeichen dafür, dass sie überfordert sind. Sie haben keine Kontrolle über die Situation. Zudem können sie Eindrücke erleben, die selbst für Erwachsene nur schwer zu bewältigen sind und bei Kindern, je nach Gehirnentwicklungsphase, fatale Auswirkungen mit sich führen können.

Fachspezifisches Personal, daher ExpertInnen aus den Bereichen wie Cybersicherheit, Social Engineering und Gesundheit ..., in der Umgebung von Kindern und Jugendlichen, können ungesunde Verwendungen meist sehr schnell beobachten (kurz, mittel- und langfristig), genauso wie illegale und sehr gefährliche Verwendungen neuer Medien. Der vertrauensvolle Austausch mit Kindern und Jugendlichen, sowie 'Zuhören' sind zusätzliche wichtige Hilfen.

Manche der verschiedenen Akteure und Stellen, die im Bereich der Kinder aktiv sind, tauschen sich über Probleme von Kindern und Jugendlichen aus, doch zu oft fehlt die Verbindung zur digitalen Welt. Es ist vielen Erwachsenen nicht möglich, die Probleme in ihrer Tiefe sowie den Ursprung in der digitalen Welt zu erfassen, selbst wenn sie täglich mit Kindern und Jugendlichen arbeiten. Ein Grund ist, dass die Erwachsenen die digitalen Medien ganz anders verwenden als Kinder oder Jugendliche. Zudem gehen Erwachsene oft von sich aus und nicht von den gegebenen Schwachstellen bei Kindern, siehe z.B. Gehirnentwicklungsphasen. Es gibt auch keine zentralisierte Stelle, die ein zutreffendes Bild der tatsächlichen Ist-Situation auf dem Feld erfasst und an Träger, die mit Kindern und Jugendlichen arbeiten, vermittelt. Gleichzeitig verändern sich die Nutzungsverhalten sehr schnell. Das gleiche gilt für die digitale Welt selbst. Immer schneller treten neue gesellschaftliche Trends, neue Wirtschaftsmodelle und neue Anwendungen auf, segmentiert auf spezifische Altersgruppen.

Weltweit analysieren ExpertInnen heute die Art der Qualifikationen und Kompetenzen die nötig sind, um zur digitalen Wirtschaft als auch digitalen Lebensumwelt beitragen zu können. Heute ist wissenschaftlich die schädliche Wirkung der digitalen Welt auf Säuglinge, Kleinkinder, Kinder und Jugendliche nachgewiesen. Bis heute gibt es jedoch in diesem Bereich keine oder nur in Ansätzen bestehende horizontal übergreifende Cybersicherheitsstruktur, die vergleichbar wäre mit entsprechenden Cybersicherheitsstrukturen in der Wirtschaft oder auf staatlicher Ebene, sieht man z.B. vom mehr als fragwürdigen Überwachungs- und

Punktesystem Chinas ab. Dabei sind Kinder das wertvollste Gut einer Gesellschaft. Kinder und Jugendliche müssen heute neue Kompetenzen und Fähigkeiten erwerben. Sie müssen zu einem(r) reifen BenutzerIn oder sogar DesignerIn heranwachsen. Die Aufsicht der Entwicklung des Qualifikationsbedarfs wird in diesem Dokument nicht beschrieben. Verzögerungen beim Erwerb dieser Kompetenzen und Fähigkeiten können jedoch auf Ist-Situations-Ebene beobachtet werden, insbesondere durch eine falsche Nutzung der neuen Medien, z.B. schon viel zu früh als Kleinstkind, Kleinkind und Kind. Es handelt sich um sehr intensiv umworbene Konsumentengruppen, nicht zuletzt aufgrund der Gehirnentwicklungsphasen. Dies stellt sowohl ein wachsendes wirtschaftliches, gesellschaftliches als auch gesundheitliches Risiko dar, da es über die Beschäftigungsfähigkeit, die sozialen Fähigkeiten, die Werte und den Gesundheitszustand, mental und körperlich, vieler Kinder mitentscheidet.

Die Ist-Situation und Bedrohungslage muss ein möglichst objektives Bild zeichnen. Es ist erforderlich, Qualitätskriterien in Bezug auf die Wirkungsindikatoren, ihre Repräsentativität und die Zuverlässigkeit der Quelle zu definieren.

Die Erfassung der Ist-Situation und Bedrohungslage muss beschreibend sein und darf keine unterschiedlichen gesellschaftlichen, menschlichen, wirtschaftlichen und technischen Dimensionen miteinander vermischen. Es wird vorgeschlagen, die Erfassung der Ist-Situation und Bedrohungslage in Bezug auf die verschiedenen Wirkungskategorien zu strukturieren, die durch die verschiedenen Risikoszenarien entstehen können.

Es werden zwei Arten von Berichten erstellt.

Ein erster Bericht zeigt Trends auf, diskutiert neue Entwicklungen und fungiert als 'Frühwarninstrument'. Dieser Bericht basiert auf Daten aus Quellen mit direktem Kontakt zu Kindern sowie von speziell eingesetzten Cyber-ExpertInnen in Gesprächen und im Austausch mit Kindern und Jugendlichen in Schulen, Kindergärten, sonstigen Kinderinfrastrukturen und aus Studien anderer Länder. Es werden auch aggregierte Daten verwendet, die auf Auswirkungen eingehen. Die speziell eingesetzten Cyber-ExpertInnen müssen über Schnittstellenkompetenzen sowie ausreichend Berufserfahrungen in Bereichen wie digitale Sicherheit,

Cyberkriminalität, Social Engineering, Neurologie, Gesundheit in der digitalen Welt, das digitale Nutzungsverhalten von Kindern und Jugendlichen, Risikoanalyse, Wirtschaftsmodelle der digitalen Welt … verfügen.

Der zweite, detailliertere Situationsbericht enthält strukturierte Daten.

Dieser Bericht wird auf der Grundlage von Zahlen erstellt, die aus zuverlässigen Quellen stammen und deren Kategorisierung eine klare und präzise Taxonomie berücksichtigt. Vor der Veröffentlichung dieses zweiten Berichts müssen die Best Practices der 'statistischen Offenlegungskontrolle' angewendet werden. Die Veröffentlichung stigmatisierender Daten von Personen und Personengruppen wird damit verhindert, die möglicherweise von LeserInnen ansonsten erneut identifiziert werden könnten.

Die Erfassung dieses Ist-Situationsberichts sowie der Bedrohungslage muss für jede Kategorie von Auswirkungen (Auswirkungen auf die Gesundheit, Auswirkungen auf die Beschäftigungsfähigkeit, soziale Auswirkungen, Auswirkungen auf Gesellschaft und Wirtschaft usw.) die verschiedenen Szenarien identifizieren: jeweilige Bedrohung(en); Schwachstelle(n), die ausgenutzt wurde(n).

Generell gilt: Um eine Ist-Situation zu erfassen, ist es nötig, zwischen den verschiedenen Altersstufen junger Menschen zu unterscheiden, da Babys, Kleinkinder, Kinder und Jugendliche in den unterschiedlichen Pubertätsstufen (je nach Alter und / oder Reife) unterschiedliche Arten von Schwachstellen aufweisen. Bestimmte Arten von Schwachstellen weisen Anhäufungen in einem bestimmten Alterssegment auf. Diese Anhäufungen können z.B. auf spezifische Pubertätsphasen oder andere Gehirnentwicklungsphasen zurückzuführen sein, die Kinder von der Säuglingsphase über die Kleinkindphase bis hin zur 26- bzw. 27-jährigen jungen erwachsenen Person durchlaufen. Mit ca. 26 Jahren endet die Spätpubertät bei Frauen, mit ca. 27 Jahren bei Männern. Genderaspekte sind immer zu berücksichtigen.

Wirkungsindikatoren

Die stete Erfassung der Ist-Situation und Bedrohungslage ist das zentrale und wesentliche Element für eine effektive Zusammenarbeit, Kooperation und Koordination.

Es ist notwendig, eine gemeinsame und klare Taxonomie, daher ein einheitliches Modell zu definieren, um Missverständnisse oder Fehlinterpretationen zu vermeiden.

Ein ExpertInnenteam, das Expertise in den Schnittstellenbereichen Neurologie, Gehirnentwicklung, Gesundheit, Verhalten, Psychiatrie, Cyberpsychologie, Cyberkriminalität, digitale Wirtschaftsmodelle, Nutzungsverhalten digitaler Medien durch Kleinkinder, Kinder, Jugendliche, junge Erwachsene ... hat, muss daher die verschiedenen Kategorien von Auswirkungen definieren und beschreiben, die auf dem Feld beobachtet werden. Diese Kategorien müssen mindestens wirtschaftliche, gesellschaftliche, gesundheitliche und technische Aspekte umfassen. Nach Wirkungskategorie muss dasselbe ExpertInnenteam die verschiedenen zugehörigen Szenarien identifizieren und beschreiben.

Taxonomische Strenge mit gleichzeitig schneller Anpassungsfähigkeit aufgrund der rasanten Entwicklungen ermöglichen die Abbildung und Vergleichbarkeit von Ist-Situation in Regionen und Ländern. Trends können abgeleitet werden, insbesondere in Bezug auf bevölkerungswissenschaftliche Faktoren. Diese verlässlichen Quellen bilden nützliche Entscheidungsgrundlagen für EntscheidungsträgerInnen sowie Führungsstrukturen.

Die Fälle sind quantitativ dargestellt, nach Wirkungskategorie und Wirkungsindikator innerhalb jeder Wirkungskategorie. Die zeitliche Entwicklung dieser quantifizierten Darstellung gibt einen guten Hinweis auf die zeitliche Entwicklung der Situation.

Die Erfassung von Wirkungsindikatoren, in gewisser Weise Symptome, ist der beste Ansatz, um Beobachtungen von Nicht-ExpertInnen einbeziehen zu können. Durch die Aufforderung, den Wirkungsindikator und die Situation zu beschreiben, die zu diesen Auswirkungen geführt hat, können die ExpertInnen, denen diese Fakten gemeldet werden, die Szenarien identifizieren, die jeweils zu den Auswirkungen geführt haben.

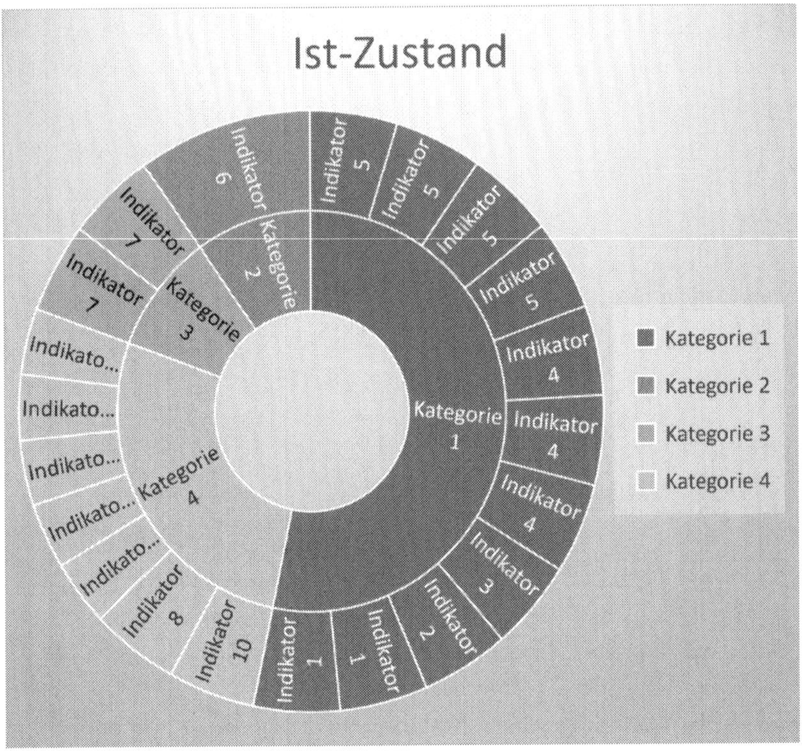

Indikatoren und Kategorien

Ein ExpertInnenteam muss eine Taxonomie für die Szenarien erstellen, d.h. die Beschreibung einer bestimmten Bedrohung, die eine Schwachstelle ausgenutzt hat, um einen Wirkungsindikator zu erstellen. Es ist wichtig zu beachten, dass Szenarien durchaus zu mehr als einem Wirkungsindikator führen können.

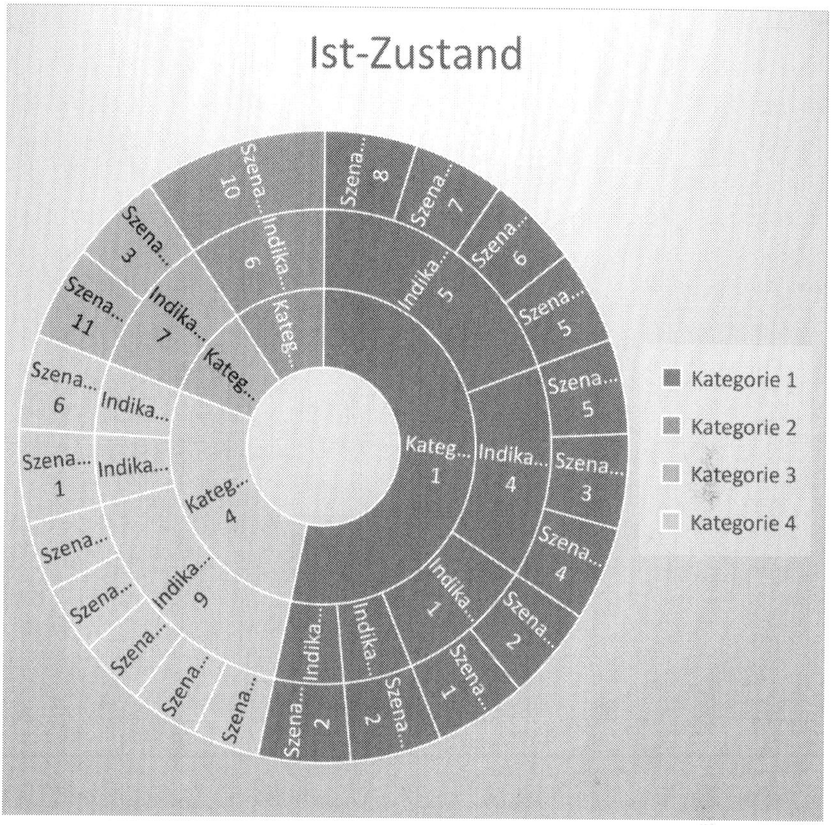

Szenarien und Indikatoren

Definition von Szenarien

Auswirkungen sind definiert als der Schaden, der durch die Ausnutzung einer bestimmten Schwachstelle (Sicherheitsanfälligkeit) durch eine Bedrohung verursacht wird. Während der Risikoanalyse wird versucht, alle relevanten Risikoszenarien zu identifizieren und das Risiko zu bewerten, indem die Wahrscheinlichkeit der Bedrohung (ausgedrückt in einen qualitativen Wert von 1 bis 5) mit der Schwachstelle (ausgedrückt in einem qualitativen Wert von 1 bis 5) und mit dem erwarteten Ausmaß der Auswirkungen (qualitativer Wert 1 bis 5) multipliziert wird, daher R (Risiko) = S (Schwachstelle) x B (Bedrohung) x A (Auswirkung). Je größer dieses Ergebnis ist, desto größer ist das Risiko. Ab einem bestimmten Schwellenwert ist z.B. ein(e) RisikomanagerIn nicht mehr bereit, die Risiken zu akzeptieren, und muss daher versuchen, sie zu reduzieren.

Der erstellte Ist-Situationsbericht mit Bedrohungslage entspricht zunächst nicht einer herkömmlichen Risikoanalyse. Der Bericht ignoriert in der ersten Phase die Auswirkungen und beschreibt nur die verschiedenen Szenarien, die die Ausnutzung einer Schwachstelle (Sicherheitsanfälligkeit) durch eine Bedrohung beschreiben. Es ist jedoch wichtig, die verschiedenen Formen von Bedrohungen und Schwachstellen der Szenarien klar zu definieren und zu beschreiben, damit es nicht zu Missverständnissen oder Verwirrungen kommt.

Eine ExpertInnengruppe standardisiert die verschiedenen Szenarien und beschreibt sowohl die Bedrohungen als auch die Schwachstellen. Dies bringt Erleichterung für jede Person, die eine Situation beschreiben möchte, da sie nur die Auswirkungskategorie, den Auswirkungsindikator und das Szenario identifizieren muss, das zu dieser Auswirkung geführt hat. Dies ist zudem für den horizontalen Einsatz eines 'Threat-Sharing'-Tools sehr wichtig (ein Werkzeug zur anonymisierten Teilung von Bedrohungen und Schwachstellen). Das Threat-Sharing-Tool wird faktisch stündlich aktualisiert und steht vorab definierten Trägern und Personen zur Verfügung, z.B. Kinderärzteschaft, Ärzteschaft, Direktionen von Einrichtungen für Kinder, Schuldirektionen, Elternvereinigungen …

Die ExpertInnengruppe fungiert zudem als erste Eskalationsstufe, wenn vor Ort, daher auf dem Feld, bei Babys, Kleinkindern, Kindern oder Jugendlichen neue Risiken entdeckt werden. Diese ExpertInnengruppe muss effektiv arbeiten, insbesondere wenn neue Arten von Risiken entdeckt werden. Beispiele: 1) Eine neue App verbreitet sich sehr schnell. Die Art der Benutzung durch Kinder und Jugendliche kann zur Ausnutzung großer Schwachstellen führen beziehungsweise zu Bedrohungen mit Gesundheitsfolgen, siehe z.B. Drogenverkauf und -konsum von Kindern und Jugendlichen via Snapchat. 2) Weiterreichung aktueller technischer Geräte und Medien von Erwachsenen, älteren Kindern und Jugendlichen an Säuglinge, Kleinkinder und Kinder mit entsprechend neurologischen Folgen für die Kinder, siehe z.B. autistische Züge, verzögerte bzw. mangelnde Sprachentwicklung.

Die Einführung einer klaren Taxonomie erleichtert auch die Definition der verschiedenen Maßnahmen, die zur Umsetzung empfohlen werden.

Ein weiterer Unterschied zur traditionellen Risikoanalyse wird sichtbar, denn im Falle von Kindern und Jugendlichen werden Maßnahmen ergriffen, nicht nur um bestimmte Schwachstellen zu verringern, sondern um auch auf die Bedrohungen zu reagieren und proaktiv zu handeln. Das ist bei Kindern und Jugendlichen sehr wichtig. So stellen z.B. die Gehirnentwicklungsphasen klare Schwachstellen dar. Diese Schwachstellen sind gegeben und nicht reduzierbar, daher dürfen Kinder z.B. auch nicht Auto fahren. Es können zusätzlich sehr spezifische Situationen bestehen, in denen Bedrohungen durch 'Gleichaltrige' gegeben sind. Als Beispiel seien hier 'sexuelle Übergriffe unter Kindern' genannt. Die digitale Welt stellt hier mit einen wichtigen Anstoßfaktor dar.

Vorbeugende, heilende und repressive Maßnahmen, daher die fünf Pfeiler Sensibilisierung, Prävention, Intervention Investigation und Legislative

In der Bestandsaufnahme muss für jedes Szenario angegeben werden, welche vorbeugenden, heilenden und repressiven Maßnahmen empfohlen werden. Hierzu gehören auch Vorschläge von Gesetzesanpassungen, -erweiterungen sowie der Anstoß neuer Gesetze.

Die Bestandsaufnahme des Ist-Zustands und der Bedrohungslage wird auch zur Erstellung eines Katalogs verwendet. Dort findet sich eine Sammlung von Angeboten, die sowohl Opfern als auch Tätern und Täterinnen helfen können. Es finden sich dort auch repressive Stellen wieder, die in der Lage sind, auf die Bedrohungen zu reagieren. Die Basis eines solchen Überblicks zeigt auch bestehende Lücken auf, die zu schließen sind.

Der landesübergreifende horizontale interministerielle Ausschuss weist BranchenexpertInnen, sowie die ThemenkoordinatorInnen an, Informationen über die Umsetzung von Maßnahmen und Dienstleistungen in den Bereichen der fünf Pfeiler Sensibilisierung Prävention, Intervention, Investigation und Legislative zu sammeln sowie zu koordinieren. Die ThemenkoordinatorInnen unterstützen den horizontalen interministeriellen Ausschuss bei der Vernetzung bezüglich ausgewählter Vorschläge und Maßnahmen. Alle Maßnahmen und Dienstleistungen werden regelmäßig, mindestens in 6-monatigem Rhythmus, in einen dritten Bestandsbericht integriert und aktualisiert.

Anmerkung: Präferiert sollten die Vorschlagenden bei der Umsetzung von Maßnahmen als Hauptakteure mit integriert sein. Sie sollten, wo nötig, entsprechende Hilfestellungen erhalten, z.B. bei der detaillierten Problemerfassung und -beschreibung, den Lösungsetappen, möglicher zielführender Projektstrukturen und dem Projektmanagement.

Quellenauswahl

Angesichts der Schwierigkeit, Daten zu erhalten, sind alle Quellen gut. Es ist jedoch erforderlich, jeder Quelle einen Vertrauensindikator zuzuweisen. Dieser Indikator gibt an, ob die Daten aus der Quelle als Indikatoren, Trends oder als sehr konkrete Daten durch einzelne Fälle gegeben sind. Bei einzelnen Fällen kann es sich, zusammen betrachtet, um alles andere als Einzelfälle handeln, sondern einer Vielzahl Betroffener. Genderaspekte sind zu berücksichtigen.

Gleiches sollte für Statistiken, Studien und Tests aus Nachbarländern erfolgen. Nicht alle Daten können in einem landesspezifischen Kontext verwendet werden, jedoch helfen die Daten bei einer fundierten Entscheidungsfindung. Es ist auch sehr wichtig, für die berücksichtigten Studien und Statistiken das Jahr oder die Daten, auf der eine Studie basiert, den / die AutorIn, die Sponsoren, die Finanzierung zu überprüfen und festzuhalten. Dies ist aus mehreren Gründen unumgänglich: mögliches Lobbying, Digitalisierungsdruck ...

Für jede Wirkungskategorie muss ein Team potenzielle Quellen identifizieren und Mittel definieren, mit denen die verschiedenen Wirkungsfälle gemeldet und in das Inventar (den Ist-Zustand, sowie die Bedrohungslage) integriert werden. Als Quellen können hier insbesondere an Kinder adaptierte anonyme Fragebögen, anonyme Nachrichten, Diskussionen mit Betroffenen, Austausch mit Kindern und Jugendlichen, Empfangsstrukturen, Polizei und Cyberpolizei, ÄrztInnen, Schul- und Erziehungsstrukturen etc. identifiziert werden.

Für jede Quelle und für jede Wirkungskategorie muss über die Zuverlässigkeit der gemeldeten Zahlen entschieden werden. Es lassen sich Gegenprüfungen vornehmen, z.B. ortsnah und ortsfern. Hierzu ein Beispiel: Drogenkonsum an Grundschulen. In Luxemburg geht die Grundschule bis einschließlich 6. Klasse. SchülerInnen melden bezüglich ihrer Grundschule im Gespräch mit einer Expertin einen hohen Cannabiskonsum von

SchülerInnen. Der Zugang zur Droge erfolgt über die App Snapchat. Es ist dadurch auch ein Peerdruck entstanden. Es gibt SchülerInnen, die als Zwischen-DealerInnen fungieren. Nach Angaben eines Kindes denken anscheinend viele Kinder dieser Grundschule, aufgrund von Inhalten auf Apps wie Instagram / Snapchat sowie weiterer sozialer Medien, dass die Drogen für sie gesund wären und beim Lernen helfen. Ein Kind fragt, welche Drogen die Expertin, in Bezug auf die anstehenden Prüfungen in der 6. Klasse, empfehlen kann.

Bericht

Ein erster Trendbericht

Im Gegensatz zu einer herkömmlichen Risikoanalyse wird das Ausmaß der Auswirkungen nicht im quantitativen Bericht zur Ist-Situation und Bedrohungslage (Inventar) dokumentiert. Die Auswirkungen hier werden immer auf der Ebene des Opfers beurteilt, Beispiel Cybermobbing. Der Ist-Situationsbericht mit Bedrohungslage dokumentiert eine strukturierte Klassifizierung von Problemen nach bestimmten Themen. Da das Ausmaß der Auswirkungen auch ein subjektives Maß sein kann, das je nach Opfer variiert, wird es auf der Ebene des quantitativen Ist-Situations-Berichts mit Bedrohungslage nicht direkt dokumentiert. Die Auswirkungen selbst werden dokumentiert.

Dieser erste Bericht gibt einen Überblick und erläutert die Trends im Vergleich zum letzten Beobachtungszeitraum. Es ist ein narrativer Bericht und bietet eine Einschätzung der Situation auf der Grundlage nicht quantitativer, sondern hauptsächlich qualitativer Indikatoren. Der Bericht dient auch als Frühwarnwerkzeug.

Zweiter Bericht mit detaillierter Situationslage und Kritikalität der Auswirkungen

Basierend auf dem ersten quantitativen Bericht wird ein zweiter Situationsbericht erstellt. In diesem Situationsbericht wird die Kritikalität der Auswirkungen integriert, um die Schwere der verschiedenen Situationen (Szenarien) zu interpretieren. Für die Gestaltung dieses Berichts wird ein regulatorischer Ansatz vorgeschlagen. ExpertInnen ermitteln die Auswirkungen eines bestimmten Risikoszenarios. Der Wert, den das ExpertInnengremium den Auswirkungen zuweist, kann von vielen Faktoren abhängen, einschließlich der von den Auswirkungen ausgehenden Gefahr für eine Person, eine Gesellschaft, die Wirtschaft, der von der Bedrohung angestrebten Absicht und vielem anderen. Die Auswahl des Wirkungsgrades muss diskutiert werden. Dies ist zu dokumentieren, da es sich um Entscheidungen handelt, die Führungsebenen als Entscheidungsgrundlagen dienen. Die Auswahl der Wirkungsgrade muss so objektiv wie möglich getroffen werden muss.

Dritter Bericht

Ein dritter Bericht beschreibt das Ökosystem präventiver, kurativer, repressiver und legislativer Maßnahmen und gegebener sowie nötiger Akteure. Dieses Dokument dient daher auch als Wer-ist-Wer-Verzeichnis und trägt zu einer besseren Zusammenarbeit aller Akteure bei. Dieser Bericht zeigt Lücken auf, die zu schließen sind. Dieses Papier enthält des Weiteren Vorschläge von der Basis und Vorschläge von Führungsebenen. Der Bericht vernetzt die Vorschläge miteinander und gibt entsprechende Umsetzungsempfehlungen.

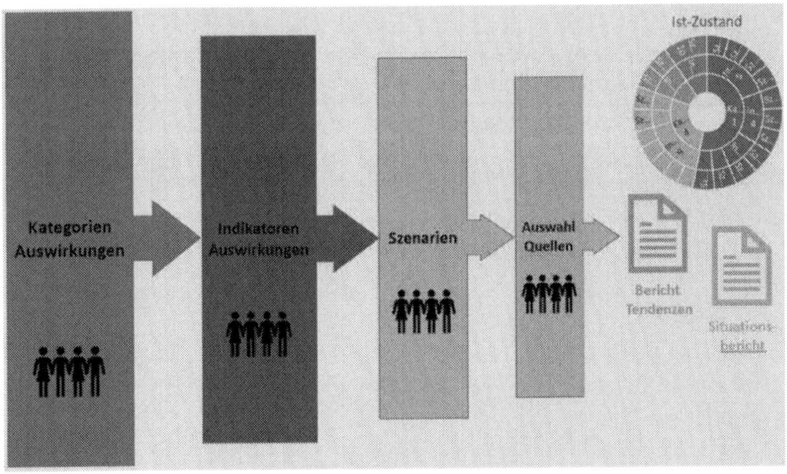

Diagramm der Ist-Zustand-Erfassung mit Bedrohungslage

Vorbeugende Maßnahmen

Vorbeugende Maßnahmen sollen ein Szenario (Bedrohung, die eine Schwachstelle ausnutzt) vermeiden. Das Szenario kann vorhergesagt werden. Von ihm kann angenommen werden, dass es dem Einzelnen oder sogar der Gemeinschaft Schaden zufügt. Vorbeugende Maßnahmen können viele Formen annehmen und gegen bestimmte Szenarien oder sogar gegen Kategorien von Bedrohungen wirksam sein, wodurch sie viel umfassender wirken. Daher muss für jede vorbeugende Maßnahme festgelegt werden, ob sie konkret oder allgemeiner wirken soll, sowie zu welchen Säulen sie gehört: Sensibilisierung, Prävention, Intervention, Investigation, Legislative.

Der horizontal interministerielle Ausschuss sowie die Sachverständigen der Themenbereiche, nach Rücksprache mit den ExpertInnen vom Feld, schlagen stets zeitnah die Umsetzung von Sensibilisierungs-, Präventions- und Interventionsmaßnahmen vor. Diese Maßnahmen sind an die jeweiligen Zielgruppen anzupassen und können daher je nach Zielgruppe variieren. Gleichzeitig müssen die entsprechende Kommunikation und die gegebenen Ratschläge für alle Zielgruppen kompatibel sein. Die einzelnen Maßnahmen sind im dritten Bericht zum Ökosystem präventiver, kurativer und repressiver sowie legislativer Maßnahmen und nötiger Akteure mit aufgeführt und beschrieben.

Zu den bekanntesten vorbeugenden Maßnahmen gehören:

- Bewusstsein ist der Akt, bei dem eine Zielgruppe aktiv über das Vorhandensein einer Bedrohung informiert wird. Es wird dabei erklärt, wie die Bedrohung erkannt werden kann, um sie vermeiden zu können. Jede(r), der mitarbeitet diese Zielgruppe zu schützen, muss den Bewusstseinsstand der Zielgruppe erkennen, kennen und verstehen.
- Information ist der Vorgang, Informationen einer Zielgruppe zur Verfügung zu stellen (Pull). Die Informationen werden im Allgemeinen von Personen verwendet, die die Bedrohung kennen und erkennen, doch die Art und Funktionsweise der Bedrohung bzw. der getroffenen Schutzmaßnahmen besser verstehen möchten.
- Das Training soll einer Zielgruppe beibringen, wie man Regeln und Verhaltensweisen anwendet, d.h. mit dem Training soll eine Person in die Lage versetzt werden, komplexe Situationen effektiv zu erkennen und damit anhand von Schutzreflexen umzugehen.
- Stets zeitnah sich weiter entwickelnde Internetfilter sind obligatorische Schutzmaßnahmen im Kinder- und Jugendbereich.
- Projekte, die Fähigkeiten für das aktive Management neuer IT- und Kommunikationswerkzeuge auch für Kinder und Jugendliche

vermitteln, z.B. Programmiersprachen erlernen; die Funktionsweise eines Computers verstehen; e-Kreativität fördern; die nötigen Kompetenzen zur Arbeit in der digitalen Welt fördern, wie Kreativität, Neugier, Problemlösung, autonomes Lernen, kritisches Denken, Weltbürgerschaft, Medienkompetenz.

Der landesübergreifende horizontale interministerielle Ausschuss legt mit Unterstützung von Sektor-ExpertInnen die Themen fest, für welche die verschiedenen Zielgruppen wie Kinder, Jugendliche, Eltern, Erziehungspersonal, ÄrztInnen und ihre Umgebung in jedem Falle sensibilisiert oder geschult werden müssen und welche Arten von Informationen in jedem Falle zur Verfügung zu stellen sind.

Eine Nachricht

Es ist sehr wichtig, dass alle Träger, die das Bewusstsein von Zielgruppen schärfen, Zielgruppen informieren oder trainieren, dieselben Arten von Nachrichten verbreiten. Für die Erstellung von Inhalten wird empfohlen, Kompetenzzentren einzurichten, die für die Erstellung qualitativ hochwertiger Inhalte verantwortlich sind und gleichzeitig Synergien nutzen. Diese Kompetenzzentren, die aus entsprechend fachlichen ExpertInnen mit den notwendigen Erfahrungen vom Feld bestehen und dort auch stetig tätig sind, z.B. zur Ist-Situation-Erfassung oder Schulung, werden für die Schulungen der FachkollegInnen verantwortlich sein, welche z.B. Sensibilisierungs- und Schulungssitzungen durchführen. Die Experten-KollegInnen geben ihre Erfahrungen und Empfehlungen an die Kompetenzzentren weiter. Diese halten die Erfahrungen und Empfehlungen mit Nennung der ExpertInnen schriftlich fest. Der horizontale interministerielle Ausschuss erhält in periodischen Abständen, mindestens halbjährlich, diese Erfahrungs- und Empfehlungsliste und kann die Umsetzung einzelner Punkte davon veranlassen, sofern diese noch nicht aufgenommen sind und sich nicht bereits in Umsetzung befinden.

Wirksamkeit von Maßnahmen und Benchmarks

Vorbeugende Maßnahmen

Im Sinne einer kontinuierlichen Verbesserung muss die Wirksamkeit vorbeugender Maßnahmen bewertet werden. Nationale und internationale Benchmarks werden jährlich durchgeführt. Ziel ist es, die verschiedenen Maßnahmen stetig zu verbessern sowie schnell und effektiv zu erkennen, dass neue Maßnahmen notwendig sind, da sich die Bedrohungen entwickelt haben.

Interventionsmaßnahmen

Hier handelt es sich um Maßnahmen, die eine heilende Wirkung haben sollen.

Trotz vorbeugender Maßnahmen wie Sensibilisierung und Prävention kommt es zu Vorfällen z.B. Cybermobbing, sexuelle Übergriffe unter Kindern. Es ist sehr wichtig, Strukturen einzurichten, die in der Lage sind, diese Vorfälle zu behandeln, abhängig von der Zielgruppe und den durch den Vorfall verursachten Wirkungskategorien. Interventionsmaßnahmen sind oft über Monate hinweg begleitend.

Die Führungskräfte bzw. die Erwachsenen, die den Vorfall erkennen, haben zudem, je nach Vorfall, eine gesetzliche Meldepflicht. EntscheidungsträgerInnen müssen Heilmaßnahmen einleiten.

Meldestellen für Vorfälle

Die eingerichteten Vorfall-Management-Strukturen sollten in keinem Fall nur passiv sein, sondern versuchen, Indikatoren zu identifizieren, die zur Aufdeckung von Vorfällen beitragen können. Diese Indikatoren können technischer und menschlicher Natur sein.

Vorfälle können anonym (Beschreibung der Bedrohung und Schwachstelle, Identifizierung der Art der Auswirkungen) an das zentrale, vernetzte Incident- Response Team gemeldet werden, das auch die Ist-Bestandsaufnahme mit Bedrohungslage durchführt. Wenn der Vorfall auf einem Szenario basiert, in dem viele Menschen möglicherweise Schaden erleiden, sollte die ExpertInnengruppe zur Risikobewertung unverzüglich kontaktiert werden.

Der horizontal interministerielle Ausschuss muss sicherstellen, dass für jede Auswirkungskategorie mindestens ein Vorfall-Management-Team eingesetzt wird. Der interministerielle Ausschuss sorgt für eine effektive operationelle und inhaltliche Funktion des zentralen Incident-Response-Teams.

Der horizontal interministerielle Ausschuss muss für jede Wirkungskategorie vorschlagen, wie die Zusammenarbeit mit den Strafverfolgungsbehörden bei Vorliegen von Straftaten erfolgen soll. Gleiches gilt in Bezug auf Gesetzeslücken, Staatsanwaltschaft und Gesetzesträger.

Die Meldung und Dokumentation von Vorfällen muss die für die Bestandsaufnahme definierte Taxonomie einhalten beziehungsweise in diese integriert werden.

Ein System zur anonymisierten Bedrohungs-Teilung wird implementiert

Alle Betroffenen müssen darüber informiert werden, an wen und über welchen Weg sie Vorfälle melden können, daher KinderärztInnen, ÄrztInnen, PsychiaterInnen, PsychologInnen, Erziehungspersonal, Lehrpersonal, Strukturen und Vereinigungen, die mit Kindern und Jugendlichen arbeiten … Ein Threat-Sharing-Tool bildet die Grundlage.

Management eines Vorfalls und Dienste, die Hilfe anbieten

Abhängig von der Auswirkungskategorie müssen die erwachsenen Personen, die einen Vorfall erkennen, das Opfer jeweils zu einem Dienst oder zu einer Person führen, der / die Opfer(n) als auch TäterInnen weiterhelfen kann. Opfer kann neben einer Person / mehreren Personen auch eine Struktur sein. Hierzu lässt sich das Beispiel einer Schule heranziehen. SchülerInnen haben dort ein anonymisiertes Instagram-Konto unter anderem zum Cybermobbing betrieben. Es gilt hier, der Schule die möglichen Wege und einzuleitenden Schritte aufzuzeigen, z.B. die Integration der Cyberpolizei, die das Einfrieren des Instagram-Kontos veranlasst, bis die Schulführung ihr weiteres Vorgehen festgelegt hat. Die Liste der verfügbaren ExpertInnen und Dienste finden sich im dritten Statusbericht.

Statistiken, die auf der Ebene der Hilfseinrichtungen erstellt werden, die Opfern als auch TäterInnen und MittäterInnen helfen, werden im zweiten Statusbericht veröffentlicht. Diese Statistiken finden insbesondere auch Verwendung, um festzustellen, ob Opfer bzw. TäterInnen bis zu den Stellen kommen, die Hilfe leisten können und sollen. Dies ist wichtig zur Analyse was daran hindert, die Hilfsangebote in Anspruch zu nehmen.

Ein besonderer Fokus gilt allen Genderaspekten. Dies in Bezug auf alle Themenbereiche, alle Strukturen, Daten und Abläufe.

Was kann schief gehen / was ist dringend vorzubeugen

- Die Entscheidungen des horizontalen interministeriellen Ausschusses werden unterlaufen.
- Koordinierungsstellen ignorieren die Ist-Erkenntnisse von MitarbeiterInnen und ExpertInnen vom Feld.
- Der horizontale interministerielle Ausschuss wird von Nicht-EntscheidungsträgerInnen und oder Pseudo-ExpertInnen im Bereich Cybersicherheit, Neurologie, Cyberpsychologie und Gesundheit besetzt.
- Auftragsgebundene ExpertInnen erhalten Anweisung von Koordinierungsstellen was sie als Ist-Situationen und Bedrohungslagen erfassen dürfen und was nicht; gleiches gilt für Weiterbildungsmaßnahmen und in Bezug auf Inhalt bzw. Zahlen in Auftrag gegebener Studien.
- ExpertInnen besetzen ein Themenfeld, indem sie keine Expertise haben. Ein(e) ExpertIn des Themenfelds ist nicht anwesend bzw. unterbesetzt. Beispiele:
  - Drei MedienpädagogInnen ohne Cybersicherheitsexpertise und entsprechend neurologischen Erkenntnissen sind im Austausch mit Kindern von 8-9 Jahren. Sie stellen keinerlei Schwachstellen und kein Bedrohungspotential fest. Da sie nicht ExpertInnen auf dem Cybersicherheitsgebiet sind, führt dies zu fatal falschen Schlussfolgerungen und einer Falsifizierung der Fallzahlen.
  - Sechs IT-Sicherheitsexperten beraten über gegebenes Cybermobbing in einer Struktur ohne Anwesenheit von Gewalt-ExpertInnen und z.B. Cyber-PsychologInnen.
- Koordinierungsstellen verfügen nicht über die nötige Schnittstellenexpertise in den Bereichen wie Neurologie, Cybersicherheit, Cyberkriminalität, Cyberpsychologie, Gesundheit, Risikoanalyse, digitale Wirtschaftsmodelle … (Beispiel: falsch verstandene Digitalisierung)
- Führungskräfte in Koordinierungsstellen sind durch hierarchisches Denken, ein vertikales Kommunikationssystem und hierarchische

Strukturen geprägt und nicht durch ein horizontales, daher inhaltlich orientiertes Kommunikationssystem, z.B. Gesund (aufwachsen) in einer digitalen Welt. Sie missen vernetztes Denken, was in der digitalen Welt eine nötige Kompetenz darstellt.

- EntscheidungsträgerInnen in Koordinierungsstellen setzen die persönliche Karriere vor das Ziel des Schutzes der Kinder (Beispiele: Digitalisierung um jeden Preis; Digitalisierungsdruck).
- Führungskräfte nehmen die ihrer Position innewohnende Verantwortung des Schutzes der Kinder nicht wahr.
- Rhetorik anstatt Zielorientierung im Sinne des Schutzes der Kinder beherrscht Meetings und Themenausschüsse.
- EntscheidungsträgerInnen haben ihre Vorstellungen, vernachlässigen wissenschaftliche Erkenntnisse und sind beratungsresistent.
- Personal, welches keine Feldberufserfahrung mit Kindern, Jugendlichen, sowie Lehr- und Erziehungspersonal hat und an Cybersicherheitskompetenzen mangelt arbeitet Lehrinhalte, sowie Sensibilisierungskampagnen und Präventionsmaßnahmen aus.
- Protokolle werden nicht nach gängigen internationalen Standards erstellt.

Haftungsausschluss

Nach bestem Wissen und Gewissen habe ich alle in diesem Buch aufgeführten Hinweise aus meinen langjährigen eigenen Erfahrungen und meiner Expertise niedergeschrieben. Hierauf möchte ich hinweisen.

Die in diesem Buch aufgeführten Bemerkungen und Empfehlungen ersetzen jedoch bei Vorfällen bzw. Beschwerden nicht das Einholen ärztlicher Beratung. Dies gilt auch für spezifische rechtliche Beschwerden. Diese Niederschrift ersetzt nicht eine rechtliche Konsultation.

Sollten durch die Befolgung der genannten Handlungsempfehlungen und Tipps für LeserInnen oder Dritte Nachteile entstehen, kann eine Haftung nicht übernommen werden. Es besteht in jeglicher Form ein Haftungsausschluss.

Auch für Quellen und Links, die in diesem Buch aufgeführt sind, kann keine Haftung übernommen werden.

Das Niedergeschriebene beruht auf wahren Hintergründen und Gegebenheiten.

Nicht beabsichtigt sind Ähnlichkeiten mit real existierenden Personen oder Einrichtungen jeglicher Art.

Beschriebene Personen bzw. Strukturen, Hintergründe, sowie Umstände wurden speziell modifiziert, anonymisiert und mit Merkmalen versehen. Ein Zusammenhang soll dadurch nicht zwingend hergestellt werden.

Es ist nicht beabsichtigt, den aufgeführten Charakteren real lebende Personen oder Strukturen zuzuordnen oder jemanden bzw. Strukturen zu diffamieren bzw. zu verleugnen.

Es kann sich nur um ein Missverständnis handeln, sollte sich jemand bzw. eine Struktur dennoch angesprochen fühlen.

Zum Zeitpunkt der Redaktion dieses Buches waren keine Verstöße oder schadhaften Inhalte gegen geltendes Recht bekannt. Das gilt auch für den Anhang.

Stand, Dezember 2020

Die Autorin

Mehr als nur ein Job

"Die mentale und körperliche Gesundheit ist das wertvollste Gut, was eine Gesellschaft besitzt.

'Gesund (aufwachsen) in einer digitalen Welt', 'Cyberweltbewusstsein' und 'technische Systemsicherheit' waren schon meine Kernanliegen während meiner Beratungstätigkeiten für die Luxemburger Regierung zum 'Aufbau einer Wissensgesellschaft' im Jahr 2001 folgende.

Meine jahrelange Arbeit auf unserem Familienbauernhof, egal ob auf den Feldern, bei den Tieren oder im Wald, waren meine LehrmeisterInnen in Beobachtung, Erfahrung, stetem eigenen Tun, Ruhe, Verantwortung sowie Wertschätzung unserer selbst und unserer Umwelt.

Zusätzlich hatte ich in meiner Kindheit und Jugend das Glück, großartige Lehrkräfte an meiner Seite zu wissen. Das war Anfang der 70iger-Jahre nicht selbstverständlich als siebtes von acht Kindern einer Landwirtschaft und dazu noch als Mädchen. In meinem späteren Wirtschaftsstudium und auch außerhalb bekam ich zudem die Möglichkeit, von großartigen und sehr motivierenden ProfessorInnen und LehrerInnen zu lernen sowie entsprechende Erfahrungen zu sammeln.

Heute ist mir wichtig, all dieses Wissen und all diese guten Erfahrungen anderen mit auf den Weg zu geben.

In diesem Buch habe ich, neben dem Aufzeigen der Ist-Situation auf dem Feld, sehr großen Wert auf Lösungen gelegt. Die meisten davon sind sehr einfach und schnell umzusetzen.

Insbesondere Kinder sollen die faire Chance auf ein sinnerfülltes, gesundes und glückliches Leben haben genauso wie auf das Erlernen jener Kompetenzen, die es erlauben Herausforderungen zu meistern.

Das kommt uns allen zugute."

Gabriela Rapp

Über Vorschläge, Hinweise und Anmerkungen freut sich die Autorin:

grapp@digitalhealth24.com, www.digitalhealth24.com

Herzlichen Dank

Ich möchte allen herzlich danken, die zur Entstehung dieses Buches beigetragen haben. Besonderer Dank gilt all den vielen Kindern und Jugendlichen, all den Eltern, sowie all den Lehr- und Erziehungspersonen.

Es ist kaum möglich, all die Namen jener aufzuzählen, die mich stetig ermutigt und unterstützt haben. Lieben Dank an alle, auch für die lebendigen und konstruktiven Diskussionen.

Ein besonderes Danke schön gebührt all den jungen Leuten, die mich mit ihrem Mut, ihrem Humor, ihrem Wissen und ihren wertvollen Anmerkungen mit in Kurse begleitet haben. Ein solch besonderer Dank gilt auch allen TestleserInnen, sowie allen, die mich bei den Übersetzungen in weitere Sprachen mit ihrer wertvollen Hilfe unterstützt haben.

Mein herzlicher Dank geht auch an die Vielzahl der Personen in Kinderhilfsorganisationen, Organisationen zum Schutz gegen Gewalt, Krankenkassen, Ärzteverbände, Forschungseinrichtungen, JournalistInnen, Einrichtungen der öffentlichen Hand und PolitikerInnen für Ihre Zeit in mein Anliegen einer Cybersicherheitsstrategie im Bereich Kinder und Jugendliche sowie für ihr wertvolles Feedback.

Auch all meinen Nachbarn möchte ich herzlich danken. Sie hatten die letzten vier Jahre immer ein offenes Ohr für mich.

Ein besonders lieber Dank gilt meiner Familie. Ihre stete Unterstützung, ihr Zuhören und ihre Geduld ermöglichten mir, dieses Herzensprojekt umzusetzen. Lieben herzlichen Dank.

Zum Schluss möchte ich all meinen ErzieherInnen und Lehrkräften danken. Ich möchte hier an meine ErzieherInnen im Kindergarten und an meine LehrerInnen in der Grundschule denken. Sie haben in positiver Form, neben meinen Eltern, die wichtigsten Weichen für mich gestellt. Ich denke auch an all die Lehrpersonen der höheren Schulen, bis hin zu den Universitäten Konstanz und Québec à Montréal, als auch an all meine LehrerInnen außerhalb des schulischen Bereichs. Sie motivierten und förderten mich. Sie ermöglichten mir, meine Potentiale zu entdecken. Und, sie ermutigten mich, täglich zu versuchen ein besserer Mensch zu sein. Herzlichen Dank.

Printed in Poland
by Amazon Fulfillment
Poland Sp. z o.o., Wrocław

70301373R00143